教育部 财政部职业院校教师素质提高计划职教师资培养资源开发项目

《酒店管理》专业职教师资培养资源开发（VTNE082）

高等学校酒店管理专业系列教材

酒店管理组织与设计

郑耀星 石媚山 主编

高等教育出版社·北京

内容简介

本书内容包括总论、教学准备、课堂教学、教育实习四篇十三章，每一章设置本章导入、学习重点、本章小结、思考与练习等环节，保证了可读性和应用性。本书贯彻理论联系实际的原则，以帮助学生理解、掌握酒店管理教学理论与实践。

本书可作为师范类院校酒店管理类专业教材使用，也可作为教学参考用书。

图书在版编目(CIP)数据

酒店管理教学组织与设计/郑耀星，石媚山主编.--北京：高等教育出版社，2018.7

高等学校酒店管理专业系列教材

ISBN 978-7-04-048963-7

Ⅰ.①酒… Ⅱ.①郑… ②石… Ⅲ.①饭店-商业企业管理-高等学校-教材 Ⅳ.①F719.2

中国版本图书馆 CIP 数据核字(2017)第 284094 号

策划编辑 张 欣　责任编辑 张 欣　封面设计 杨立新　版式设计 马 云

插图绘制 杜晓丹　责任校对 刘丽娴　责任印制 耿 轩

出版发行 高等教育出版社
社 址 北京市西城区德外大街 4 号
邮政编码 100120
印 刷 北京市密东印刷有限公司
开 本 787mm×960mm 1/16
印 张 19.75
字 数 350 千字
购书热线 010-58581118
咨询电话 400-810-0598

网 址 http://www.hep.edu.cn
http://www.hep.com.cn
网上订购 http://www.hepmall.com.cn
http://www.hepmall.com
http://www.hepmall.cn

版 次 2018 年 7 月第 1 版
印 次 2018 年 7 月第 1 次印刷
定 价 37.90 元

物 料 号 48963-00

出版说明

《国家中长期教育改革和发展规划纲要(2010—2020年)》自颁布实施以来,我国职业教育进入加快构建现代职业教育体系、全面提高技能型人才培养质量的新阶段。加快发展现代职业教育,实现职业教育改革发展新跨越,对职业学校“双师型”教师队伍建设提出了更高的要求。为此,教育部明确提出,要以推动教师专业化为引领,以加强“双师型”教师队伍建设为重点,以创新制度和机制为动力,以完善培养培训体系为保障,以实施素质提高计划为抓手,统筹规划,突出重点,改革创新,狠抓落实,切实提升职业院校教师队伍整体素质和建设水平,加快建成一支师德高尚、素质优良、技艺精湛、结构合理、专兼结合的高素质、专业化的“双师型”教师队伍,为建设具有中国特色、世界水平的现代职业教育体系提供强有力的师资保障。

目前,我国有60余所高校正在开展职教师资培养,但由于教师培养标准的缺失和培养课程资源的匮乏,制约了“双师型”教师培养质量的提高。为完善教师培养标准和课程体系,教育部、财政部在“职业院校教师素质提高计划”框架内专门设置了职教师资培养资源开发项目,中央财政划拨1.5亿元,系统开发用于本科专业职教师资培养标准、培养方案、核心课程和特色教材等系列资源。其中包括88个专业项目,12个资格考试制度开发等公共项目。该项目由42家开设职业技术师范专业的高等学校牵头,组织近千家科研院所、职业学校、行业企业共同研发,一大批专家学者、优秀校长、一线教师、企业工程技术人员参与其中。

经过三年的努力,培养资源开发项目取得了丰硕成果。一是开发了中等职业学校88个专业(类)职教师资本科培养资源项目,内容包括专业教师标准、专业教师培养标准、评价方案,以及一系列专业课程大纲、主干课程教材及数字化资源;二是取得了6项公共基础研究成果,内容包括职教师资培养模式、国际职教师资培养、教育理论课程、质量保障体系、教学资源中心建设和学习平台开发等;三是完成了18个专业大类职教师资资格标准及认证考试标准开发。上述成果,共计形成800多本正式出版物。总体来说,培养资源开发项目实现了高效益;形成了一大批资源,填补了相关标准和资源的空白;凝聚了一支研发队伍,强化了教师培养的"校—企—校"协同;引领了一批高校的教学改革,带动了"双师型"教师的专业化培养。职教师资培养资源开发项目是支撑专业化培养的一项系统化、基础性工程,是加强职教教师培养培训一体化建设的关键环节,也是对职教师资培养培训基地教师专业化培养实践、教师教育研究能力的系统检阅。

自2013年项目立项开题以来,各项目承担单位、项目负责人及全体开发人员做了大量深入细致的工作,结合职教教师培养实践,研发出很多填补空白、体现科学性和前瞻性的成果,有力地推进了"双师型"教师专门化培养向更深层次发展。同时,专家指导委员会的各位专家以及项目管理办公室的各位同志,克服了许多困难,按照两部对项目开发工作的总体要求,为实施项目管理、研发、检查等投入了大量时间和心血,也为各个项目提供了专业的咨询和指导,有力地保障了项目实施和成果质量。在此,我们一并表示衷心的感谢。

编写委员会

2017年9月

前言

《国家中长期教育改革和发展规划纲要(2010—2020年)》是党中央、国务院在我国全面建设小康社会和社会主义现代化建设的关键时期,在全面落实科教兴国、人才强国和可持续发展战略的关键阶段实施的一项重要举措,是我国教育事业改革发展的一个新里程碑,意义重大,影响深远。

国家旅游局和教育部为贯彻《国家中长期教育改革和发展规划纲要(2010—2020年)》,共同制定印发《关于加快发展现代旅游职业教育的指导意见》,为中国旅游职业教育发展提供了强有力的政策支持。近年来,中国旅游职业教育在科学规划、优化专业结构、丰富办学类型、完善专业课程体系、加强实践教学、深化校企合作、加强"双师型"教师培养、提升国际化水平、开展创新创业教育等方面取得了一定成绩。

为了实现旅游职业教育改革发展新跨越,要以推动教师专业化为引领,加快建成一支师德高尚、素质优良、技艺精湛、结构合理、专兼结合的高素质专业化的"双师型"旅游职教师资队伍,为建设具有中国特色、世界水平的现代旅游职业教育体系提供强有力的师资保障。教育部、财政部在"职业院校教师素质提高计划"框架内专门设置了酒店管理专业职教师资培养资源开发项目。福建师范大学作为牵头院校成立课题组,承担了系统开发酒店管理本科专业职教师资标准、培养标准、培养方案、核心课程和特色教材和数字化资源等的任务。经过三年的努力,课题组团结协作,克服困难,圆满完成了各项工作,向教育部、财政部提交了系列研究成果。

《酒店管理教学组织与设计》是国内酒店管理专业第一本教学法教材,也是国内旅游学科第一本有关教学论的教材。我们在借鉴相关学科教学论的基础上,力图对酒店管理专业的教材教法作深入的剖析与研究,提炼出酒店管理专业独特的教学方法和方式。

本教材主要的编写思路如下:

一、本书以酒店管理专业教师教学过程备课、上课、实习为主线,将全书内容分为总论、课前准备、课堂教学、教育实习四个篇章,体系编排新颖。

二、本书每一章设置本章导入、学习重点、本章小结和思考与练习等环节,保证可读性和应用性。

三、本书贯彻理论联系实际的原则,以帮助学生理解、掌握酒店管理教学理论与实践。

四、本书贯彻素质教育的原则,寓师德教育于教学全过程,以帮助学生在接受授课和阅读教材后提高作为一名教师的综合能力和基本素养。

全书分为四篇。

第一篇,总论,包含导论、酒店管理专业师范生两章内容;

第二篇,教学准备,包含教材与学情分析、教法选择、教案撰写与说课试讲三章内容;

第三篇,课堂教学,包含酒店管理专业教学过程、酒店管理专业课堂教学情境创设、酒店管理专业教学媒体应用、教学评价基础、教学评价过程五章内容;

第四篇,教育实习,包含专业课堂教学实习、专业基地顶岗实习、专业班主任工作实习三章内容。

本书以酒店管理专业教学过程为主线,从酒店管理教育专业培养目标和酒店管理专业师范生两个方面切入,然后从如何备课,如何分析教材的结构以及与其他课程的关系,如何选择教学方法,如何培养能力、锻炼技能;如何撰写教案、试讲说课;课堂教学应该如何进行知识教学、能力教学、素质教育;课堂教学过程气氛如何调控,教学环节如何把握;如何进行课堂教学评价,课堂教学评价应把握哪些标准,课堂教学评价应包含哪些内容等方面进行编撰。全书体系完整,内容翔实,编排新颖,应用性强。

受知识结构、研究能力和资料所限,以及时间等主客观因素制约,我们在一些方面的认识和研究仍然不够深入和全面,还有许多需要深入研究和实践的问题未及拓展。有鉴于此,我们将继续深化研究,不断完善酒店管理专业教学理论体系和实践方法,进一步做出我们新的探索与成果。

郑耀星

2018 年 2 月

目 录

第一篇 总 论

第二篇 教学准备

第三篇 课 堂 教 学

第四篇　教育实习

第一篇 总 论

第一章　导论

本章导入

为你揭示全球“帝王”级的酒店管理大学

不同于其他的酒店学校，瑞士恺撒·里兹酒店管理大学的名字跟“酒店业之王”恺撒·里兹有着非同一般的渊源，同时也具有自己的独特魅力。

恺撒·里兹大学——继承酒店帝王的理念

1986年，由里兹先生所创立的恺撒·里兹家族基金会授权瑞士一所优秀的酒店管理学校将其名字定为Cesar Ritz恺撒·里兹，向世界传授里兹先生首创的特色服务战略和现代奢华酒店管理思想，发现并培养未来的行业专家和领导人才。这所学校正是今天享誉世界的瑞士传统酒店管理的典范——瑞士恺撒·里兹酒店管理大学。如果说恺撒·里兹酒店管理大学是世界酒店教育的领导者，是因为它站在酒店帝王的肩膀上。

恺撒·里兹有着“现代酒店之父”“酒店业界之王”以及“为帝王服务的酒店业人”等称誉。他所创建的 Ritz Carlton 丽思卡尔顿酒店堪称全球首屈一指的奢华酒店品牌。并因其极度高贵奢华，而享有“全世界的屋顶”的美誉，其酒店服务理念“我们是为绅士和淑女服务的绅士与淑女”在业界被传为经典。Ritz Paris 巴黎里兹酒店更被称为全欧洲最豪华神秘的酒店，威尔士亲王以及瑞典、葡萄牙、西班牙的国王都曾经在这里入住和就餐。

在“酒店业之王”恺撒·里兹先生的光环下，学校得以迅速发展。学校秉承了里兹先生关于酒店管理的理念与准则和服务战略，为来自世界各地有志于从事酒店、旅游、工商及餐饮管理的学生提供专业的酒店知识培训以及职业发展规划和指导。每一位恺撒·里兹的学生都会在新入学的第一天领到一本名为《CESAR RITZ LIFE AND WORK》的书，是丽思卡尔顿酒店集团创始人恺撒·里兹先生的传记。

恺撒·里兹大学——位于瑞士的小“联合国”

来到恺撒·里兹酒店管理大学，会让人感觉置身“联合国”。因为这里有来自全球 60 多个国家的学生和教职工，是一所真正的国际化学校：学校的老师来自美国、德国、意大利、马来西亚以及挪威等地，并且拥有多年的酒店工作以及管理经验；学校的学生来自全球不同语言、文化背景的国家，学生在校期间，相互交流以及学习不同的文化，这对于将来投身同样国际化的酒店旅游业的学生来说，无疑是最好的经验以及背景。

恺撒·里兹大学——我们是为世界冠军服务的优秀餐饮管理团队

恺撒·里兹大学在 2004 雅典奥运、2005 欧洲青年奥林匹克节、2006 都灵冬季奥运、2008 年北京奥运会，以及 2016 年巴西奥运会均被选中代表瑞士官方运作和管理“瑞士主题餐厅”，向全世界展示瑞士恺撒·里兹酒店管理大学真实优秀的一面。恺撒·里兹非常荣幸有这样的殊荣，也相信这是恺撒·里兹办学质量的最好证明。

恺撒·里兹大学——培养的是未来的行业专家和领导人才

恺撒·里兹酒店管理大学，不只是一所载誉于酒店及旅游管理行业的教育机构，更在餐饮企业及美食艺术管理教育方面有出色卓越的表现。大学结合领导力培训课程，让学生不仅可以掌握酒店旅游及餐饮行业的运作及管理方法，同时更培养了学生作为未来企业管理人才所必备的领导技巧和气质。

酒店及旅游管理课程：恺撒·里兹大学的酒店及旅游管理课程主要学习“酒店业之王”恺撒·里兹先生创立的特色服务战略以及奢华的酒店及旅游企业管理理念。除了秉承传统的欧洲酒店管理教学模式外，还引进美式管理知识，加深学生对现代企业管理的认识。这个完美组合使学生具备正确的技术与态度，使其在酒店及旅游业，乃至其他服务业的经理人职位中获得更杰出的表现。

餐饮企业与美食艺术管理课程：在当今的食品和饮料市场，餐饮管理需要了解的不再仅限于食品生产和服务的理论，通过餐饮管理专业的学习，恺撒·里兹大学学生将学会如何组织餐厅的概念，设计菜单并且开发食物和酒类的搭配。同时，课程强调大型活动食品供应管理，大型国际连锁餐饮企业的多门店管理、维护和开发。通过对欧洲顶级美食艺术管理课程的学习，学生不仅能领会到传统欧式菜系的烹饪精髓，更能学会从色、香、味方面对美食与美酒的品鉴。

领导力培养课程：恺撒·里兹酒店管理大学的领导力培训课程，为学生将来成为酒店职业经理人做好准备。这个课程计划里面包含的项目范围很广，其中大部分贯穿在每位学生的日常课程学习活动中，同时配合真实的项目管理，比如，学习分析瑞士一家滑雪场的市场情况，或者制作冰岛某家精品酒店的市场发展方案等。

恺撒·里兹大学——遍布全球的校友网络和职业机会

从2011年起，恺撒·里兹酒店管理大学已经成为瑞士最大的酒店管理教育集团——SEG瑞士酒店管理教育集团旗下的一员，与SEG其他四所享誉国际的酒店管理大学SHMS、HIM、IHTTI及CAA每年共同致力为全球酒店业培养了超过1 300名酒店管理专家和高级领导人才，2013年学生就业率高达97.7%。

学校每年举办的IRF国际人才招聘会，吸引了世界知名的超过60个五星级酒店集团、航空公司、主题乐园、奢侈品管理公司等来校参展、招聘学生。而学校每年组织的世界访问活动更是瑞士恺撒·里兹酒店管理大学的一大特色。每年学校就业办公室负责人会带领恺撒·里兹学生参观访问世界各地著名的五星级酒店，浅尝各地风土人情，深入了解各酒店文化，会见世界各地的酒店人，聆听各酒店的精彩演讲，参加各酒店的小型招聘会，与世界各地的人力资源总监面对面交流并参与世界各地的毕业生聚会。恺撒·里兹大学的毕业生多从事大中型酒店、旅游度假村、房地产公司的管理或培训方面的工作。同时，也有连锁餐饮企业管理者、食品生产管理者以及餐厅拥有者等。

如今，来自将近60个国家的恺撒·里兹毕业生活跃于世界不同的角落以及不同的行业。而中国这个充满无限商机却缺少专业人才的国家，更是闪耀着无数恺撒·里兹的“新星”：北京雅高酒店集团、广州君悦大酒店、华南美国商会、北京欣适逸扬物业管理有限公司、上海半岛酒店、重庆富力凯悦酒店、上海君悦酒店和广州威斯汀酒店等都有恺撒·里兹的毕业生。

恺撒·里兹毕业校友查里现任天津丽思卡尔顿酒店驻店经理,他说:“从恺撒·里兹毕业后,我在丽思卡尔顿酒店开始追求我的职业发展,非常幸运得到了在棕榈滩、玛丽安德尔湾、那不勒斯以及比斯开湾等不同地方管理培训生的工作机会。2013 年,我回到祖国成为天津丽思卡尔顿酒店的驻店经理。我认为我们今天之所以能够站在这个岗位上,并不是因为选择了酒店,而是在校所学的专业态度、领导力和企业家精神,让我们无论置身哪个行业都无所畏惧。”

集专业的课程设置、国际化的教学环境、享誉世界的知名度和认可度、庞大的毕业生网络以及先进的教学理念于一身,这就是瑞士恺撒·里兹酒店管理大学。

学习重点

1. 酒店管理教育专业培养目标
2. 酒店管理专业教学的基础理论

第一节 酒店管理教育专业培养目标

酒店管理专业(本科)的培养目标是培养能适应星级酒店发展需要,具备较高的现代管理理论素养和系统的酒店管理专业知识,具备人文素质、国际视野、创新意识、创业精神、实践能力和社会责任,熟悉现代星级酒店经营管理方法和手段,能够在高星级酒店、高级住宿业机构、高级餐饮业机构、教育研究机构等从事酒店管理、接待服务及教学和科研工作的应用型、复合型专业人才。

酒店管理教育专业的培养目标是培养出能够让学生成为上述应用型、复合型专业人才的职业教育者,因而酒店管理教育专业的培养目标可概括为:培养具有较高文化修养和酒店管理专业理论水平、熟悉高等教育的教学规律和方法、具有较强的教研和教学能力以及广博的酒店专业基础知识和熟练的酒店专业实践技能,并能真正应用于教学实践环节,指导学生实践,促进教学发展的酒店职业领域的复合创新型职业教育人才。

酒店管理教育专业依据专业的不同阶段,其阶段目标也在不断变化。针对酒店管理教育专业学习过程不同,可将学习阶段分为职前教育阶段、职业见习阶段和在职进修阶段,每一阶段都有其培养子目标。

一、职前教育阶段

这一阶段的培养目标是让学生具备扎实的酒店管理专业知识和职业教师教学方法论知识。其学习的主要内容可分为三类:一是酒店管理专业知识,如《酒店管理概论》;二是为了完善专业知识的学科,如英语等;三是高等教育的教学规律和方法。通过以上学习让其具备合格教师的知识和方法。

二、职业见习阶段

该阶段的培养目标是培养学生熟练的酒店专业实践技能以及科学指导学生的实践能力。其学习内容主要包括两个方面:一是酒店行业各部门岗位实践能力的训练,目的是学习酒店各职能部门操作的原理和方法,并学习其创新的趋势和方向;二是实际教学能力的训练,主要目的为培养准教师的独立教学能力,进行见习教学和试讲,经过这一具备阶段的历练,学生应成为一名“准教师”,在理论和实践方面都有了质的飞跃,同时也要达到相关的要求方可进入入职环节。

第一具备胜任教学的授课能力,即教师可以根据酒店专业和实际教学内容组织课堂教学;其次具备教导能力,即教师了解每个学生,包括他的生活背景、社会文化背景,能够准确合理地处理纠纷冲突并提出解决方案;第三具备检测评估能力,即教师能够认真、公平、准确地考核学生,履行职责;第四具备创新能力,包括教学内容的创新、教学方法的创新等。

三、在职进修阶段

在职进修阶段实际目前并没有纳入培养的考量范围,但由于酒店管理专业面向的酒店职业的特殊性,要求酒店管理教育专业的学生在入职之后仍然需要不断地提升自己,不仅要随时更新所学知识跟上科技和产业的发展,还要密切关注酒店行业发展动态,也就是我们所说的“活到老、学到老”。

第二节　酒店管理教育专业教学的特点

酒店管理专业教学因与酒店行业的紧密联系而有自身独特的教学特点,主

要体现在以下几点:

一、能力培养贯穿于课程体系设计中

在课程体系的设计上,强调学生科学、人文素质的培养及经济学、管理学、法律、心理学、会计、金融等方面理论基础的夯实;在专业课的设计上,重视学生应用能力、适应能力的培养。既有适应不断变化的酒店行业发展需要的宏观课程,又有在某一领域深入研究的课程。另外,酒店管理专业不少课程的教学都会涉及校内外的专业实践,将能力培养贯穿于教学全过程。这也是酒店管理专业教学与诸多其他专业不同之处。

二、教学内容不断更新发展

酒店管理专业教学以不断变化的酒店行业发展需要为依据设计课程名称和内容。酒店专业课的内容设计不局限或停滞于陈旧的课本知识,而是面向不断变化的酒店行业发展需要树立新的观念,挖掘新的内容,注重学生方法论、应用及创新能力的培养,并且具有前瞻性及行业指导性。

三、教学考评注重对学生综合能力的评价

在考试方式上,除闭卷考试外,课上发言、课程论文、案例分析作业、课程实践等内容均记入学生该门课的总成绩,体现了对学生综合能力的评价。

四、对专业教学的教师具有严格要求

酒店管理专业教学对于教师具有严格的要求,专业教师不仅需要具有扎实的理论基础、丰富的教学经验,同时也必须有丰富的酒店行业内的实践经验。

第三节 酒店管理教育专业教学的形式

酒店管理专业教学应从学生“学”的角度出发,从学生已有的认知和能力出发,进行“教学形式设计”。首先,设计适合学生的“学法”,并扫除学习障碍;其

次，设计学生的活动，包括小组讨论，调查研究，各种实验实训、答辩会和演讲等；再次，设计并提供各种教学资料和取得资料的途径。根据不同课程模块要求，教师要有一个自己的“知识包”，并不断地变化讲义，还要为学生提供参考书目、社会背景资料，在学生自学和讨论过程中提供有价值的案例，在社会调查中提供企业背景资料、科技背景资料等；最后，向学生提供全面帮助，包括课堂教学中解答学生的问题，帮助学生完成在课业过程中所遇到的一切问题，对学生的各项学习活动进行辅导（讨论会、答辩会、演讲等），在实验、实习中帮助学生解决各种问题，以帮助酒店管理专业学生顺利对接职业发展道路。

根据酒店管理专业教学内容的不同，可分为理论教学和实践教学两大类，每一类教学有其相对应的教学形式。

一、理论教学形式

酒店管理专业教学对于科技手段的应用有较大的要求，教师在课堂上通过多媒体教学扩大讲课信息量，增强了趣味性、直观性，使压缩课堂讲授时间，提高教学效果成为可能。同时还可设立餐饮等研究中心，研究本行业的现状、问题及发展趋势，为专业发展及教学内容的不断更新提供依据，同时鼓励学生参与研究，培养其科研能力。

酒店管理专业内各课程差异性较大，故应针对具体课程的特点采取灵活多样的教学方法，如专题讲授、行业热点问题研究、实验室操作、案例分析和学生独立研究，让学生有足够的时间学习、调研、思考、讨论，培养学生独立学习的能力。同时，重视理论与实践的紧密结合，有利于学生观察、分析和解决问题能力的提高。

二、实践教学形式

通过实践性教学使理论与实际相结合，加强学生综合能力的培养和实际操作经验的养成，为将来从事实际工作打好基础。

（1）实验实训。以提高实验动手能力为主线，以掌握基本实验技能和方法、融会贯通科学知识、促进科学思维和创新思维为主要路径，使学生掌握酒店管理工作的基本操作技能和技术应用能力，以及运用现代技术解决酒店管理实际问题的能力。主要包括：专业模拟方案设计与实验、课堂现场教学、情景模拟教学和案例分析体验等。

（2）综合设计。通过综合设计实践教学，使学生系统巩固所学的知识，把在课堂教学中的理论知识灵活地应用于实践中,提高学生分析问题和解决实际问题的能力,培养学生的创新能力、实践能力和综合应用能力。主要内容包括:学年论文设计、毕业论文设计、酒店管理方案设计等。

(3) 专业技能训练。通过专门的实践课程,训练学生的酒店管理技术和操作技能,培养学生的专业素养和职业能力,提高学生求职就业的竞争能力,为学生求职就业提供强力保障。主要内容包括:酒店业务技能训练、酒店管理专业职业资格证书等。

(4) 实践实习。通过各种实践活动和专业实习,对学生进行文体等多方面的技能与才艺以及综合素质的培养,增强学生的劳动观念和社会责任感,提高实际工作能力,培养良好职业习惯和职业素养。

(5) 创新创业活动。通过开放试验、酒店设计竞赛、创业计划大赛等环节和活动,激发学生自主学习的积极性和科研热情,培养学生的创新、创业意识和能力。

第四节 酒店管理专业教学的基础理论

酒店管理专业教学的基础理论众多,从学生能力培养的角度,其教学基础理论主要有体验式教学理论、案例教学理论、项目教学理论三种。

一、体验式教学理论

体验式教学指在教学过程中,教师按照学生的特点和规律,创设与教学内容相适应的具体情境,给学生以直觉认知。引导学生在亲历的过程中学习,促进学生理解并构建知识结构,促使学生心理机能全面和谐发展的一种教学形式。酒店管理专业中的情景模拟、专业实习等教学方法都是基于体验式教学理论。

体验式教学保证了学生的主体地位。学生在学习体验中,自我融入与感悟,主体的角色在感悟中得到完全的认同。

体验式教学加快了知识与运用的转换。打破了传统学习中机械的学习状态,促使学生在解决问题时能综合运用学过的知识和经验。

体验式教学注重综合能力的培养。根据教学目标,提供体验平台,让学生直接面对问题和挫折,培养学生独立思考的能力、分析和判断能力、解决问题的能力。

体验式教学有利于心智与品德的培养。提高学生的综合素质和道德水平,培养学生自信、自立、自强的品质,树立正确的世界观、价值观和人生观。体验式教学模式在酒店管理专业教学过程中的应用,可以实现学生主动学习与教师的导向作用相结合、基础理论学习与实际应用相结合,真正贯彻以学生为主体的教学理念,符合酒店管理专业的人才培养目标,为重新设计教学过程、开拓酒店管理专业全新的教学方法和满足酒店管理专业教学的需要提供了新的思路,有利于探索适合酒店教育发展的新模式。

二、案例教学理论

案例教学首创于20世纪20年代美国哈佛大学工商管理学院,是通过让学生接触和讨论大量的实际案例,熟悉并掌握众多的解决方法,从而培养其适应能力、处理和解决问题能力的一种教学方法。

(一)案例教学是酒店管理教学理论与实践相结合的纽带

酒店管理是一门新兴的应用型学科,具有很强的实践性和综合性,要求教学能够与实践相结合。酒店管理案例是实践经验的浓缩,是大量典型事例的概括和提炼。教师精心挑选案例,通过引导学生分析讨论,加深了学生感性认知,从而获得自己的观点和经验,丰富了实践知识,提高了实操技能。

(二)案例教学是提高学生分析能力、解决问题能力的阶梯

案例教学为学生提供了具体的酒店管理场景,如模拟客房、模拟餐厅、模拟酒吧,让学生置身于管理角色和服务角色中,通过讨论、分析、参与和判断,找到自己认为最佳的方案,给学生创造了处理问题和解决问题的机会,让学生在讨论中畅所欲言,集思广益,从而获得触动和启迪。

(三)案例教学可以增强学生自信心

案例教学方法的主体是学生,教师只是引导者,教师通过要求同学们积极讨论,积极发言,塑造学生独立分析,独立思考的能力,最大限度地调动学生参与教学的积极性,培养了学生学习的主动性和积极性。学生不必顾虑自己的答案是否正确,任何人都可以有自己独到的见解,关键是如何去说服别人,使自己的方案得到别人的承认,在自由热烈的讨论中,使得一些日常胆小内向的同学,获得锻炼的机会,增强自信心。

(四)案例教学是教学相长的有效途径

案例教学打破了"教师讲,学生听"的传统模式,学生参与性很强。为了达到教学目的,收到良好的教学效果,教师必须对案例进行精心的挑选和编写,为了能更好地引导学生,解答学生的各种提问,教师必须查找资料,认真分析,做好充分的准备,而选择或编写案例及查找资料的过程,对教师本身而言也是一次充实自己的机会。此外,通过参与师生讨论,学生的新思路、新见解也会给教师一

些启迪,从教学双方来说都是有益的。

三、项目教学理论

项目教学理论是由美国著名儿童教育家、伊利诺伊大学教授凯兹博士和加拿大儿童教育家、阿尔伯特大学教授查德博士共同创制的一种以学生为本的活动教学法,是当今国际教育界十分盛行的一种教学法。在职业教育领域,项目教学法是指通过师生共同实施一个完整的项目而进行的教学活动。它将一个相对独立的项目交予学生独立完成,从信息的收集、方案的设计与实施,到完成后的评价,都由学生具体负责,教师在教学过程中只起到咨询、指导与解答疑难、辅助完成项目的作用。项目教学法的目的是在教学中把理论和实践有机地结合起来,充分发挥学生的创造潜能,在实践的第一线培养学生的动手能力和解决问题的综合能力。以讲授酒店管理课程为例,如"市场营销""餐饮服务""前厅服务""客房服务""茶艺知识"和"艺术插花"等都具备了较好的实施项目教学法的理论基础。

项目教学法着重培养学生的心智技能和后续学习能力,具体特点如下:

(一)培养学生自主学习能力和独立思考能力

学生主动查找和运用所学知识和其他资料,安排自己的学习行为,自己分析问题,自己解决在项目中遇到的困难,不仅注重操作技能训练,更重要的是切实提高学生的心智技能,不是让学生被动地接受知识,而是培养学生整合知识和经验的能力,以及适应环境不断变化的创新能力。此外,项目教学法中涉及多学科知识,可以引导学生把多门课程的知识和技能综合地分析和应用,突出了专业知识基本架构与知识运用能力的培养。

(二)提高学生的综合素质

在项目进行中,通常以小组为单位,通过分工和合作,进行资料的搜集、整理、小组成员讨论与总结等过程,最终形成小组成果。在这一连续的过程中,突出了团队精神的重要性,也可增强学生搜索和处理信息的能力、获取新知识的能力、语言表达能力、交流与合作的能力和创新能力等综合能力的培养,而这些综合能力对学生以后更好地适应工作岗位是相当重要的。

(三)调动学生学习积极性

项目教学法通过项目教学使学习过程成为一个人人参与的创造性实践活动,注重的不仅是最终的结果,更强调完成项目的过程。学生在项目实践过程中,理解和把握项目要求的知识和技能,体验创新的艰辛与成功的喜悦,培养分析问题和解决问题的方法和能力。此外也提高了学生的兴趣,调动了学生学习的积极性。

（四）发挥教师的积极性和创造性

为了给学生设计一个好的项目，教师需要对教材进行加工处理，也需要对相关知识进行整合，更需要非常熟悉学生的能力结构和知识结构，通过一个项目的实例把教学内容融入其中，是对教师再创造能力的极大培养，使教师在总结、学习和设计项目实例中提高自己的理论水平和综合教学能力。

（五）推动教学改革

遵循墨守成规、照本宣科的教学方法，教学质量不会有本质的提高。提高教学质量的关键在于改善教学理念，创新教学方法，最终推动教学改革，推动高等职业教育的发展。实践证明项目教学法能够有效地提高教学质量，推动教学改革。

本章小结

酒店管理教育专业的培养目标是培养酒店职业领域的复合创新型职业教育人才。他们具有较高文化修养和酒店管理专业理论水平、熟悉高等教育的教学规律和方法、具有较强的教研和教学能力及广博的酒店专业基础知识和熟练的酒店专业实践技能，并能真正应用于教学实践环节，指导学生实践，促进教学发展。

酒店管理专业教学具有能力培养贯穿于课程体系设计、教学内容不断更新发展、教学考评注重对学生综合能力的评价、对专业教学的教师具有严格要求等特点。

酒店管理专业教学包括理论和实践两大方面，各自有相对应的教学形式。酒店管理专业教学应从学生“学”的角度出发，从学生已有的认知和能力出发，进行“教学形式设计”。首先设计适合学生的“学法”，并扫除学习障碍；其次设计学生的活动，包括小组讨论，调查研究，各种实验实训、答辩会、演讲等；最后设计并提供各种教学资料和取得资料的途径。

酒店管理专业教学的基础理论众多，从学生能力培养的角度，其教学基础理论主要有体验式教学理论、案例教学理论、项目教学理论三种。

思考与练习

1. 酒店管理专业培养目标与酒店管理教育专业培养目标有何异同？如何衔接？

2. 酒店管理专业教学的基础理论还有哪些？

第二章　酒店管理专业师范生

本章导入

酒店管理专业师范生既有师范生的共性，又有酒店管理专业的特性。合格的酒店管理专业师范生除了要求具有全面的专业素养与职业素养，还需兼修一定的人文素养。素养的形成需要院校、组织以及师范生等各关联方的共同努力。

经过大学四年的培养，酒店管理专业师范生从初入大学的少年逐步变成专业知识丰富、技能熟练、教学方法独特的准教师。成长成熟不仅需要学校与老师的栽培，还对师范生个人提出较高的自律要求，师范生应努力培养个人成长与发展意识，努力提升个人的综合素质与内在修养。

学习重点

1. 酒店管理专业师范生的素养
2. 影响酒店管理专业师范生成长的因素

第一节　酒店管理专业师范生的素养

一、酒店管理专业师范生的人文素养

（一）酒店管理专业师范生人文素养的必要性

作为行业发展、教育进步的重要力量，教师需要具备与经济发展、社会协调相适应的思想道德素质和科学文化涵养。因此，不仅需要培养酒店管理专业师范生的职业技能，还需培养学生求真务实、和善美好的人文素养与能力，实现“今日好学师范生，明日灵魂授业者”的美好憧憬，从而促进酒店管理专业教学质量的提升与酒店行业的持续发展。

师范生人文素质指的是师范生应掌握的人文社会科学知识以及由这些知识所反映出的精神与心理的综合体现，主要表现在世界观、人生观以及价值观中。人文素质是师范生学业成功的关键要素，同时也是师范生未来事业成功、人生得以提升的重要保证。因此，培养酒店管理专业师范生人文素质是师范生培养的必然要求，这是因为：

1. 人文素养是师范生成才成功的内在要求

钱学森曾经说道“音乐里所包含的诗情画意和对人生的深刻理解，丰富了我对世界的认识，学会了广阔的思维方法，是音乐让我避免死心眼、避免机械唯物论，想问题更宽一点、活一点。”因此，人文素养是促进各学科知识相互贯通、培养创新思维等的关键要素。从目前的现实情况来看，我国大学生面临着严峻的就业与生存压力，如何在竞争激烈的社会中获取成功是师范生实现自身社会价值与个人价值的重要途径。现在的大学生虽然成绩优异，但是在求职过程中却经常会面临着失败，这主要是因为其自身的综合素质的匮乏。对于未来的人民教师而言，其职业的崇高性、神圣性等特征对师范生自身的道德素养提出更高的要求，缺乏道德修养的师范生无法在教师职业中获取成功，其自身人生价值也无法真正实现。

2. 人文素养是师范生未来职业发展的重要保障

教师不仅是文化传播的重要载体，同时也有教书育人、传播文明的重大责任。苏霍姆林斯基曾高度赞赏知识的重要性，他认为“知识的教育程度在很大程度上取决于知识是否与教师个人的精神世界相融合”，教师个人的精神层次、人文素质直接影响到教育教学质量，也影响师范生在教育生涯中的顺利发展。

从学生的角度来看，教师的教学魅力并不是局限于专业的教学模式、谨慎的教学态度，教师的人格魅力同样占据着重要地位。人格魅力主要表现在教师优良的品格、风趣的谈吐、优雅的举止等方面，而这些品质的培养与人文社会科学的熏陶及浸染具有密切的关系。作为未来的教育者，师范生应当注重学习人文社科知识为将来传道、授业、解惑服务，而且需要一定的人文素养激发自身对社会和人生的理性自觉，修身养性，优化性格，陶冶性情，提升职业境界。

3. 人文素养是师范生实现人生幸福的重要通道

教育的作用对象是人，是一项贴近生活的重要事项。美国教育学家内尔·诺丁斯提出"什么样的学校教育才能促进人生幸福的实现"，突出强调了教师对学生人生幸福中承担的重要任务。对于教师而言，如果缺乏个人最基本的人文素养，除了无法准确理解什么是真正的幸福，也无法在日常教学中充分融入"幸福的人生观"，直接影响了学生幸福人生的实现。这主要是因为，幸福人生的实现不仅建立在自身主观感受的基础上，实际上它是一种需要建立在对客观世界科学认知的基础之上的智慧与能力。

教师称职与否的衡量标准关键在于其教育教学活动的道德体现程度，即教学行为是否充分尊重学生的主体性，是否尊重学生情感的丰富性、性格的差异性以及思想的独立性，是否考虑到学生综合素质的全面发展与个体幸福实现。缺乏人文素质的教师无法真正理解人性，无法从本质上尊重学生的个人需要，无法从内心深处尊重学生的自尊与人格需要，无法真正关心与关爱学生。因此，教师应当具备爱心、胸怀、善良、和蔼等基本要素以"促进人生幸福的实现"，而这些要素正是良好人文素养的集中体现。

（二）酒店管理专业师范生人文素养的培养途径

大学是通过日常教学培养和谐个性与人性的重要媒介，承载着培养专业人才、树立崇高人性的关键职责。爱因斯坦曾经谈到"专业知识教育并非教育的主要途径，专业教育无法促成全面和谐发展人才的实现，学生对价值的理解与情感才是最重要的教育"。酒店管理专业师范教育是培养酒店管理专业教师的摇篮，肩负着为职业教育输送专业教师的重要任务。因此，高校应充分重视发展酒店管理专业师范生人文素质的重要性，而师范生人文素质的培养主要可以通过以下几个方面展开。

1. 课堂日常教学

课堂是教师授业解惑的主要场所，也是学生接受知识、提升自我的主要阵地。高等院校应充分利用学校优质的教学资源、先进的教学设施等,通过课堂教学培养酒店管理专业师范生人文素养的提升。首先,开设与教育伦理、教师职业道德等相关的人文类公共选修课,培养师范生人文情怀。人文素质的培养与形成需要以深厚的人文知识为前提,开设相关人文社科类课程不仅有利于人文情怀的形成,还能从根本上优化师范生的知识结构;其次,专业教育中渗透人文精神。对于酒店管理专业来说,师范生专业教育应着重传播敬业爱岗、服务于人的精神,培养学生对职业重要性的正确认识与理解;最后,公共课人文化教学。思想政治课程是引导师范生洞察社会、了解历史、思考人生的重要途径,从而培养其正确世界观、人生观以及价值观。在酒店管理专业师范教育教学中,剖析酒店行业中经典、成功案例丰富师范生对行业精神的理解,启迪师范生思考人生以及生命的重要意义,培养师范生的人文情怀。

2. 校园文化活动

校园文化活动的开展能够充分展示高校精神风貌、人文情怀,潜移默化地影响学生人文素质的提升。高校可以利用校园开展的文化艺术活动,为师范生人文素养提升创造良好的环境与实现平台。首先,丰富社团文化内涵,宣传与文化、道德相关的先进事迹或人物,培养师范生高尚情操;其次,书是人类最好的朋友,读书不仅能够拓展人的眼界,还可以提升人的精神层次,通过举办“读书节”“读书月”等阅读活动来引导学生阅读兴趣的培养,人文类书籍的阅读更是能够从本质上强化学生对高尚价值观、人生观的认识,将学生从乏味的考试、考证中解脱出来,实现精神层次的满足以及人文素养的提升。

3. 社会实践参与

理论知识教育需要结合实践教育展开,引导学生积极参加课外实践活动是体验人文精神、提升人文素养的主要途径。酒店管理专业师范生应组织参加各种与本专业相关的社会实践活动,如前往社区进行酒店知识宣传与技能展示,到酒店或休闲吧等场所进行义务劳动等,不仅能够锻炼师范生的职业技能,为未来的教师生涯奠定坚固的实操基础,还能够培养学生关心身边事、关爱身边人、关注社会情的人文精神,增强为人师表的责任感与使命感;与此同时,以前往偏远地区支教为形式的实践活动不仅能够填补落后地区教育的匮乏,还能帮助贫困学生走出学习困境和心理误区,提升他们的个人幸福感,最主要的是加深师范生对教师职业的认识与理解,优化自身专业知识架构、提高教育教学能力成为师范生主动行为趋向,为未来教师职业生涯奠定坚实的基础。

二、酒店管理专业师范生的专业素养发展

(一) 酒店管理专业师范生的专业素养

1. 专业素养内涵

高等院校酒店管理专业师范生是职业教育教师的主力后备军,其专业素养的高低直接影响到未来酒店管理专业职业教育师资整体素质的高低,同时也影响到师范生个人未来就业与专业化发展。

专业素养指的是专业的知识技能和良好的职业道德,是人在先天生理的基础上通过后天环境影响与教育训练所获取的相对稳定的、内在的并能长期发挥作用的身心特征及基本品质结构。对于酒店管理师范生而言,专业素养即从事酒店管理专业教学应当具备的相关专业知识、实践技能以及情感需要等。

2. 专业素养组成要素

酒店管理专业师范生专业素养主要由以下几个要素构成:① 专业知识素养:专业知识是教师专业素养的基础,酒店管理专业知识涵盖了与酒店管理专业相关的学科知识以及教育学、心理学、通识知识等,前者主要指代前厅服务与管理、客房服务与管理、餐饮服务与管理、调酒与酒吧管理和员工培训等方面的知识;② 酒店管理专业技能:酒店管理专业具有极强的应用性、实践性特征,专业技能是酒店管理专业师范生专业素养的重要部分,酒店管理专业技能指的是与专业相关的实践操作能力,是上述专业知识的实践性表现;③ 专业教学素养:酒店管理专业师范生是未来职业教育教学的主体,其专业教学素养是作为教师的最主要因素,如何成为一名合格的教师是每一位师范生需要考虑的重要问题之一;④ 专业研究素养:专业研究素养的重要性同样不可小觑,它是教育教学过程中了解新情况、解决新问题、化解新矛盾、完成新任务的关键,是适应教育教学实践的需要,运用科学的态度与方法来研究酒店管理专业教育问题,总结教育规律与经验,促进教育创新发展的重要渠道;⑤ 专业情感素养:专业情感指的是从事酒店管理专业教师职业所必备的价值观与品质,培养师范生良好的酒店管理专业学习情感、态度以及价值观是酒店管理专业教师培养的主要目标之一,对师范生的长远发展具有深刻的意义,正确、积极的“学习情感、态度以及价值观”不仅能够激起师范生的学习兴趣与激情,还为未来教育教学水平的提高奠定基础。

(二) 酒店管理专业师范生的专业素养发展

酒店管理专业师范生专业素养的发展对师范生综合素质的提升具有关键作用,主要可以通过以下几个方面展开:

1. 强化并充实酒店管理专业课程内容的学习

酒店管理专业教师需要具备扎实的专业理论知识,从而实现专业知识课程价值的实现。除了需要掌握所设专业课程基本内容之外,作为酒店管理专业师范生还应当熟悉酒店相关的基础理论知识,加深对专业教材的认知,提高教学教材的分析理解能力;此外,师范生还应充分理解专业教学内部系统结构与理论知识之间的联系,体会酒店管理专业知识的背景、地位、影响以及相关酒店管理文化等;需要注意的是,各学科之间存在千丝万缕的联系,师范生仍需要关注酒店管理与其他学科专业间的内在联系,发挥专业间合作的最大能动性。

2. 开展不同形式的酒店管理专业技能培训

酒店管理专业的专业技能是理论知识的升华,加强专业技能的培训有助于深化师范生对酒店管理专业理论知识的深刻理解,还有利于保证师范生从事实践类专业教育教学的顺利进行。一方面,学校可以通过开设与技能培训相关专业课程以及到酒店、酒吧、餐厅等关联企业中顶岗实习的方式提升师范生的专业技能水平,保证师范生对酒店管理专业操作技能的掌握;另一方面,师范生可依托社团、学生会等学生组织开展一系列酒店管理专业相关技能实操大赛,不仅丰富了学生们的学习生涯,还促进了技能水平的相互学习与提升。

3. 丰富酒店管理专业师范生教育教学活动形式

酒店管理专业教学技能是师范生学习中应当掌握的重要内容,是师范生教育教学水平、教学目标的实现情况、教学模式的科学性的重要参考标准。高校应将酒店管理专业师范生教学技能的培养列为教学课程体系的重要组成部分,编制、修订专业教学技能训练与考核大纲,形成教学技能培训与评价标准体系。除了传统的课堂教育技能培训外,还可以采用情景模拟法、任务驱动法、角色扮演法等模拟教学方式以及到院校见习实习、双导师制度等多样教学实践活动相结合的方式来提高酒店管理专业师范生的专业教学技能,使师范生能够迅速转变角色,适应并胜任酒店管理专业教学工作。

4. 培养酒店管理专业教育科学研究能力

酒店管理专业教育科学研究是教育实践需要的结果,运用科学的研究态度及方法是解决教育教学难题、总结教育教学经验、探索教育教学规律的关键问题所在。一方面,师范生应当在日常专业学习中厘清教育教学研究的重要性及教学科研的主要操作方式,并通过阅读相关研究资料提升自身文化内涵,为科研积累深厚的知识基础;另一方面,学校应积极培养师范生了解教育科学研究的主要应用方法与工具手段、如何处理调查或实验资料、采取何种分析方法对研究结果进行剥离、撰写教育教学科研论文的步骤等。

三、酒店管理专业师范生的职业素养

(一) 酒店管理专业师范生的职业素养的认识

1. 职业素养的概念

职业素养是人类在社会生产活动中应当遵守的行为规范与道德标准,是个体在职业生涯过程中实现人生目标的重要组成部分。

职业素养泛指职业内在要求与规范,是从业者在职业过程中综合素质的重要表现,主要包括以下四个方面的内容:职业道德、职业技能、职业行为以及职业意识等。

职业道德与职业活动具有较紧密的联系。将从事某一工种的人归为一类,他们从事的工作内容、接受的职业训练大多一致,逐步形成相同或相近的职业目标与理想、爱好与兴趣、执业习惯与心理需求等。职业道德是精神层面的要求,主要是将各种职业规范转化成为相应职业从业人员的职业行为、职业道德素质的重要环节,主要涵盖职业理想、职业态度、权利义务、技术水平、业界良心和道德作风等方面。

职业技能是从业人员实现就业的重要保障。它指的是以国家或行业规范为标准,通过政府授权的考核鉴定机构,对劳动者的专业知识和技能水平进行客观公正、科学规范的评价与认证的活动。职业技能的提高有利于从业人员游刃有余地面对执业过程中所遇到的各种专业技术问题,保障了工作的顺利进行。

职业行为是心理过程在行为上的重要表现,主要指的是人们对职业劳动的认识、评价、情感和态度等心理过程的行为反映,是职业目的达成的基础。从形成意义上来说,它主要是由人与职业环境、职业要求的相互关系决定的。职业行为涵盖职业创新行为、职业竞争行为、职业协作行为和职业奉献行为等方面。

职业意识,也被称为职业情感,是个体对特定职业是否满足自身需要而产生的内心体验,例如职业兴趣、职业道德、职业精神等。执业人员需要培养与工作相关的职业爱好,以激发自觉钻研业务、锻炼技能的积极性和强烈的职业热情,从而实现自身技能水平的提升,逐步形成对职业的忠诚与热爱程度,并培养起时刻关注与职业未来发展相关的新技术、新讯息的热情。

2. 酒店管理专业师范生职业素养的提升

酒店管理专业师范生未来教学的对象主要是从事酒店服务行业的职业教育院校学生,师范生职业素养的发展情况直接影响了未来服务人员技能水平、服务意识等的高低。因此,提升酒店管理专业师范生职业素养至关重要,可以考虑从以下几个方面展开:

（1）设置职业素养教育课程，培养师范生职业基本素养与认同感。酒店管理专业师范生应具备与酒店行业以及教育相关的专业知识，这是师范生未来成为一名合格的酒店管理专业教师的重要基础。院校应根据师范生未来行业发展的整体认知及职业综合水平的要求，设置与教师职业素养教育教学相关的课程；与此同时，还可积极建立与关联企业间的合作与交流，邀请酒店内管理人员介绍酒店行业相关知识。课程的开发与设计不仅能够增强师范生对酒店管理专业职业教育、酒店行业的发展情况的了解，还能够激发师范生对教师职业的崇尚热爱之情，以提高其专业课程学习的认真程度。

（2）融入职业教育专业课程，培养师范生职业技能与职业习惯。职业素养的培养还可以通过专业课程的教育教学实现。运用情景模拟教学、实践操作培训等方式在专业课程教学中融入职业素养的教育教学，对学生进行有目标的培养。例如，专业课程教育中增加与酒店管理专业教学相关的问题情景，提升师范生道德修养水平；抑或是为学生提供教学实习或见习的机会，满足师范生“为人师表”的真实情感体验；从学生自身的角度来看，学生可以通过了解与酒店管理专业教育教学相关的行业发展历史，亲身参观并体验酒店行业及职业院校的工作环境及工作状态等，着重培养师范生对教师行业的自豪感和自信心。

（3）实施酒店与学校双轨制实习，培养师范生优秀职业行为的塑造。院校应当为师范生创造适合职业发展需要的职业环境。作为酒店管理专业师范生，未来职业的主要任务是向酒店管理专业职业院校学生传授专业知识与技能。因此，安排师范生进入酒店行业与职业院校进行双轨制实习或见习，为师范生提供了实现个人职业行为发展需要的重要平台，有利于师范生教育教学专业积累的提升，酒店行业的实习经历丰富了师范生行业实践工作经历，有利于师范生教育教学水平的提升。师范生在日常实习过程中不断优化自身职业行为，创新职业行为形式、养成职业竞争精神、树立职业协作与风险意识，实现崇高职业素养的形成。

（4）注重示范教育与师风建设，培养师范生职业意识。教育是民族振兴的基石，教师则是发展教育的主力军，是教学改革的主要实施者。酒店管理专业教师职业道德素养的高低直接关系到酒店行业发展，直接关系到酒店管理专业职教学生的成长，也直接关系到国家与民族发展的未来。酒店管理专业师范生是未来教师队伍的主要接班人与新生力量。高等院校需要对师范生加强职业道德教育，培养起职业意识。首先，根据必要专业课程设置的要求，实现课堂职业意识的培养；其次，要结合教育实习以及专门的实践活动提升师范生的职业道德，实习带队过程中要积极引导师范生对本专业的热爱以及职业参与的热情；最后，还应建立与此配套的激励与考核制度，保障师范生师德水平的提升；运用鲜活案例对师范生进行示范教育也是坚定师范生职业道德的重要方式之一。

(二) 酒店管理专业师范生职业素养的培养环节

1. 确立正确的职业规划,奠定职业发展基础

职业规划是个人对职业发展主客观条件分析、评定、总结的基础上,结合自身兴趣、爱好、能力、特征以及周围环境等,综合分析并权衡利弊后按照自身职业发展倾向,确定人生发展的最终奋斗目标,并以此目标为行动指南进行职业方面的计划安排。

酒店管理专业师范生未来职业的选择主要以酒店管理专业教师为主,但仍有部分学生对未来职业选择表示迷茫。学校应在人才培养目标、课程设计以及时间教学的过程中,强化学生对职业规划的意识,深刻了解个人人生发展意愿、专业未来发展前景,制定适合个人发展的职业发展计划,确定职业发展方向,最大限度地挖掘个人潜能,增强职业发展信心。

2. 树立积极的职业态度,增强未来发展潜力

职业态度是个人面对职业发展中事件处理、情景面对所采取的态度,是职业发展中重要的精神涵养,是职业行为趋向的内在反映及驱动因素。

学校是传播文化知识、增强专业技能水平的主要场所,除了要求具备与酒店管理专业相关、能够胜任教育教学要求的专业理论知识与实践技能外,还需培养与教学相关的心理学知识、职业道德知识等。在日常教学过程中,学校要积极宣传态度对学习、工作的重要性,帮助师范生树立正确的职业态度,并针对突发事件和问题提出相应应对策略,增强学生获得可持续发展潜力。

3. 培养坚定的职业意志,乐观面对工作挑战

作为未来的人民教师,酒店管理专业师范生需要具备过硬的综合能力素质,以应对来自学生、学校、家长与社会的多重压力,解决教学过程中出现的各种矛盾与问题,实现教学效果最优化、教学情绪最美化、教学关系最融化、教学状态最佳化。

部分师范生在就业后出现的厌烦甚至是逃离情绪是因为缺乏坚定的职业意志,他们尚未了解到教师职业的重要性与崇高性,教师从“在学校接受教育”到“到学校传播”的转变中需要经过角色的转换、知识的积累、态度的转变等一系列复杂的过程,职业生涯的进程中会逐步获得职业所需的工作文化与社会公共信息,接收与教育相关的教育文化、职业价值观、职业行为与准则等,而一些与职业相关的负面信息也会深深影响师范生的职业态度,因此,坚定的职业意志具有重要的心理调节作用。

4. 培育深厚的职业情感,热爱教育工作

师范生的教育与培养不应局限于职业知识与技能的提升,如何培养师范生

对教师行业的深厚情感至关重要。职业情感指的是与职业选择、职业从事相关的情感需要与心理暗示，是指引执业者未来执业规划与发展的重要情感层面的需要。

强化师范生教师职业理想教育，首先要加强对师范生教育信念和教育情感的培养，通过实际案例展现教师职业的奉献精神与高尚情操，使学生明确人民教师所肩负的重要使命与职责；其次可以通过专业课程或是名人讲堂的方式，加强对师范生执业情感的教育与培养，培养师范生对专业与职业的热爱之情；另外，诸如教育实习等实践方式也可以满足师范生对职业情感培养的需求。

第二节　酒店管理专业师范生的发展

一、酒店管理专业师范生成长影响因素

酒店管理专业师范生实现学生到教师的完美蜕变需要自身综合能力的提升与发展，在这一转变过程中师范生需要克服种种障碍，努力实现专业知识与技能、职业态度与情感等的升华。

通过归纳与总结发现，酒店管理专业师范生的成长主要受到以下几个因素的影响：

（一）实践条件是师范生成长的基础

实践条件主要包括硬件设施、学校氛围等在内的，能够对师范教学产生影响的要素。

1. 硬件设施

硬件设施指的是会对师范生利用技术进行教学信念产生影响的计算机、网络以及专业器材相关的设施设备。学校硬件环境状况对师范生是否在日后专业教学中使用技术、是否具备熟练的操作技能产生直接影响。

酒店管理专业的重实践性对硬件设施提出较高要求。一方面，包括计算机、网络等在内的通用硬件设施对师范生科技教学能力的提升具有积极影响，授课过程的高信息化不仅提高了教育教学的效率，也在很大程度上增强了教师授课的吸引力；另一方面，酒店管理专业所涉及的餐饮、客房、前厅等在内的细分专业教学中需要特定实践操作器材的支持与保障，以达到专业技能的提升与发展。

2. 学校氛围

完善硬件设施的同时还应注意院校学习氛围的培养、业务水平提升等各个方面。院校氛围主要包括学习院校的氛围与实习院校的氛围两个方面,院校氛围的提升不仅有利于师范生接受知识态度的端正,还有利于职业素养的积极塑造。

学习院校氛围对于酒店管理专业师范生接受专业知识、提升专业技能、培养专业情操具有重要影响,学校专业课程的设置、社团课外活动的开展以及校企合作进程的递进等关系到师范生对酒店管理专业的基本认知、对教师生涯的憧憬,是师范生知识与情感的启蒙。

实习院校氛围主要指的是师范生进行教育实习或见习的职业院校氛围,良好的氛围有利于师范生将专业理论知识转化为具体的教学实践,有利于教学目标的实现与完成以及教育教学经验的积累。部分实习院校考虑到实习教师经验等方面的不足,拒绝向师范生提供教育实习的机会,这就阻碍了师范生教学能力的提升,影响了其进一步成长与发展。

(二) 授课教师是师范生成长的助推器

授课教师主要涵盖了高等院校中关联授课教师以及其他培训机构或见习机构的培训教师。教师的教育教学水平与示范能力是师范生自身能力提升与个人成长的重要影响因素,主要反映在技术运用、备课方式、教学过程与专业素质四个方面。

1. 技术运用

教师授课过程中对技术的适用与应用会直接影响到师范生对专业技术的了解与掌握,并进一步影响到师范生职业生涯中对教育技术态度的形成、教育技术运用能力的提升等。例如,运用 PPT、多媒体教学等方式取代传统的板书模式逐渐成为时代的潮流,不仅简化了教学过程的复杂性,也丰富了专业课程教学形式的多样性。

2. 备课方式

教师的备课方式影响师范生未来教学备课方式的选择。一般而言,师范生会按照教材与专门的教材参考用书对授课内容进行准备工作,设计课堂讲课内容与逻辑思路,并穿插相关课后练习题夯实所学内容;酒店管理专业教师在师范生专业授课中根据酒店管理专业特点,创新固有的备课方式有利于满足专业教学的需要,也有利于师范生备课方式的转变与创新。

3. 教学过程

教师在教学过程与方法方面影响着师范生,教师所采用的教学方法、运用的教学过程,以及教师独特的教学风格都会潜移默化地影响师范生的教学。酒店管理专业教师遵循理论与实践相结合的专业教学方法，实现教学过程的生动化、形象化，师范生会在教师创意教学的过程中逐渐形成自己对教师教学风格的理解与喜好，为未来课堂教学方法提供基础。

4. 专业素质

教师的专业素质涵盖了包括酒店管理专业知识、课堂知识以及基本的教育教学能力。教师专业素质的高低让师范生深切感受并体会到作为教师应当具备的扎实知识结构、综合的能力素质以及深厚的爱岗敬业之情，不仅加深了师范生对专业知识的接受程度，还影响了师范生自身专业素质塑造与提升的方向。

（三）课程学习是师范生成长的主要途径

酒店管理专业师范生课程学习主要包括酒店管理理论知识、教学法等专业理论知识的学习以及教育信息技术、英语等公共课程的学习，同时也包括调酒、烹饪、茶艺、教学等实践课程的学习。

专业理论知识是酒店管理专业师范生专业教学的必备，学生们需要了解酒店管理专业主要内容是什么，作为教师未来需要教给学生什么，怎么才能做一名优秀的教师等；以英语、计算机为典型的公共课程促进了师范生必备技能的提升，例如对 word、PPT、excel 等计算机技能的学习与掌握，为后续学习中技术的使用奠定基础；实践课程的学习则是为师范生的教学实践提供经验的积累，酒店各部门的细分情况、细分部门分别负责的工作内容、各项工作内容的具体操作要领等，是专业教学的基础之一。

（四）实践参与是师范生成长的起搏器

在大学四年的学习生涯中，酒店管理专业师范生参与的实践环节主要包括院校教育见习或实习、教学课程模拟实习等。实践参与丰富了师范生实际教学经验的丰富与积累，为师范生专业教学提供了重要的参考价值，也让他们在专业实习教学过程中认清自身综合知识与素养的不足，并积极主动完善缺点与不足，实现个人的稳步成长。

1. 教学课程模拟实习

教学课程模拟学习是课堂教学的实践化教学表现，授课教师会采用师生互换角色的形式，将现学课堂模拟成为未来教学课堂，利用部分课时开展教学课程的模拟实习，师范生运用课堂学习到的知识对教师布置的任务进行自我分析与规划，实现知识的活学活用与优化更新。

2. 院校教育见习或实习

教育见习或实习是师范生参与社会实践的最主要形式，同时也是最有利于师范生专业教学能力提升的最有效环节。通过一定时间的见习或实习，师范生在实际操练过程中实现了各个方面能力的提升，例如，师范生在教育实习中更加关注学生的知识与情感需要，逐步从学生的需求来设计教学计划与安排；同时，师范生在教学实习中注重更新专业知识与教学技能，促进教师素养的逐步完善。

二、酒店管理专业师范生成长特点

（一）思想上：认识到教师行业的重要意义

"一个没有受到献身的热情所鼓舞的人，永远不会做出什么伟大的事情来"。对于酒店管理专业师范生而言，四年的大学学习让他们了解到酒店行业服务的崇高和教师行业的无私，培养起献身酒店管理专业教育的热情与兴趣乃至未来人生的长远发展。

酒店管理专业师范生的培养主要是为了迎合职业教育中酒店管理专业人才培养的需要，以及经济新常态下酒店行业的蓬勃发展对酒店管理人才的需求。师范生培养有利于师资队伍培养的专业化形成，是提高酒店管理专业教师质量的基础工程。

然而，最初的师范生并不是为了"当老师"而"成为师范生"，其目标与现实的背道而驰可能会带来心理上的不平衡、思想上的不开窍，乃至各个方面的消极应对。因此，如何培养师范生对教师行业的兴趣与热情成为师范生成长的重要任务。通过四年专业课程、公共课程的学习，师范生逐步树立起正确的人生观、价值观以及对教师职业的客观认识，并意识到作为未来的人民教师的光荣与不易。

（二）学习上：学习到教育教学的专业知识

接受知识的主动性是酒店管理专业师范生学习深度的重要表现。当师范生刚刚步入大学课堂，他们的学习主要以接受式学习为主，缺少主动学习的意识，无法做到对新学知识进行巩固与总结等，而快节奏的课堂教学与低效率的自主学习间的矛盾也被提升到较高层次。

此时，师范生开始逐步认识到自主学习对于教师职业的重要性，除了认真学习课本固有知识外，还可以通过图书馆、网络、院校兼课等多种方式提高专业知识与技能水平；此外，师范生开始注重综合能力的提升与发展，例如，参加教师资格考试、普通话考试、酒店职业技能考试等，为未来传播专业文化知识、提升专业职业素质等提供坚实基础。

总的来说，随着师范生年纪的增长、阅历的增多，师范生对学习的认知逐步由简单被动转化为积极主动，专业知识水平也实现质的突破。

（三）能力上：提升到教师教育的能力层次

酒店管理专业师范生的学习与成长目标是成为一名合格的教师，并培养一批适合酒店行业发展需要的应用型酒店管理专业人才。

大学伊始,酒店管理专业师范生无法透彻理解"酒店管理专业师范生是什么""酒店管理专业师范生该学什么""酒店管理专业师范生该怎么学",这主要受限于师范生对教师职业的理解能力,学生普遍认为对教师职业是比较胜任的,显然,这种理解是错误的。

大学四年教育的主要目标是将师范生培养成具备较高思想修养与人文素质、有强烈社会责任感的社会人才,除了要求具备与专业相关的教学实践能力与职业教育创新意识,还需培养良好的职业习惯与高尚的职业道德,而语言表达能力与协调组织能力也是师范生成为教师的必备能力之一。

师范生培养内容主要是由职业基础课、专业技能课、专业教学能力以及职业发展课程构成的。经过以上课程的学习后,师范生的职业水平、教学能力、协作能力、创新能力等各方面能力都得到较大进步,并逐渐提升到教师教育的能力层次。

三、酒店管理专业师范生成长辅导

为了确保师范生的成长与发展,学校需要建设成为"加强基础、开发智力、培养能力、全面提升学生素质的基地",并以不同的方式对学生予以辅导,主要表现在以下几个方面:

(一)引导师范生转变观念,正确认识个人价值与教师职业

"教师不单是一个职业"是每个师范生应当把握的精髓。对教师职业兴趣、对酒店管理专业的了解是增强教师角色意识的前提,是把对教师角色的认识变为行动的先导。

师范生个人成长的基础在于思想观念的转变与积极价值观的培养。一方面,从中国的实际情况来看,教师的工资普遍不高,影响了师范生投入教育事业的信心;另一方面,受传统观念的影响,师范生并未深入了解到教师职业的伟大与崇高,以至于降低其学习的积极性。

因此,转变师范生消极的观念是提升师范生能力的敲门砖,院校可以通过各种方法对学生进行不同层次的引导与分析,使师范生认识到定向培养酒店管理专业师范生的重要意义,每个选择成为酒店管理专业师范生的学生都应该有较强的使命感与责任感。例如,通过本专业优秀教师专题讲座的形式展现酒店管理专业教师职业的成就与光荣,鼓励学生为我国酒店行业、旅游行业贡献出自己的力量;此外,还可以以正在实习的优秀学长的鲜活事例来讲述在职业院校酒店管理专业教育过程中的切身体验与感受,感染在校师范生对未来职业的无限向往。

(二)满足师范生职业需要,完善公共基础课程与专业课程

为了成为合格的酒店管理专业教师,师范生需要了解旅游及酒店产业发展

和行业需求,明确职业院校中酒店管理专业教师的职责及任务,并努力学习和掌握教育教学理论与酒店管理职业技能。

院校应紧密结合酒店管理专业师范生的特点,改革公共基础课程及专业课程,从而满足学生职业发展及成长需要。以思想道德教育课程为例,课程内容一般较为宽泛,且大部分为大的观念,而部分师范生仍然在基本的价值观、人生观、学习观、职业观、职业态度与习惯等方面存在缺失,因此需要在思想教育课程中减少空洞教条与理论商务学习,取而代之的是学习态度、学习方法与习惯等内容的探讨,促进师范生正确价值观的形成,不仅有利于个人的发展,也提高了思想道德教育课程的实际作用;酒店管理专业课程的设置不仅需要考虑师范生对知识与技能的掌握程度,还需要充分考虑到师范生在参加工作后对专业发展的需要。

（三）适应师范生发展特点,完善教学人才培养体系

酒店管理专业师范生的职业定位于酒店管理专业教师,其发展能力主要指的是师范生发展过程中所必须具备的能力,主要包括酒店管理专业技能、教育教学能力、思想道德素质、心理承受能力、综合文化素质等各个方面。

人才培养体系主要包括人才培养目标、培养内容、教育教学和实践操练等一切与酒店管理专业师范生培养有关联的子系统组合而成的完整培养体系。酒店管理专业师范生除了要学习与专业相关的基础理论课程、专业技能课程、教育类课程、专业拓展类课程,还需要安排其他与培养目标相关的活动或任务,例如,初入大学时的军事训练能够锻炼学生吃苦耐劳、团结协作的精神品质;专业实习有助于师范生酒店礼仪服务、前厅、会展、客房等实务技能的强化;而教育实习则是为师范生提供了一个检验知识、运用知识、更新知识和积累知识的过程。

（四）拓展师范生发展眼界,提供教育教学实践活动

师范生的教育与培养不应局限于课堂的专业理论学习,更重要的是教学实践能力的提升。院校可以提前让师范生体验教学实践活动,以切身体验到教师职业的普通但不平凡,以及教师职业的挑战性与创造性,酒店管理的服务性对师范生的技能水平、职业素养、综合素质提出了更高的要求。

为了促进师范生以更大动力和兴趣投身到教师职业生涯,院校应适当创设并实施全程渗透、层层深入的阶段式教育教学实践能力培养模式即初步接触酒店管理专业职业教育→逐渐了解教师工作→亲身体验教师教育教学活动→研究专业教学科研活动;此外,创建多样化、生动化的教育教学方式和网络化的教学环境:例如案例分析、课堂模拟教学、专题讲座、实践活动网络教学等方法。

为了拓宽师范生的眼界、丰富师范生的体验与感性认识,院校应积极安排师范生前往职业院校开展教育实习活动,亲身经历并体验先进的教学管理和教学行为,为未来的教育教学提供经验的积累。

四、酒店管理专业师范生成长自律

教师是教学工作的承担者，是新一代知识分子的培养者，同时也是人类先进文化的传播者、精神文明的建设者。新时代的发展对人才的质量提出更高的要求，师范生的培养正是在这一背景下产生并逐步发展。

师范生的培养不仅需要院校、社会各界的帮助与支持，还需要师范生自身的学习与成长，以摆脱思想认识、专业知识、职业能力等各方面的不适应，要达到目的主要可以从自律发展意识的培养与自律发展能力提升两个发面展开。需要明确的是，意识培养与能力提升是相互依存、互相促进的，发展意识的培养促进了师范生积极主动提升自身发展能力，而发展能力的提升又会对增强发展意识起到积极作用。

（一）培养成长自律发展意识

酒店管理专业师范生的发展意识指的是酒店管理专业师范生为了实现自我发展、自我完善的心理倾向，不仅要求师范生能够从思想上主动适应新环境、并以积极的态度接受新事物，还要求师范生能够在现有基础上积极主动追求自身的发展与完善。

酒店管理专业师范生应逐步认识到其在学校所学到的内容仅仅是酒店管理专业教学的冰山一角，并不能完全满足未来职业发展的需要。为了适应不断发展的社会需要，师范生需要主动进取以提升自我生存与竞争能力。

从传统的观念来看，教师职业相对较为平凡，而对酒店管理专业的理解还停留在铺床、叠被的表层意义上，这就导致酒店管理专业师范生不愿将酒店管理专业教师作为实现个人人生价值的重要途径。师范生应积极转变传统思维，主动认识到教师职业的伟大与崇高以及酒店管理专业发展的巨大空间，培养起对专业的热爱。

（二）提高成长自律发展能力

酒店管理专业师范生的发展能力指的是师范生在实现发展意识过程中需要具备的各方面能力，主要涵盖了道德修养水平、心理综合素质、科学文化水平、身体素质等各因素。从广义上来说，发展能力还包括自学能力、交流协作能力、应变反应能力、发现并解决问题的能力等。

院校的日常教学中主要将师范生的基础能力作为培养重点，师范生的专业知识水平、技能水平等都取得了显著的进步。师范生的成长与发展并不满足于基础能力的学习与提升，还应从不同角度对自身能力的提升作出努力。

1. 道德修养水平

道德修养是指引师范生职业行为的重要精神品质。除了认真对待每一节思想政治课堂教育以外，师范生应积极参与到各种形式不同、性质相同、专业相关的志愿活动中。酒店管理专业师范生可参与支教、义工、志愿者等活动，不仅能够在实践活动中提升自身专业知识水平，也提高了师范生的道德修养水平。

2. 心理综合素质

心理综合素质是师范生面对问题、解决问题的心理承受能力。师范生应当增强自身的心理综合素质，以应对职业发展过程中的各个矛盾与问题。心理素质的自我提升可以通过加强学生间互动、设心理辅导员、阅读课外读物等多种方式实现。

3. 科学文化水平

科学文化知识主要包括与专业相关的酒店文化知识、专业技能及教学方法等，文化知识的积累不应局限于学校课堂的教育教学，师范生应强化自主学习意识，主动学习与专业相关的文化知识。例如，通过观看纪录片、参加辅导培训、参加技能比赛的形式提高知识水平、强化专业技能。

4. 身体素质

身体是革命的本钱。随着生活节奏的加快、学习压力的增强，师范生的身体素质成为未来职业发展与自身成长的重要保障。师范生除了正确面对学校安排的体育课程外，还应积极参加各种体育锻炼活动和比赛，以提高身体素质。

本章小结

本章主要介绍了酒店管理专业师范生应当具备的人文素养以及专业素养，并探讨如何实现师范生素养的提升；此外，师范生的发展也是本章重点研究的问题之一。师范生的发展主要受到实践条件、授课教师、课程参与及实践活动等因素的影响，为了实现师范生的成长与发展，院校应当担负起教育、引导的主要作用，而师范生也应积极培养发展的意识，逐步提升自身各方面能力。

思考与练习

1. 酒店管理专业师范生的素养有哪些？
2. 如何提升管理专业师范生的素养？
3. 影响酒店管理专业师范生成长的因素有哪些？
4. 酒店管理专业师范生成长的特点是什么？
5. 酒店管理专业师范生成长的途径包括哪些内容？

第二篇　教学准备

第三章　教材与学情分析

本章导入

教材分析，是教师在制定教学计划、设计教学预案前，要做的一项很重要又很基础的工作，是教师备好课、上好课的基本保证，对教师顺利完成教学任务、提升课堂教学质量有着十分重要的意义。分析教材既是教师科学把握教学内容、加深对教育理论理解、实施创造性备课的重要前提，更是教师进行教学研究的一种主要方法，同时也能体现教师对教材的驾驭能力和备课时的创造性劳动。学情分析是教师开展教学实施的前提，是教师了解教学情况的先决条件，有利于教学目标的实现。

学习重点

1. 课程与教材分析
2. 学情与学法分析

第一节　课程与教材分析

一、课程分析

（一）教学目标

课堂教学目标是师生在课堂教学活动中预期达到的教学效果的标准。课堂教学目标，对教师的教学活动和学生的学习活动具有导向作用、激励作用、调控作用和评价作用。它是教师在教学中选择教学模式、方法、手段的根据之一，直接影响到教与学的方向和效果。

有效的教学始于知道目标是什么，这也足见教学目标是决定整个课堂教与学的指针。课堂教学目标的制定，对于刚开始接触教学实践的教师来说尤其具有意义。从备课到上课再到评价，以教学目标作为依据，才能保证教学的有序进行。

酒店管理专业教学目标是使学生掌握酒店管理的基本理论和基本知识；了解旅游业发展动态，掌握酒店行业具体的业务，以及内部各部门、外部运行的理论、知识、方法和规律。德智体美全面发展，具有良好的思想道德素质、人文素质、业务素质和身心素质，成为在旅游企事业单位中发挥专长的应用型人才。

1. 制定教学目标的意义

制定教学目标是为了实现酒店管理专业人才培养的目的。需要在教学过程中，根据课程的特点、教学目的和学生的实际水平，用恰当的语言对课堂教学目标加以陈述。课堂教学的具体目标作为教学过程的因素之一，既规定了教与学的方向，又制约着选择、处理学科的内容、采取的教学方法、评价方法等其他因素。它能够消除教学的盲目性和随意性，增强教学双方的自觉性和科学性。对刚接触教学实践的教师来说，要使教学过程优化，教师首先要使课堂的教学目标达到优化，这一点对于教师来说尤其具有实际意义。教师刚开始接触教学实践，还不具有从整体上把握实际教学的能力。制定课堂教学目标，既是教师能力所及之事，同时又可以发挥以一驭万的功效。因此，精心制定课堂教学目标，实施目标教学，也是教师优化课堂教学，提高教学质量的重要途径。

科学地制定课堂教学目标具有以下几方面重要的意义。

（1）定向功能。课堂教学目标是课程目标系统中的有机组成部分，是课堂中师生共同努力方向。在实际教学中，常常存在这样的现象：不同的教师在同一年级教同一课题。所教内容、所获效果差别明显；同一教师在不同课题的教学中，常有不必要的重复某一问题的现象。这固然与教师的个人素质及学生的差异有关，但根本的原因是缺乏明确的教学目标，使教师在教学中表现出主观随意性。制定课堂教学目标，有助于改变教学的盲目性和随意性。

（2）反馈功能。课堂教学目标全部使用行为性语言，大都具有行为表现的要求。根据制定的课堂教学目标指导教学过程，一方面，教师可以根据学生学习行为的变化，调整自己的教学行为，识别不重要的目标并辨认出遗漏的目标，并对学生的学习做出相应的指导或采取一定的补救措施；另一方面，学生也能从教师的指导中得到反馈信息，及时调整自己的学习行为。

（3）激励功能。学生既感到课堂学习重要，却又缺乏学习兴趣的原因之一，就是学习的目标不够明确。教师制定明确的课堂教学目标，并且在教学活动的开始阶段就明确地给以陈述，有利于减少师生之间的歧义和误解。同时，有了清楚可行的学习目标，学生可以知道在某特定的时间内应完成的学习任务，并能根据学习程度及个性，安排自己的学习进程。这样就使学习活动在某种程度上能适应不同发展水平学生的学习特点，满足学生的个性差异，从而激发学生的学习期望和达到学习目标的欲望，强化学生的学习动机和学习定势。

（4）评价功能。课堂教学目标既是师生双方进行教学的依据、出发点和归宿点。也是评定学生学习结果的客观依据，还是衡量教师教学成果的客观尺度。评价教学质量的测评体系以教学目标体系为客观依据，就能避免成绩考核的主观性和随意性，使教学评价科学化。而且课堂教学目标全部使用行为性语言，也使教学便于宏观控制，实施评估。

课堂教学目标制定得恰当，有利于调动教师与学生双方面的积极性，能使学生在短时期内进入学习的最佳状态，教师操作起来简便易行。在大力提倡素质教育的今天，制定明确而恰当的课堂教学目标，并依据课堂教学目标开展“目标教学”，这对教师来说尤其具有现实意义。

2. 教学目标的构成

教师制定课堂教学目标，一般受到课程标准、教学内容和学生实际情况的制约。其中，“课程标准”中的课堂目标起着质的规定性作用。“课程标准”开了从“过程”角度提出课程目标的先河，标志着人们从对学习结果的关注转变到对学习过程的关注。通过教师指导下的学生个人实践来构建，因此，关注“过程”，也就抓住了本身的特点。而从教育的全部内容来看，最重要的是方法的获得。

"课程标准"在总目标中明确指出,在阶段目标中也提出了一些行之有效的学习方法的具体目标。教师以此为指针制定课堂教学目标,将从根本上改变课堂教学面貌。

在知识和能力维度上,"课程标准"更强调知识的系统性,追求知识的系统和完整,这在知识、信息呈几何级数增长的现代社会是十分必要的。"课程标准"对学生能力提出能搜集和处理信息,能创造性地学习、使用知识,能敏锐地做出分析和判断等要求。这些变化和发展也要求教师从新的视角对课堂教学目标进行再认识。课堂教学目标要以这些维度为理念,在一定领域内用不同的方法来表述。

"课程标准"是按结果性目标和体验性目标进行描述的。结果性目标陈述方式明确告诉人们。学生的学习结果是什么。其所采用的行为动词要求明确、可测量、可评价,主要用于对"知识与能力"目标领域的描述,因而结果性目标的学习水平有知识水平和能力水平两方面。而体验性目标的陈述方式描述学生自己的心理感受、体验或明确安排学生表现的机会。它所采用的行为动词往往是体验性、过程性的,这种方式指向必需结果化的或难以结果化的目标。

(二) 教学大纲与教学标准

1. 教学大纲

课程教学大纲是根据教学计划的要求,课程在教学计划中的地位、作用,以及课程性质、目的和任务而规定的课程内容、体系、范围和教学要求的基本纲要。它是实施教育思想和教学计划的基本保证,是进行多种媒体教学、教材建设和教学质量评估的重要依据,也是指导学生学习,制定考核说明和评分标准的指导性文件。

教学大纲是学科教学的指导性文件。无论是教材和教学参考书的选编、授课计划的制订、还是成绩考核、教学检查及课程评估都要以教学大纲为依据。教学大纲明确规定本门课程在专业教学计划中的地位和作用,确定本门课程教学的基本任务和要求,依据学科的知识系统与有关先行课、后继课之间的联系,确定各章、节的基本内容、重点和难点,并能反映出本学科的新成就和学科发展的方向;同时要提出本门课程教学组织实施的原则和学时数,并分列讲授课、习题课、实验课及其他实践性教学环节等的教学时数的分配。教学大纲不仅是讲授大纲,还是指导学生自学和培养学生能力的纲要。

总之,教学大纲是课程内容合乎逻辑的构架,是教学顺序、教学工作的指南,以及对该课程掌握程度的反映。可从各自的条件出发拟订各科大纲,教师应该了解、熟悉、钻研教学大纲,并在自己的教学实践中执行大纲。

2. 教学标准

课程标准中规定的基本素质要求是教材、教学和评价的灵魂,也是整个基础教育课程的灵魂。这也正是各国极其重视课程改革,尤其是极其重视课程标准研制工作的重要原因,需要组织最强的力量、投入大量物力经费研制各科课程标准。无论教材怎么编,无论教学如何设计,无论评价如何开展,都必须围绕着这一基本素质要求,都不能脱离这个核心。课程标准是教材、教学和评价的基本依据,并不等于课程标准是对教材、教学和评价方方面面的具体规定。课程标准对某方面或某领域基本素质要求的规定,主要体现为在课程标准中所确定的课程目标和课程内容,因此,课程标准的指导作用主要体现在它规定了各科教材、教学所要实现的课程目标和各科教材教学中所要学习的课程内容,规定了评价哪些基本素质以及评价的基本标准。但对教材编制、教学设计和评价过程中的具体问题(如教材编写体系、教学顺序安排及课时分配、评价的具体方法等),则不做硬性的规定。

(三)课程设置

对于酒店管理专业学生的知识教学,主要通过本科四年课程的学习来实现。而课程设置必须符合学科发展规律及学生的学习习惯,在此基础上安排不同课程的学习时序,才能更好地实现不同课程知识的互补与衔接,使学生形成完整系统、循序渐进的知识框架和结构。

可将酒店管理专业的课程分为公共必修课、学科通识课、专业必修课和专业选修课四大基本模块。

1. 公共必修课

主要包括政治理论、文化素质、体育等课程,这与其他专业基本相同,主要帮助学生树立正确的人生观、价值观。

2. 学科通识课

学科通识课主要是管理学科具有普遍规律的知识,如网络软件应用、商务沟通、法律等。

3. 专业必修课

专业必修课主要培养学生的酒店行业意识,让学生系统地学习酒店管理专业各方面的基础知识,培养学生宏观的专业意识和专业底蕴;为后续或其他模块的学习提供理论支持和基础保证,为培养学生的综合适应能力奠定良好的基础。

基本的专业必修课包括以下几个课程:

(1)酒店管理概论课程

主要讲授酒店管理的基本知识,通过教学使学生了解、熟悉并掌握酒店的地位与作用、酒店的发展史、酒店的种类与等级、酒店的组织机构与职能、中国酒店业的发展、酒店经营与营销管理、酒店服务质量管理与人力资源管理以及世界著名的酒店管理集团等，为学生今后学习其他课程奠定基础。通过酒店管理的基础理论和基本方法的讲授，培养学生运用管理学知识分析问题、解决问题的能力。

(2) 前厅服务与管理课程

主要讲授饭店前厅服务的基础知识，向学生灌输从事前厅服务工作必备的观念与意识，训练学生掌握星级饭店前厅服务的基本操作程序与技能，培养学生具备从事饭店前厅服务与基层管理工作、适应行业发展与职业变化的基本能力，使学生熟悉饭店前厅部运行与管理的基本程序和方法，具有较熟练的礼宾大厅服务、总台服务等各项前厅服务技能，热爱并胜任饭店前厅服务工作。

(3) 客房服务与管理课程

主要讲授客房服务与管理的基础知识，向学生讲授从事客房服务与管理工作必备的观念与意识，训练学生掌握客房服务的基本操作程序与技能，培养学生从事客房服务与基层管理工作、适应行业发展与职业变化的基本能力。

(4) 餐饮服务与管理课程

主要包括餐厅的投资经营决策、餐厅选址、菜单设计的原则和方法、原材料采购与储存、餐饮生产、餐饮服务技能、市场销售、餐饮成本控制等内容，旨在训练学生从事餐饮服务工作的基本技能和操作程序，强化餐饮服务与管理工作必备的观念和意识，培养餐饮服务与餐饮管理技能、适应行业发展与职业变化的基本能力。

(5) 康乐服务与管理课程

主要介绍酒店康乐产品设施，让学生了解设施的特点、性能，运动的要求、规则，场地设施设备的作用、保养和管理，同时还能对康乐项目进行示范、陪练，并指导运动，以便学生毕业上岗后将康乐服务和管理工作做得更好，成为康乐部门的复合型人才。

4. 专业选修课

专业选修课是对专业必修课的补充和延伸，主要是在理论上培养学生的专业应用能力、拓展学生专业视野，如酒水知识与酒吧管理、咖啡艺术等课程。

服务礼仪及修养课程以模拟互动的方式讲解基本礼仪、饭店接待礼仪、会议接待礼仪、国际交往礼仪。通过本课程的学习，使学生掌握酒店接待业的基本礼仪与技术，同时培养学生的动手能力和自律精神，为毕业后能成功地在服务领域从事管理工作奠定知识和素质基础。

其中，必修课与选修课的协调、通识课程与选修课程的协调，都需要通过良好的时序安排来确保课程设置符合学生的学习习惯，从而达到事半功倍的效果。

酒店管理专业课程设置的时序安排要符合学生由大一到大四成长变化的过程。在第一年，先是给学生打下酒店管理扎实的理论基础，从计算机软件、会计、人际沟通、经济学等角度开始引入，这些理论不是空洞的学术思想而是将其具体化到酒店业中来，同时开始介绍行业的入门概况。第二年，理论基础进一步加深难度，同步上升到信息系统、金融财经、人力资源、市场管理的高度，同时专业课也开始与实践相结合。这一年也是课程学习最为关键的一年。大三，开设的核心课程数量应减少，但更加针对酒店业的具体行业需求及发展趋势。而在大四这一年，主要通过行业实践来巩固专业知识，并为工作做准备。

通过良好的课程体系设置，让酒店管理专业的本科生能够在四年的学习中学有所长，在这四年中，其课程几乎覆盖了酒店管理的所有方面。通过核心课程的讲授和设置，为学生打下坚实的理论基础，在此基础上，配有丰富的选修课程给学生提供开拓各自兴趣的广泛空间。学生在完成必修课程的前提下，可以选择酒店业的某一领域进行专攻。此外，课程设置应严格遵循理论与实践相结合的原则，给学生提供多种案例研究和分组课题讨论的机会，使他们不仅能收获必需的理论知识，同时也积累了领导才能与职业精神，为成为未来接待业的领军人物储蓄能量。

除此之外，酒店管理专业学生的知识教学也要注重隐性课程的作用。

隐性课程属于非设定课程，通常是校园教育所具有的潜在功能，学生在隐形课程中可以学习大量的专业以外的知识，这对于奠定酒店管理专业学生的职业发展起到重要作用。通过对课程的综合设计和教学过程的科学组织，对培养学生方法能力、社会能力具有特殊重要的作用，尤其是职业意识和职业习惯的培养不可或缺，在某种程度上甚至占主导的地位。因此，定要重视隐性课程的作用。

二、教材分析

教材分析是教师在教学过程中的不可缺少的工作，这种工作需要分析教材内容的各组成部分的相互关系及其规律。通过教材分析，教师才能考虑到课堂讲授中需要的教具、条件，最优化方法和步骤，有助于学生对教师讲授内容的理解。教材内容可以看成是由若干个相互区别，相互联系又相互作用的基本内容所组成的。这里的基本内容是指该内容完整阐述了一种概念，不同的基本内容所包含的概念是有差别的。分析教材结构就是分析这些基本内容在意义上、方法上的相互关系。

（一）教材的分类与作用

1. 教材及其分类

教材是供教学用的资料，如课本、讲义等。教材的定义有广义和狭义之分。广义的教材指课堂上和课堂外教师和学生使用的所有教学材料，比如课本、练习册、活动册、故事书等。教师自己编写或设计的材料也可称之为教学材料。计算机网络上使用的学习材料也是教学材料。

总之，广义的教材不一定是装订成册或正式出版的书本。凡是有利于学习者增长知识或发展技能的材料都可称之为教材。狭义的教材即教科书。教科书是一个课程的核心教学材料。教科书除学生用书外，几乎无一例外地配有教师用书，很多还配有练习册、活动册以及配套读物、音像带等。

教材分为文字教材和音像教材，其中文字教材有主教材、导学教材和专题教材。音像教材分为录像教材和录音教材。都是能够提供师生开展教学的依据。

2. 教材的作用

教材的价值，在于它是实现教学目标的主要工具，教师主要是凭借它进行教学，各种文字资料和其他教学工具都只能围绕着它加以补充。

（1）教材是学习依据。教材是学生在学校获得系统知识、教师进行教学的主要材料，它可以帮助学生掌握教师讲授的内容，同时也便于学生进行预习、复习和做作业。教材是学生进一步扩大知识领域的基础。

（2）教材是教学依据。教材是教师进行教学的主要依据，它为教师的备课、上课、布置作业和学生学习成绩的检查评定提供了基本材料。熟练地掌握教材的内容是教师顺利完成教学任务的重要条件。

（二）教材的组织与编排

1. 教材的组织

（1）逻辑式组织。按照有关科学知识的内在逻辑顺序组织教材。

（2）心理式组织。以学生为本位，注重学生的兴趣、需要和能力，强调以学生的经验作为教材组织的出发点，逐步扩大教材的内容范围，使学生愿学、乐学，而较少考虑知识体系的完整性。

（3）折中式组织。兼顾学科与学生两方面的需要和情况，择采两者之长。不过在兼顾学科与学生这两方面时，在不同的学科和学生不同的学习阶段，又有所侧重。

2. 教材的编排

教材的编排是决定学科教学内容将按照怎样的次序组成。教材的编排方式一般有四种。

（1）直线式排列。这种排列方式是对一科教材内容采取环环相扣、直线推进、不予重复的排列方式。也就是说，在教材的内容排列中，后面不重复前面已讲过的内容。

（2）螺旋式排列。它针对学习者的接受能力，按照繁简、深浅、难易的程度，使一科教材内容的某些基本原理重复出现，逐步扩展，螺旋上升。

（3）分支平行式。是把内容分为若干个平行的单元，针对这些平行单位分别采用相应的教学方法，逐一开展教学活动，最后进行总结。

（4）综合式。是上述几个方式的综合。

（三）教材使用原则与方法

1. 教材使用原则

选用的教材要最大限度地满足教学的实际需要，要具有很强的科学性、针对性，在保证专业特色和学科前沿的基础上，重点考虑培训内容的时效性，提高培训的质量。教材选用要符合培训内容等诸多要素的要求，选择适合学生特点，符合学生自身水平，便于学生学习的教材。专业课教材宜选用近三年公开出版的，获奖或公认的教材，如果有多版本存在，要择优选用，定期进行教材评估。如果确实无合适教材可选，可以使用自编教材。

（1）针对性原则。针对学习时限、学生母语、文化背景、学生年龄、文化程度、学生现有汉语水平和学生学习动机选用教材。

（2）实用性原则。语言材料的实用性，即真实、自然、来源于生活，教学的实用性，包括教师可以充分理解运用和学生易于掌握、练习。讲练的实用性，即讲练结合，精讲精练。首先是讲，满足学生的交际需要。不拖沓，与主题无关的东西要坚决删掉，尽量避免主观因素，编写时要考虑练习与课文的整体性，虽然是先讲，但讲要与练结合起来编，让练习可以从讲中得到方法。其次是练，要有助于交际能力的提高。联系讲课内容太多会造成学生的厌烦，所以应该记住练习的目的，而不是见到好例子就用。

（3）科学性原则。针对性、实用性、趣味性等都属于科学性范围。在各个原则里要特别强调的是：语言材料要规范、通用，具有典型性和逻辑性，对知识点的解释准确。符合大纲要求和教学规律，语料的安排要由浅入深、由易到难，体现循序渐进的原则。符合学习规律，语法点、句型及重要词语要适时重现和循环。吸收学科理论、汉语本体和教材教法的新成果，但是应该谨慎，应该在充分的使用论证的基础上再去使用。

（4）趣味性原则。注意趣味性同时必须要注意交际性，幽默笑话特别谨慎使用，因为每个人品味不相同，文化有差异，思维习惯也不一样，而且一般这些东西比较庸俗，有很多还是生编硬套出来的，没有多大实际基础，有时毫无趣味可言反而会让学生觉得教材低级、庸俗。语言材料建立在学生迫切想学的基础上，应该选择那些学生最想了解的,最想学会的,可以马上就出去用的,这样可以增加学生兴趣。尽量选择新鲜的、重要而且可以进行足够的讨论的。话题、体裁、语言风格、练习方式要丰富多样,但不应该过度追求形式,要以学生需要为前提。字体不要太小,行间距要大,便于学生随时标记。过于厚的教材应用大版式,便于固定页码和翻书。适当搭配图片以求生动。颜色不单一,选用令眼睛比较舒适的颜色,但不能太分散学生注意力。版式美感但不花哨,力求明晰整齐。纸张不应太薄,便于保存和书写。

(5) 系统性原则。结构的系统性,包括语音、语法、词汇等知识体系。功能的系统性,包括听、说、读、写等技能训练。讲练的系统性,即课文与相应的练习应该注意彼此联系、配合、互相补充。课程设置的系统性,即综合课教材、专项技能课教材要和谐,适当交错而不重复累赘。教材形式的系统性,包括学生用书、教师用书、练习册、单元复习及自测试题的配套和入门,初级、中级、高级不同阶段的衔接。教学手段的系统性,包括图片、声音、录像、电脑辅助等多媒体和师生交互等。

(6) 知识性原则。增加较多的与交际相关的知识量。增加必要的社会知识、社会背景、中国的特点、国民特点等,避免家长里短等过于偏僻的话题。增加文化的内涵,满足学生对文化的需要,帮助学生培养对中国文化的兴趣。

2. 教材使用方法

(1) 通览教材。教课前,最好能通读相关教材。教材是有系统性和连续性的,明确它的编排顺序和各单元间、各部分内容间的内在联系,才能明确教学要求以及每一单元、每一部分内容在系列教材中的地位和作用。只有这样,教学才能前后贯通,形成一体。

(2) 钻研教材。内容包括如下一些方面:确定它在一册课本和一个单元中的地位和作用。确定教学目标和要求。确定教学内容,明确作者和编者的意图和现实意义。根据教学目标,从教材和学生的实际出发,确定教学程序、教学目标方法。

(3) 熟读教材。对于教材,不仅要"懂",还要"熟"到仿佛是自己写的一样。熟读教材有多方面教育作用。首先。给学生树立一个榜样,使学生感到,教师的教学态度是多么认真、严肃,要求学生熟读,自己也熟读。其次,增强教学效果。熟读的结果,教师能够更真切地传达教材的思想感情,能够自如地运用教材的语言,也是在表达自己的思想情感,使教学产生格外有效的教育作用。再次,熟读了教材,教师就不必时时去看教材,可以更多地注意学生,了解学生的反应,掌握学习动态,以便及时调整教学内容,或改变教学方式方法。

(4) 补充教材。教师熟悉教材,但并不限于教材。一个单元、一项具体内容的教学，往往涉及其他许多内容。它们作为补充的内容，而构成教材的一部分。这种补充内容，主要有：相关学科的内容，本学科的最新成就，带有管理专业特点的内容等，这些都要教师加以研究、运用。

第二节　学情与教学环境分析

了解酒店管理专业学生学习特点，是备课的另一重要内容，了解学生是为了解决教和学之间的矛盾。只有既熟悉教材，又了解学生，才可能教好课。了解学生是个长期过程，教师要尽可能做到。了解学生，既要有一般的了解，又要有特殊的了解。目的都是为了针对学生的实际，教好课，把了解的效果落实到学生那里去。了解学生要有记录，要有统计表格。了解学生就要依据心理学，熟悉学习规律，预测学生的反应，然后计划如何适应这些反应，如何依据反应做出指导。

一、学情分析的意义与分析方法

（一）学情分析的意义

1. 面向全体学生的理念

教育是以人的发展为根本的，课堂教学必须以每个人的全面自由发展为基本原则，它要求教师以“一切为了每一位学生的发展”为教学的核心理念。课堂教学要面向全体学生。每一位学生都是生动活泼的人、发展的人、有尊严的人。在教师的课堂教学理念中，每一位学生都是自己应该关注的对象，即不仅要关注学习优秀的学生，更要关注智力发育迟缓的学生、学习成绩不良的学生、身体有缺陷的学生，并认清每个学生的优势，开发其潜能，培养其特长，使每位学生在自己实习过程中都具备一定的能力，都有所发展和成长。作为教师来说，要想实现为了全体学生的发展的理念，顺利地完成实习任务，就要理解学生、尊重学生和指导学生。

（1）理解学生。想要教育学生，首先得理解学生，理解是架设在师生心灵之间的桥梁。教师要想在比较短的时间内深入了解每个学生的精神世界和他特有的个性品质，是不太可能的，因此教师要尽量关心每位学生的兴趣、爱好和需求，使教学尽可能地深入到学生的心坎里去。理解学生，首先从心理发展上认识学生是发展的人。心理学认为，人的身心发展是一个连续的过程，同时又有阶段性。不同的年龄阶段,有不同的年龄特征。一定阶段年龄特征,具有相对稳定性,也有一定的可变性。这就要求教师依据学生身心发展规律和特点开发教育活动。学生是处于发展过程中的人,是不成熟的个体,这就要理解学生存在的不足,允许学生犯错误,更重要的是,帮助学生改正错误,解决问题,促其进步和发展。其次,学生是独特的人。学生并不单纯是学习者,而且是个有着个性的完整的人。这也就是说,学生学习过程并不是单纯的知识接受或技能训练,而是伴随着交往、创造、追求、选择,是学生整个内心世界的全面参与。所以教师特别是实习教师要从人的整体性来理解和对待学生,只有正确理解了学生,才可能把握他们的心理和需要,才能有的放矢地教育他们。只有学生认识到他们被正确理解了,他们才会乐于接受教育,教育才会是有效的。

(2) 尊重学生。课堂教学中师生之间最需要的是相互尊重,只有教师尊重学生,才会有学生发自内心地尊重教师。在实习前,教师和学生之间是彼此陌生的,因此他们之间的尊重还是比较容易实现的。教师对学生的"尊重"主要包括四个方面:第一,尊重学生的人格。所有的学生,不管其性别、地位、学习成绩有何不同,人格都是平等的,没有什么高低贵贱之分。第二,对学生的价值的尊重。尊重学生的价值,既要相信每一个学生都蕴藏着巨大的潜能,可塑性强,又要相信他们都是渴望上进、渴望有所作为的,且具有自我完善的能力。第三,对学生权利的尊重。人人都是平等的,都有自己的权利。作为学生,他们在课堂上有提问、质疑及发表独立见解的权利,有对数学内容、方法提出建议的权利,教师不能随意地限制学生。第四,对学生间差异的尊重。一方面,不同的学生,能力、兴趣等方面会有所不同。教师应做到了解、理解,做到因材施教。另一方面,教师要尊重师生之间的差异,教师能做到的,学生未必能做到。反过来,要求学生做到的,教师自己首先要做到。只有做到尊重人的差异,才能达到人与人的沟通,才能激发学生的积极性。

(3) 指导学生。学生在校期间获取知识是主要的目的。学生当然可以通过自学和实践获取知识,但是不可能全凭自己的学习来达到获取知识的目的,他们需要教师给以引导和帮助,使他们在有限的时间内获取更多更有效的知识,并培养一定的能力,养成良好的学习习惯。教师是学生学习的指导者,教师在课堂教学正是在发挥教师的指导作用。教师对学生的指导贯穿于实习教学的全过程,表现在学习的方方面面,例如指导学生读书,指导学生思维,指导学生记忆和指导学生想象。教师要指导学生读书,就要教学生掌握精读、略读和违读等读书方法。教师要指导学生思维,就要教会学生掌握一些思维的方式和方法,即分析和综合、比较和概括、抽象和具体及判断和推理。指导学生思维,主要是指导学生学会创造性思维,这是创造的关键所在,是素质教育的根本。

2. 发展学生个性的理念

个性也称为人格,它是指个体在一定的社会关系中形成的生理特征、心理特征和行为方式有机结合而使个体具有的独特精神面貌。个性有着多重内涵,以自主性、独特性、创造性为主要特质。个性的发展是指通过教育使学生各方面的潜能得以充分的、和谐的发挥和显现。现代素质教育积极倡导教育要发展学生的个性,这不仅是基于未来社会发展对于人才的要求,更是基于对人的自身成长的深切关怀。课堂教学呼唤发展学生个性的教育理念,更加关注每个学生的心理品质、情感倾向、能力意志等素质的提高。理念是行动的指导,教师在走进课堂教学之前,有必要首先明确课堂教学的理念以及在课堂教学中发展学生个性的教育理念。

教育理念包括以下内涵:

(1) 发展学生的自主性。长期以来,学生的个性得不到应有发展的一个重要原因,就是课堂教学主要采取师传生受的教学方式,师生之间不是平等交流的关系。由教师确定统一的教学目标,讲授相同的学习内容,采取考试的单一评价方式约束学生,这就必定导致学生对教师的被动依赖。发展学生的自主性。就是要使学生成为课堂学习的主人,要敢于面对学习生活中的挑战,成为自主、自立、自强的人。教师首先要充分信任学生,为他们营造民主轻松的对话环境。只有师生平等自由地交流,学生才能敢想、敢说、敢做,大胆地参与到课堂活动中来。教师要使学生从"要我学"转变为"我要学",可以引导、支持学生参与制定自己认为有价值和有意义的学习目标,对学习各方面进行自我调控,应用恰当的学习策略使自己的学习活动达到最佳,并且在遇到困难的时候,启发他们与课文当中勇于独立、自主、奋发的前贤进行交流,内化为自身的学习动力,鼓励他们凭借坚强的意志在学习中坚持下去。一般说来,优秀生的自主性比较强,教师应做的就是帮助他们战胜骄傲,帮助他们坚持自主性。而后进生(以前称为差生,实际上只是某方面需要进步的后进生)则稍差一些,他们往往表现为不愿独立学习,不敢也不愿参与课堂活动,遇到困难不能坚持下去等行为。针对后进生,教师应给予必要的激励和暗示,并教给他们一些心理调节方法、学习策略等,组织优秀生与后进生合作学习以提高后进生的学习能力。

(2) 发展学生的独特性。每一个学生都是一个独特的生命存在,在课堂教学中,每个学生都是唯一的、不可替代的、不可重复的价值主体,具有不同的成就感、学习能力倾向、兴趣爱好、学习方式、生活体验等,这直接导致了对于学习内容和问题的个性化和多样化理解,另外教材当中的个性因素也会或多或少、或隐或显地对学生个性发生影响。在课堂教学中,如果无视学生之间的个别差异。把具有不同个性品质和特点的学生塑造成同规格的产品,那只会导致课堂教学的单调乏味，也就意味着教育的不公。因此在课堂教学中，有必要遵循差异性原则，根据不同学生的个性特点，有针对性地灵活地创设适应每个学生发展的情境和方法。传统课堂教学中所认为的“差生”，只是在言语—语言智能或逻辑—数理智能等个别方面不够好，但并不意味着他们在其他方面也很差，相反地，很多所谓的“差生”在其他智能方面表现得相当出色。从这个意义上讲，教师在课堂教学中应根据每种智能的不同作用，设计不同层次的课堂活动、弹性练习，以帮助每个学生都能找到自己发挥作用的智能角落。在每个学生的优势智能得以充分发展的基础上，积极创造条件因材施教，带动学生其他弱势智能的发展，一方面要善于发现每个学生的个性特征，另一方面要向指导教师学习他们是如何对学生因材施教的。

(3) 发展学生的创造性。创造性是个性品质的核心和灵魂，是个性中最富于活力和变化的因素。创造性表现为不拘泥于原有的形式、范例和观点，运用已知信息形成一种新的观点和见解的能力。学校的课堂教学是以提升个体认知能力、情感意志以及生命价值为主旨的实践活动，是学生在教师的指导下不断超越、丰富自身经验的动态发展过程，这本身就是一种主动探究、不断创新的过程，因此培养学生的创新精神和创新能力是课堂教学的核心任务。在课堂活动中，教师应致力于激发学生探究问题的兴趣和动机；引导他们独立思考、奇思妙想，提出独到的见解；支持他们敢于怀疑批判权威和已有的观点结论，不屈从于任何外在的压力而轻易放弃自己的主张。对教师而言，要从心底里乐于接受学生提出的不同意见，言之成理则充分肯定和表扬，理解有偏差或自相矛盾的，则要对之推迟判断，而不是武断地将自己的观点强加给学生，要引导他们自我矫正，发现真理。作为未来教育的舵手，教师更要敢于突破陈规，培养自己积极的创新态度和创新行为。

当代课堂教学必须树立发展学生个性的教育理念，给予不同个性潜能的学生提供展现自我的空间，找出他作为人的发展的最佳区域，充分地凸现每位学生的天赋素质，使他们成为和谐发展的生命个体。对于教师来讲，最重要的是要把发展学生个性的教育理念深深内化在自己的教育思想中，并通过与指导教师和学生的交流来弥补教学经验的缺乏，为以后躬身于真正的教育生涯作好铺垫。

(二) 学情分析的方法

教师教学的对象就是学生，每一个学生都有不同的特点，每个班级也有属于自己的特点，这就要求教师在备课的时候要注意到学生的学情，特别是教的班级较多的时候，要根据班级的特点对教学做相应的变动。学情分析主要包括以下几个方面的内容：

1. 学生年龄特点分析

它包括所在年龄阶段的学生长于形象思维还是抽象思维？乐于发言还是开始羞涩保守？喜欢跟老师合作还是开始抵触老师？不同年龄学生注意的深度、广度和持久性也不同。这些特点可以通过学习一些发展心理学的简单知识来分析，也可以凭借经验和观察来灵活把握。

不同年龄学生感兴趣的话题不同，教师一方面要尽量结合学生兴趣开展教学，又要适当引导不能一味屈尊或者迁就学生的不良兴趣。

2. 学生已有知识分析

针对本节课或本单元的教学内容，确定学生需要掌握哪些知识、具备哪些生活经验，然后分析学生是否具备这些知识经验。可以通过单元测验、摸底考察、问卷等较为正式的方式，也可以采取抽查或提问等非正式的方式分析出来。

如果发现学生知识经验不足，一方面可以采取必要的补救措施，另一方面可以适当调整教学难度和教学方法。

3. 学生学习能力分析

分析不同班级学生理解掌握新知识、学习新的操作技能的能力。据此设计教学任务的深度、难度和广度。经验丰富、能力较强的老师还可以进一步分析本班学生中学习能力突出的尖子生和学习能力较弱的学习困难学生，并因材施教、采取变通灵活的教学策略。

4. 学生学习风格分析

班级整体学习风格：一个班级的孩子在一起时间长了会形成“班级性格”，有些班级思维活跃、反应迅速，但往往思维深度不够，准确性稍微欠缺；有些班级则较为沉闷，但可能具有一定的思维深度。不同的学生个体也是如此，教师应该结合教学经验和课堂观察，敏锐捕捉相关信息，通过提出挑战性的问题以及合作等方式尽量取学生之长、补其之短。

当然，切忌单纯为了学情分析而去分析学生或者将学情分析孤立于教学设计之外，学情分析是系统教学设计的有机组成部分，并与教学设计的其他部分存在极为紧密的互动关系。

学情分析是教学目标设定的基础，没有学情分析的教学目标往往是空中楼阁。因为只有真正了解学生的已有知识经验和心理认知特点，才能确定其在不同领域、不同学科和不同学习活动中的最近发展区，而从知识技能能力等方面来阐述最近发展区就是教学目标。

学情分析是教学内容分析（包括教材分析）的依据，没有学情分析的内容分析往往是一盘散沙或无的放矢。因为只有针对具体学生才能界定内容的重点、难点和关键点。

学情分析是教学策略选择和教学活动设计的落脚点,没有学情分析的教学策略往往是教师一厢情愿的自我表演;因为没有学生的知识经验基础,任何讲解、操作、练习、合作都很可能难以落实。

总之,学情分析是对以学生为中心的教学理念的具体落实。

二、酒店管理专业学生的能力结构

作为在读的酒店管理专业的学生应具备的职业能力包括三个方面的内容,分别是专业能力、方法能力和社会能力。

(一) 专业能力

专业能力指酒店管理专业领域内从事生产、经营、服务等职业活动所需要的能力,它是知识和技能的综合。专业能力在整个能力结构中处于核心地位,它是劳动者胜任工作、赖以生存的本领。教师应该鼓励学生获得“双证书”,即学生在取得学历证书的同时,又在与专业相关的工种中,获得酒店相应的技术等级证书。这些做法对于提高学生的技能水平,促进能力训练的规范化,无疑是有意义的。

专业能力可分为基本岗位技能、管理岗位基本业务能力和管理岗位专项业务能力三个方面。

1. 基本岗位技能

(1) 语言能力。《旅游饭店星级的划分与评定》对饭店服务人员的语言要求为:“语言要文明、礼貌、简明、清晰;提倡讲普通话;对客人提出的问题无法解答时,应予以耐心解释,不推诿和应付”。酒店是服务性行业,服务人员在工作中如若不能规范礼貌用语,或者是未能注意到语言在为宾客服务过程中所起的作用,将直接影响客人对酒店服务的满意程度。

言为心声,语为人境。酒店管理专业的学生在校学习期间,首先要提高的是他们的语言表达能力。在教学中不仅要训练他们使用标准的普通话,更要注重用语礼貌、沟通技巧等方面的练习,使他们具有较强的语言表达能力和较高的语言表达艺术。此外,由于学生在以后的工作中还会接触到外宾,教师还应将饭店英语特别是口语的运用放在英语课程教学的首要位置,为酒店专业的学生在以后的工作中打下坚实的语言基础。

(2) 计算机操作能力。能够熟练地使用计算机进行操作以完成工作。这已经成为酒店就业工作中的一项基本必备的岗位技能,比如前台预定系统 Opera 的应用等。

(3) 文字写作应用能力。能够进行一些基本的行业岗位应用文的写作,用以反映情况、总结、备注或者是完成工作表格等，要求能够如实地书面传递和表达信息。写作能力也是一项基本必备的岗位技能。

（4）表达能力。在日常交流过程中，要求正确地进行意思表达，以让他人明白信息和意义。主要要求思路清晰，口齿清楚，能够准确地表达思想，词汇丰富、生动。特别是在大众场合，要有充分表达酒店专业业务的能力。

（5）信息处理能力。在当今时代，知识信息天天更新，能否运用现代化手段，获得大量最新信息，这是一个当代酒店管理专业学生应该具备的能力。如，会上网查询相关信息，能熟练地利用图书馆资料，能运用相关的媒体信息丰富自身的知识。

（6）灵活应变能力。由于客人的国籍、性别、年龄、文化程度、职业和需求等各有不同。酒店职业岗位要求员工必须具有灵活应变的能力，才能有针对性的提供优质服务，才能在突发事件时临阵不乱，特别是在出现紧急突发事件时，能够兼顾各方利益，寻求最佳结合点，圆满解决问题。

（7）动手解决问题能力。酒店管理专业岗位是属于操作性很强的工作。要求凭借所掌握的饭店前厅、客房、餐饮及康乐等部门的服务与管理知识，进行面对面的具体实操，并解决工作中所发生的问题。

2. 管理岗位基本业务能力

（1）市场调查能力。酒店管理专业要求具备有一定的市场调研能力，这是酒店市场营销的前提和基础，是酒店人员必须熟悉和熟练运用的重要技能。通过市场调查可以了解和掌握市场动态，以便开展竞争及竞争的战略选择。

（2）公关协调能力。这里的公关协调包括内部与外部两个方面。人际交往能力与人际协调能力是人们在工作与生活中必须面对的一个大问题，也是人生存和发展的一项不可或缺的能力。要学会正确处理人际关系的能力，强化团队意识、善于与各种人处理关系，善于把自己融入社会、融入团体。

（3）组织策划能力。组织能力与策划能力的培养能充分发挥集体的才能，要学会进行事先的计划与安排，善于组织人力、物力和财力，以最少的投入取得最佳的工作效果，培养个人的事前预测与控制能力，以使事态的发展向着预先设置好的方向进行，以减少不确定因素带来的破坏性。

（4）综合服务能力。酒店管理专业所需要的综合不是简单的叠加，而是一种整合，使学科之间相互渗透，形成整体性概念，真正起到 1+1>2 的效果。在酒店管理专业知识综合化方面，要注意学科知识间的渗透与综合，重视知识与实用性的沟通、转化；注意人文教育与科学教育的渗透与迁移，要在科学教育中渗透人文思想，促进人文教育与科学教育的自然融合。

（5）团体合作的能力。酒店管理专业所倡导的是培养适应社会需求的人才,着眼于学生的终身发展需要。在现代酒店中需要更多的是分工与合作,强调团队精神,而不是个人的单打独斗。故要学会与不同类型的人合作的能力,为如何与社会上各种类型的人共事和交往奠定基础,提高学生的素质并使其更好地适应社会环境。

3. 管理岗位专项业务能力

(1) 管理与人事培训能力。工作绩效与培训能力有着直接的关系。培训是酒店业永恒的主题,作为一名基层管理人员除了做好自身工作外,还必须具备培训部门或班组员工的能力。应针对饭店的具体情况研究培训需求,做好培训工作。同时应树立人力资源是战略资源的现代人力资源观念,培养并提高综合运用人力资源开发与管理理论知识及熟练运用各种开发管理方法的能力。

(2) 财务会计与统计能力。要求着重掌握酒店财务管理的特点及任务,包括筹资选择,风险衡量,折旧计算,现金管理,成本费用管理,保本点计算,酒店定价方法,营业收入的日常管理,酒店业务预算的编制方法及程序,酒店财务报表分析;酒店统计知识是酒店管理活动中内外部信息来源的主要渠道,能为酒店管理决策提供准确可靠的依据,要学会利用统计分析结论解决问题、指导工作。

(3) 设备与用品管理能力。要求着重掌握酒店部门岗位工作中所使用设备与耗用品的名称、种类、正确使用方法和保养原则,学会正确合理地制定损耗与耗用,延长设备的使用寿命,学会计算折旧与成本,学会合理控制成本预算,能为酒店管理决策提供准确可靠的降低成本费用和开源节流的依据,以利于酒店的经营与管理。

(4) 经营与市场开发能力。要求着重掌握基本的经营和开发理念,学会正确地进行饭店全局性、战略性问题的思考,考虑酒店当前问题和长远发展思路,进行酒店产品的动态调整与产品创新,解决营运过程中的动态问题,学会引进新产品、利用新技术、开辟新市场、控制原材料新的供应来源以及实现产业经营的新组织、新管理、新经营、新效益。

(二) 方法能力

方法能力是一种发展能力,它是指从事职业活动所需要的工作方法,它包括科学的思维能力和基本方法。

科学的思维能力不仅是从学习方法论的知识中直接得到的,更是从其他知识的学习和实践中感悟到的,它可以形成解决问题的思路,也包括判断和分析能力等。基本方法包括自学方法、创新方法、解决问题方法等。

重要的方法能力包括以下方面:

1. 解决问题能力

“能力越大,责任也就越大”,解决问题是首要的任务,也是考验一个人能力最佳的方式。就酒店而言，诸如服务质量不佳、人力不足、人员流动大、设备老旧等问题需要解决，解决问题需要界定问题、收集资料、分析问题、找出问题根源，针对其根源，运用创造能力，达成解决问题的目的。

2. 创新创造能力

创新能力即学生在顺利完成以原有知识经验为基础的创建新事物的活动中表现出来的潜在心理品质。

酒店服务行业尤其需要从业人员具有创新意识和创新能力，只有不断创造出新的产品和服务项目，开拓出新的领域，才能在激烈的竞争中站稳脚跟，推陈出新。酒店管理专业的学生，学习兴趣不够浓厚，基础知识不够牢固，又不太勤于、善于动脑，学习常处于被动状态，缺乏追根问底、深入探索和不断追求的精神。因此，在酒店管理专业教学中，教师应结合专业实际及学生特点，更新思想、善于挖掘，及时抓住培养创新思维的契机，促使学生在实践中养成探究的习惯，树立创新的意识和发展创造的能力。

3. 分析判断能力

酒店中接触的人、事、物都很多很杂，对生活和工作中出现的各种问题和传言，要能够根据事实做出客观的分析、判断与评价，有自己的思想与判断能力，不人云亦云，也不优柔寡断，更不参与传播道听途说的小道消息。

4. 综合归纳能力

专业岗位实际工作中，要求充分发挥学生主体性，学会分析，学会从众多结论中进行取舍，并归纳、升华成正确的结论和意见，有效地培养综合能力。

5. 终身学习能力

是指能否独立地进行自学，运用各种工具吸收新的知识，并能转化为自身知识的能力。只有通过学习才能不断提高自身能力素质，在激烈的市场竞争中取得一席之地。终身学习能力加强“软技能”的培养，有助于获取知识与促进知识更新，为不断发展和终身学习打下基础。

（三）社会能力

社会能力是指从事职业活动以及生活在社会中所需的行为能力，包括人际交往、公共关系及社会责任等，它既是基本的生存能力，又是基本的发展能力。

社会能力是开放社会中人的必备能力，是酒店职业教育培养的重要目标之一。社会能力的培养不仅仅是从书本上学习一些社会知识，更重要的是在日常生活中锻炼提高。

1. 应变能力

应变能力就是应付事态变化的能力。由于酒店服务工作大都由员工通过手工劳动完成，而且客人的需求多变，所以在服务过程中难免会出现一些突发事件，如客人投诉、员工操作不当、客人醉酒闹事、停电等，这就要求酒店服务人员具有灵活的应变能力，遇事冷静，及时应变，妥善处理，充分体现酒店“宾客至上”的服务宗旨，尽量满足客人的需求，因而在教学中必须培养学生迅速发现问题、辩证分析问题和果断解决问题的能力。

在酒店专业课堂上，教师应运用大量的酒店服务案例分析进行教学，围绕某个取自于酒店真实情境、具有典型性和代表性、内含某个值得探讨的重要问题，共同对案例情境中包含的疑难问题进行研讨与分析，以求解决疑难问题，做出相应的决策；培养学生在阅读案例材料的过程中，自己去识别、去发现、去界定问题；通过案例分析锻炼学生的“分析技能”与“决策技能”，培养学生的判断力，使学生从案例分析中获得大量的处理突发事件的技巧，进而提高处理问题的应变能力。

2. 交际能力

酒店业作为一种服务性行业，是与人打交道的行业。一方面，要与客人之间进行良好的沟通，提高服务质量；另一方面，需要与领导和同事之间进行良好的沟通，形成良好的团队精神。人际交往所产生的魅力是非常强大的，它使客人对酒店产生非常深刻的印象，而良好的交际能力则是酒店管理专业学生在职业发展中实现其职业目标的重要基础。

人际关系的建立还应当有始有终，持之以恒。应培养学生持之以恒地与同学、老师以及未来的同事、朋友等建立良好的人际关系。

3. 观察能力

酒店服务质量的好坏取决于客人在享受服务后的生理、心理感受，也就是客人的需求满足程度。这就要求服务人员在对客服务时具有敏锐的观察能力，随时关注客人的需求并给予及时满足。在专业课教学中，教师应指导学生利用心理课上所学知识，对自己周围的人，从衣冠服饰、体型肤色、动作仪态、语音语调等方面判断出他们的大概身份、地位、关系及消费要求，有条件的还可以及时验证结果。在练习中应要求学生勤实践、少主观，避免偏见和成见的影响；还要从多个角度观察人、事，注意细枝末节，主动向具有良好观察、判断能力的同学或教师请教，或邀请其对同一对象做练习，以利切磋。

众多的客人在不同的场合有不同的需求，要在各个阶段向不同客人提供不同的服务，使客人满意，还需要服务人员具有持久的、良好的注意力，否则，服务全过程的链条就会中断。当客人的需求刚刚提出，或者将要发出而尚未发出时，服务人员就要立刻做出相应行动。即使这行动未能完全达到客人要求，客人也会感到满意。

怎样提高学生良好的持久的注意力呢？在学习中，应加强学生自觉的、有目的的"有意注意",抑制无预定目的的"无意注意",防止松弛懈怠现象的出现,还要提醒他们对身边的每一个人都一视同仁,竭力避免时冷时热、亲此疏彼的现象出现,同时还要提高学生合理的"分配注意"的能力,达到"一心多用"。

4. 团队建设能力

团队是组织成功的基础,作为从事酒店服务行业的人员,不仅要为客户服务,还要加强内部人员的沟通与协调,建立高绩效的团队组织,这是顺利开展工作的重要保证。

三、酒店管理专业典型教学环境

(一) 实训教室

实训教室是进行实践操作的实训场所,一般可以分为以下几种。

1. 客房实训室

客房实训室是客房实践操作的实训场所,主要培养学生客房整理技能,一般配备中西式铺床全套用具,包括床单、枕头、枕套、踏花被、被套及床具等设备,可满足客房服务与管理、酒店管理等课程的需要。可开展的实训项目包括客房整理操作技能、中西式铺床技能等。模拟客房训练,使学生熟悉饭店客房布局、房内设施和物品;熟悉客房服务工具并能熟练使用;掌握客房服务的内容、程序及服务规范;熟练操作客房服务技能。

2. 中餐实训室

中餐实训室是进行中餐宴会摆台、点菜服务操作、服务间工作等实践技能操作的实训场所,主要培养学生中餐服务的技能。一般配备餐桌、餐具、酒水车、菜单、收银本、酒水杯、口布、重托盘、轻托盘、餐橱柜等设备,可满足餐饮服务与管理课程的教学需要。可开展的实训项目包括中餐摆台和收台、中餐斟酒服务、中餐上菜服务、中餐问位开茶服务、中餐酒水服务、托盘、中餐餐巾折花、引领和结账等。模拟中餐厅训练,加深学生对餐饮服务的认识;了解餐饮服务的基本设施设备;掌握中餐宴会摆台的基本技能及餐饮服务的基本程序,在巩固专业知识的同时加强对餐厅服务各项技能的培养。

3. 西餐实训室

西餐实训室是进行西餐服务的组织与管理、西餐情景布置等实践技能操作的实训场所,主要培养学生西餐服务的技能。一般配备西餐灶台、打蛋器、烤箱、各类餐具、菜单、收银本、酒水杯、口布、重托盘、轻托盘、餐桌、餐椅等设备,可满足餐饮服务与管理、咖啡制作、茶艺等课程的教学需要。可开展的实训项目包括调酒技术、茶艺训练、咖啡制作、餐厅托盘、西餐餐巾折花、西餐摆台、西餐酒水服务、西餐席间服务、自助餐服务、西餐服务英语等。模拟餐厅训练,加深学生对饭店西餐厅服务的认识,在巩固理论知识的同时加强对西餐厅服务各项技能的培养,同时营造一个外语对话氛围,让学生在服务与被服务的过程中提高外语的对话能力。

4. 酒吧、茶艺实训室

酒吧、茶艺实训室是进行调酒、酒吧管理、茶艺等实践技能操作的实训场所,主要培养学生酒吧、茶艺服务的技能。一般配备柜台、茶桌、调酒壶、酒柜、冰桶、制冰机、咖啡机、榨汁机、各类酒具、展览橱窗、茶具等设备,可满足有关酒水知识、酒吧服务与管理、茶艺等课程的教学需要。可开展的实训项目包括英式调酒、花式调酒、酒水调制、中式茶道、日式茶道等。模拟酒吧、茶室训练,加强学生对饭店酒吧、茶室服务的认识,在巩固理论知识的同时加强对酒吧、茶室服务各项技能的培养。

5. 前厅实训室

前厅实训室是进行客房预订、前台接待、前台收银等实践技能操作的实训场所,主要培养学生前厅服务的技能。一般配备前台接待台、前台服务用电脑、电话机、验钞机、刷卡机、打印机、报架、指示牌、时钟、前台控制系统、星级酒店用具等设备,可满足前厅服务与管理、前厅服务技能训练等课程的教学需要。可开展的实训项目包括预订服务、接待服务、总机服务、收银服务、问询服务、礼宾服务、特殊问题处理等。模拟前厅环境训练,加强学生对饭店前厅服务的认识,在巩固理论知识的同时加强对前厅服务各项技能的培养,包括客房预订、前台接待、前台收银、行李生、门童、问询等岗位。

以上实训教室都应配备多媒体教学设备和同步录像教学设备,饭店服务技能既要在操作程序上符合服务标准,还要在操作手法及细节上符合服务规范。现代教学设施能够反复重现各专业技能的操作步骤,展现行业服务工作中的标准和要求,有助于师生多快好省地完成教学任务,实现预期的教学目标。为了满足实训的需要,每个实训教室必须有满足课堂学生达到一定训练密度的实训设施和设备,让教师在有限的教学时间和空间里组织学生进行实战训练,最终让学生做到熟能生巧,灵活操作。

(二)情景虚拟实训室

情景虚拟实训室是让学生在仿真模拟的实际场景中进行技能训练的实训场所,饭店的对客服务是一种综合性和创造性很强的服务艺术,学生仅掌握各种单项操作技能远远不够,还要能综合利用各项专业技能进行对客服务,这就需要有一定的饭店情景来配合学生进行模拟教学实践和实战训练。根据本专业对学生综合技能培养的教学要求,情景模拟实验室应该配备:模拟饭店大堂和总服务台，用于前厅应接服务及总台各种对客服务的教学和训练；模拟客房，用于客房清扫和服务的教学和训练；模拟餐厅，用于餐厅各种对客服务和就餐服务的教学和训练。在仿真的情景和饭店氛围中，师生应统一饭店着装，形成专业标识，微笑待人、彬彬有礼，一举一动、一招一式都以职业标准和要求进行前厅、客房、餐饮等对客服务的教学和实训，这样的教学比单纯课堂讲授更符合专业教学的特点和学生的实际情况，有利于全体学生的积极参与，达到事半功倍的效果。学生只有在学校里感受酒店的气氛、体验工作的过程，才能逐步树立饭店意识、服务意识，提升综合素质和职业能力，迅速完成由一个学生到一名合格饭店服务人员的转变。

1. 校内实习饭店

学校建立的校内实习饭店，既是能够对外经营的宾馆，又是本专业学生进行模拟实习的重要场所。许多饭店在录用本专业毕业生时最看重的是学生的技能操作是否扎实，实践经验是否丰富，能否直接顶岗工作。针对饭店的用人要求，饭店的实训基地中的校内实习饭店不可或缺。建设实习饭店，一方面可以让专业老师轮流在饭店挂职锻炼，进行饭店经营与管理，促进教师成长为既精通理论又精通实践操作，既懂经营又擅教学的“双师型”师资；另一方面可以使学生在饭店各岗位模拟实习，进行顶岗前的实战演练。校内饭店实习是学生顶岗实习前的必要环节，为学生在校期间能更好地认识社会、了解行业、熟悉岗位和顶岗实习奠定良好的基础。

2. 校外实训基地

校外实训基地是为了有效解决学校实训基地建设经费和空间不足的矛盾，学校与企业携手共建的校外实训场所，是对校内实训基地设备、场所和功能缺陷的有效补充。建立校外实习基地，可以为学校和饭店之间架起一座共同发展的桥梁。首先，可以在学生入学以后，组织学生参观一些校外实训基地，让学生了解饭店环境以及著名大饭店和连锁饭店成功的诀窍；另外，在学生进入专业学习的过程中，可以请校外实训基地的饭店管理者或服务明星来校介绍在市场竞争中求发展的经验和青年员工的成长过程。通过校外实训基地开展的多种活动，学生可以领会现代饭店的经营和服务理念，理解当今竞争社会对饭店服务人才的要求和消费者对服务水准的要求，明确职业发展方向并坚定地沿着这个方向努力追求。其次，校外实训基地作为学生毕业前的定向实习单位，可以让学生置身于现实工作场景，感受工作过程，积累服务经验，加强岗位任职能力及关键能力的培养，促进学生职业角色的转变，实现实训条件的社会沟通，达到教育资源的共享。

本章小结

本章主要介绍了教学准备中的课程分析、教材分析、学情分析、教学环境分析等内容,并介绍了酒店管理专业的实训室建设。

思考与练习

1. 酒店管理专业课程主要分为哪四大模块?
2. 教材的使用方法有哪些?
3. 学情分析的方法有哪些?
4. 简述酒店管理专业学生的能力结构。
5. 酒店管理专业实训室一般有哪几种?

第四章　教法选择

本章导入

教学方法的选择与运用要受到教学目标和教学内容的制约。在现代教学活动中，主要关注的有以下教学目标：促进知识、技能掌握的教学，培养智慧技能的教学，培养创造力的教学，注重情感发展和人际关系的教学等。

学习重点

1. 教学方法基础
2. 行动导向教学法
3. 案例分析教学法
4. 角色扮演教学法
5. 任务驱动教学法
6. 项目管理教学法

第一节 教学方法基础

一、教学法知识

(一) 教学法的重要性和基本功能

1. 教学法的重要性

研究教学方式方法,掌握教学技术,是确定了教什么和教给谁之后重点考虑怎么教的问题。教师要遵循本学科教学规律,考虑学生的年龄特点、学习心理、所学内容,选择教学方式方法;教师要考虑到什么地方应该利用学生的已有知识和经验?怎样的组织形式才能最好地达到本学科追求的目标?为了使教学速度加快,怎样提高组织效能?什么方式方法会更有效地使学生掌握知识、提高能力和促进智力的发展?遵循什么途径最利于激发学习的积极性?

2. 教学法基本功能

研究教学方法的内容包括:课时分配、课堂组织形式和过程、课堂教学方法、理解能力和表达能力的训练方式、板书设计、教材以外的教学媒体的运用和邻近学科的配合。

课堂教学设计是以教学论、教育心理学为基础,以系统论为指导方法,以人的发展为最终目的,对教学目标、教学内容、教学方法、教学结构等课堂教学的诸要素进行系统构思规划的全过程,其直接目的指向课堂教学最优化。课堂教学设计是教学工作的重要环节,它直接作用于课堂教学,影响着课堂教学效果的优劣。随着课程改革的不断深入,许多教师都认识到了课堂教学设计的重要性,自觉地把教学设计理论应用于实践,遵循教学过程和学生认知心理规律,对教学活动进行规划设计。

(1) 促使教学工作科学化。传统课堂教学以课堂为中心、书本为中心、教师为中心,课堂教学工作大都仅凭教师个人的经验和意向进行,缺乏教学经验的教师在做教学安排时不免存在着盲目性,从而影响教学的成效。而教学设计成为一个独立的知识体系后,教师一旦掌握了教学设计原理,就可以将教学活动的设想建构在系统方法的科学基础上,增强教学目的性,促使教学工作科学化。

(2) 促进理论与实践的沟通。课堂教学设计可使教学活动有序有效。在教育领域早已形成了众多的教学理论体系,以此指导教学实践就需要一种独立的知识系统来弥补，教学设计理论就起到了沟通教学理论与教学实践的作用。为了实现教学效果的优化，在解决教学问题的过程中，教学设计把教师个体的教学经验升华为便于广大教师运用的一般策略，把已有的教学研究理论成果综合应用于教学实践，从而在教学理论和教学实践之间架起了一座桥梁。

(3) 促进科学思维习惯和创造能力的形成。课堂教学设计是系统解决课堂教学问题的过程，它提出的一系列原则和方法具有很大的迁移性，也同样适用于其他领域的问题情境中。教师通过教学设计原理和方法的学习、运用，可以促进科学思维习惯的形成。在课堂教学设计过程中，要有效实施教学，必须针对每一个具体问题创造性地拟定教学策略。教师不断历经教学设计的过程，就是自身创造意识和创造能力不断提升的过程。

教师在进行教学设计时，必须遵循一定的原则中，进行合理统筹安排。

(二) 教学设计的原则

1. 教学目标的整合性原则

教学目标作为教学活动的指导思想，是课堂教学设计的首要内容，也是教学评价的重要参照。教学目标对教学过程中学生和教学内容之间的相互作用及最终效果做出了明晰的规定。教学目标的整合性原则，就是指教学目标的设计要着眼于学生整体素质的发展和提高。传统教学目标的设置往往过于关注智育目标而忽视情感目标，这种忽视人的价值的偏颇必然导致学生主体性的弱化和个性的不完整。现代教学设计关注人的全面发展，从知识与能力、过程与方法、情感态度与价值观三个维度设计教学活动，把认知目标、能力目标、情意目标和谐地融注在课堂教学中，坚持专业性、人文性与科学性的统一。

2. 教学内容的系统性原则

教学内容指的是各门课程所包含的体系、结构及其广度和深度。教学内容的系统性原则，就是要求课堂教学内容设计要体现学科知识发展的系统性和学生认知发展规律。这是因为教学内容既受课程本身所隶属学科的逻辑序列制约，也受到教育对象本身认知发展的逻辑序列制约。教学内容的设计还必须体现出相关学科知识的相互渗透，因为任何学科都是与其他学科系统相互联系、相互影响的，教学内容的设计应该反映这种相关性。具体说来，就是要求课堂教学内容的组织和设计，既要帮助学生掌握基本的知识结构和原理，又要注重培养学生实际运用理论的能力；既注重学生专业学科知识的构建，又注重学科之间知识的纵横关联，拓展学生的思维和能力空间。

3. 教学方法的多样性原则

教学方法包括教师教的方法和学生学的方法。不同的教和学的方法具有不同的功能特性，同时又都存在着各自的局限性。教学方法的多样性原则,就是要求教师对教学方法的设计要从学校、学生、教材、教师自身等实际情况出发,把各种适用的方法合理搭配起来,形成一个利于实现预期教学目标的教学方法组合。最重要的是要做到服从教学目标的需要,而不是为求场面上的热闹和取悦学生而采用不切合教学目标的教学方法。既要考虑如何教给学生有效地获得这些经验的方法,又要考虑让学生获得更新自身知识结构的方法。

4. 教学结构的有序性原则

教学结构是指教学诸要素之间的组合和流动。明确了教学目标,选择了教学内容和教学方法后,教师就需要对课堂教学做整体的安排,如设计具体的教学环节以及各个教学环节需占用的时间。系统科学认为,系统的结构决定系统的功能,系统的整体功能并非系统内诸要素简单相加之和,而是取决于诸要素的组合。课堂教学结构的有序化原则,就是要为教学目标、教学内容、教学方法等诸要素寻求一个优化的组合方式和运作流程,使教师有条不紊地进行操作,以保证教学活动循序渐进地进行。这首先体现在教学时间分配的合理性上,课堂教学具有时间限制,学生的注意力也存在着高峰和低谷,教师应有效使用单位时间,避免浪费。其次体现在教学环节的协调性,教师在教学设计时一定要明确各个教学环节所占的比重,不能一味倾注于某一环节,否则就会影响课堂教学功能的整体发挥。

二、教学模式

研究教学方式方法,选择有效的方式方法,需要做出努力,付出心血。教学方式方法选择得是否得当,既反映教师的知识和经验,又反映备课态度。研究和探讨教学模式,不仅可以丰富和发展教学理论,而且可以更好地指导教学实践,提高教学质量。

教学模式是在一定的教学思想或教学理论的指导下,为实现某种教学任务而形成的相对稳定而具体的教学活动结构。这种教学活动结构体现了一定的教学思想与教学规律,规定了教学过程中师生双方的活动内容、实施教学的程序、应遵循的原则及运用的注意事项。从教学实践角度看,它将教学目标、教学内容、教学形式融为一体,是师生双方教与学的活动指南。

(一) 教学模式的结构

关于教学模式的结构,目前人们的认识仍然没有统一,这可能会给学习带来一定的困难。因此,把握住教学模式结构中的基本要素就显得尤为重要。我们认为,面对众多的教学模式,应该对以下四个基本要素加以把握。

1. 理论主题

任何教学模式都是在一定的理论指导下建立的。它决定了该教学模式的方向和独特性。例如,程序教学模式的理论主题是行为主义心理学,非指导性教学模式的理论主题是人本主义心理学。因此,教师在接触一种教学模式时,应首先明确该模式的理论主题,分析该理论主题的时代意义与现实意义,这是对众多教学模式进行取舍的首要标准。

2. 功能目标

任何一种教学模式都是指向一定的功能目标而设计的。功能目标是教育模式的核心因素,为教学评价提供了尺度和标准,对其他因素具有制约作用。例如,合作教学模式的功能目标是使学生具有民主精神、独立人格和创造才能。由于教师缺乏实践经验,所以,根据教学目标有选择性地借鉴一些教学模式对实习工作尤为重要。明确教学模式的功能目标是教师针对具体情况借鉴某种教学模式的前提。

3. 实现条件

指的是促使教学模式发挥效力、达到一定功能目标所需要的各种条件。教学模式的实施可能会提出一些特殊的要求,因此,了解这些特殊要求非常重要。对教师来说,与实习学校及学生接触时间少,了解不充分,本身就不占优势。在这种状态下,如果在借鉴某种教学模式前没有充分分析该模式的实现条件,就很难取得理想的教学效果,有些时候甚至可能将教学搞砸。

4. 活动程度

任何一种教学模式都有一套独特的操作程序。如杜威教学模式的操作程序是情景—问题—假设—推断—验证,提出的活动程序为教师的模仿行为提供了直接凭证,教师在借鉴某一教学模式时,应将钻研重点放在活动程序上,领会该模式每一步骤的实施要点,决不能依葫芦画瓢,否则无异于邯郸学步。

(二)教学模式特点

1. 操作性

教学模式同教学理论的最大区别就在于它将教学理论应用于教学实践,形成有效的操作系统和基本程序。教学模式的操作性特点,使得教学模式可以被传授和学习、被示范和模仿,使得教学模式的运用成为一种技术。教师不必认为教学模式是一种高深的理论而无法学习运用。教学模式是可以操作的,教师可以在自己的教学实践中有意识地、有选择地加以借鉴。

2. 简约性

任何教学模式都是简化了的教学结构理论模型以及活动方式,相对于教学实践活动过程,具有高度的概括性。教师在借鉴某一教学模式时,所获得的信息只是一个基本的框架,这就在教学中留下了创造的空间,教师可以根据自己的教学风格、本班学生的特点灵活运用教学模式。

3. 针对性

每种教学模式都具有明确的针对性,这是由该教学模式的功能目标决定的。有些教学模式的使用范围可能广一些,有些可能只适用于特殊的教学情境。但是,就像没有包治百病的处方一样,不可能有一种对一切教学都适用的万能模式。教师在借鉴教学模式之前,要认识到教学模式的这一特点,根据教学目标、内容,对教学模式加以选择。

4. 整体性

任何教学模式都是由各个要素有机构成的整体,有比较完整的结构。在运用过程中,必须对其进行综合把握。既要明确该模式的理论主题、功能目标,又要了解其实现条件、活动程序,即便是活动程序这一小项,也要弄清楚各个步骤之间的逻辑关系,这一特点,教师应该给予特别的重视,避免在运用中断章取义。当然,也并不是要求教师在教学中要严格地遵循教学模式的程序而不允许作必要的调整。

5. 开放性

教学模式是一个动态的、开放的系统,有一个产生、发展、完善的过程,有些教学模式虽然基本结构相对稳定,但是,这也并不意味着它们就不会产生改变。教学模式总是随着教学理论和教学实践的发展而不断发展变化的。虽然是教师,也要善于用自己的教学实践去检验权威模式,并能够积极总结经验教训,调整教学,以实现教学过程的优化。

(三) 教学模式分类

从理论根源区分,乔以斯和韦尔依据教学模式的理论根源,归纳出 4 种教学模式:

1. 社会互动教学模式

这种类型的模式的依据是社会互动理论,强调教师与学生、学生与学生的相互影响和社会联系。属于这种类型的教学模式有:杜威和塞林的小组探索模式、奥利弗和夏沃尔的法理学教学模式以及马歇尔和考科斯的相互探索模式等。

2. 信息加工教学模式

这种类型的教学模式的依据是信息加工理论,把教学看作是一种创造性的信息加工过程,依据计算机、人工智能的运行规程确定教学的程序。属于这种类型的教学模式有:施沃德的科学探索教学模式、布鲁纳的概念获得教学模式、皮亚杰和西格尔的认知发展教学模式以及奥苏贝尔的先行组织者教学模式等。

3. 个人教学模式

这种类型的教学模式的依据是个别化教学的理论与人本主义的教学思想，强调个人有教学中的主观能动性，坚持个别化教学。属于这种类型的教学模式有：罗杰斯的无指导者教学模式以及格拉斯尔的教室集会教学模式等。

4. 行为修正教学模式

这种类型的教学模式的依据是行为主义心理学理论，它把教学看做是一种行为不断修正的过程。属于这种类型的教学模式主要有斯金纳的操作条件反射教学模式。

按照乔以斯和韦尔的分法，在我国近年出现的一些依据不同思想或理论而建立的教学模式有：依据结构主义心理学理论而建立的“结构—定向”教学模式、依据“教为主导，学为主体”的教学思想而建立的“学导式”教学模式和“自学辅导式”（数学）教学模式、依据课程论和教学过程理论而建立的“六课型单元”教学模式以及依据认知心理学而建立的“四阶段式”课堂教学模式等。

在教学模式理论的指导下，具体的教学方法可以有演示操作法、情景模拟法、案例教学法、角色扮演法、项目教学法以及其他教学法。

第二节 行动导向教学法

一、行动导向教学法的含义

行动导向教学法不是一种具体的教学方法，而是各种以能力为本的教学方法的统称。它是以学生为中心，以培养学生行为能力为目标，在教师的行动导向下，通过多种不定型的活动形式，激发学生的学习热忱和兴趣，使学生主动地使用脑、心、手进行学习的教学方法。行动导向型教学是以学生为中心，以能力为根本的教学活动模式组织教学；行动导向型教学是让学生在教师所设计的学习环境中进行学习，使学生在学习环境中熟悉生活和学习技能，而且也能让学生知道它们之间充满着矛盾；在教学过程中不但允许学生犯错误，而且也允许老师犯错误，以激发学生的好奇心、新奇感，让学生能提出问题或感到惊讶，要求学生用脑、心、手和所有感官全方位地投入学习。行动导向教学法是职业教育领域的全新教育方法，其核心是通过课堂教学引导学生提高多方面的能力，从根本上改变了传统教育以知识为本、以教师为中心的教学模式，形成了以能力为本、以学生为中心的新的教学局面。它是先进教育体系的体现,是先进教育观念的体现。其与传统教学法有着本质的差异,但我们不能排斥传统教学法。如何将行动导向教学法与传统教学法有机地结合,其焦点是素质教育应如何体现在四十五分钟的课堂教学中。行动导向教学法的实质在于有意义的接受式学习与有意义的活动二者有机结合,实现教学效果的最优化,其目的在于有效地提高学生的综合素质,特别是能力素质,使学生学会学习,学会应用和学会创新。

二、行动导向教学法的特点

(1) 行动导向教学法与传统教学法的本质区别是这种教学不再是一种单纯的老师讲、学生听的教学模式,而是师生互动型的教学模式。在教学活动中教师的作用发生了根本的变化,即从传统的主角,教学的组织领导者变为活动的引导者、学习的辅导者和主持人。学生作为学习的主体充分发挥了学习的主动性和积极性,变"要我学"为"我要学"。

(2) 行动导向教学法不再是传统意义上的知识传授,老师将教学所要求的书本知识灌注给学生,把学生头脑当作是盛装知识的容器。行动导向教学法是让学生的所有感觉器官都参与学习,因此,它不只用脑,而是用脑、心、手共同来参与学习。行动导向教学法是指老师引导学生学习知识以及掌握这些知识的技能、技巧,又指学习这种知识得来的过程和方法。在学习中学会学习,形成会学的能力。根据国际 21 世纪教育委员会的报告:面对未来社会的发展,教育应围绕四种基本的学习加以安排,这四种学习是每一个人一生的知识支柱,因此今天的"学"应包括学会认知,学会做事,学会生活和学会生存四方面的内容。

(3) 行动导向教学法采取以学生为中心的教学组织形式,教师根据学生的兴趣、爱好和特长进行启发式教学,在活动中引导学生的个性、才能得到充分的发展,鼓励他们创新,使他们的创新意识和创新能力得到充分的发挥和提高。其对不同类型的学生进行因材施教(即采用不同的教学要求和不同的教学内容与方法),在教学中充分尊重学生的个性,培养学生的自信心和自尊心。在教学中不允许批评学生,要充分肯定学生的每一点成绩,鼓励学生在不断的练习中取得成功,促进健全人格的塑造和发展。

(4) 行动导向教学法不再是传统意义上的封闭式的课程教学,它采用非学科式的、以能力为基础的职业活动模式。行动导向教学法是按照职业活动的要求,把与活动所需要的相关知识结合在一起进行学习的开放型的教学。学生不再是孤立地学习,他们以团队的形式进行研究性学习。学习中老师为学生创造良好的教学情景,让学生自己寻找资料,研究教学内容,并在团队活动中互相协作,共同完成学习任务。

(5) 行动导向教学法注重对学生的方法能力和社会能力的培养。在学习中结合各种具体教学方法的使用,培养学生自主学习的能力。在活动中培养学生的情感,培养学生的交往、沟通、协作和相互帮助的能力。同时要求在教学过程中,让学生按照展示技术的要求充分展示自己的学习成果,并对学生的展示技术和教学内容进行鼓励性评价,培养学生的自信心、自尊心和成功感,培养学生的语言表达力,全面提高学生的社会能力、个性发展和学生的综合素质。

(6) 从教学过程看,行动导向教学法是由教师发挥主导作用,营造新颖的学习环境和气氛,提供课题与相关的信息资料或学习材料,引导组织学生心手脑并用,教学做结合,身体力行获取知识与技能,自行完成学习任务,并自行反馈和评价,激发学生强烈的学习兴趣,培育学生主动积极、负责与创造性的学习行为,实现学习效果与发现问题、解决问题等综合学习能力同步提高。

(7) 从教学本质看,行动导向教学法是职业教育教与学的过程。与普通教育相比,所学的内容并不是一种连续而平铺直叙的信息流,而是以职业活动为导向的,它是以下四个方面模式的组合:功能模式(表示事物功能关系)、空间模式(表示事物空间关系)、时间模式(表示事物步骤与流程)和逻辑模式(表示事物逻辑关系)。四种模式不同程度上产生化合物——智能型知识,所以在教学过程中保证学生一旦得到传授信息时就能直接与已有的信息相互作用,产生共鸣。学生是通过自身的体验和应用学习新概念、原理知识和技能的。因而没有学生参与活动的,没有教与学相互作用的教学方法是一种失败的、低效率的教学法。行动导向型教学抓住了职业教育的本质特性,所以有着无限的生命力。

(8) 从教学效果看,行动导向型教学变成主要不是传递有待于存储下来的信息,它是激发利用学习者已有的能力,培养自我学习能力,以适应劳动力市场的变化。行动导向教学法主要提高学生的组织活动能力、阅读能力、听讲能力、信息反应能力和心智能力。

三、行动导向教学法在酒店管理专业中的应用

(一) 行动导向教学法与酒店管理专业的切合点

行动导向教学法起源于 20 世纪 70 年代德国的职业教育,随后发展成熟并得到推广。21 世纪初被引进国内,并很快在国内得到广泛应用。该教学方法强调以学生为中心,参加全部教学过程,互相合作解决实际问题,旨在培养学生的职业能力,特别是关键能力。老师也从知识的传授者、教学过程的主要承担者变成一个咨询者或指导者。

中职酒店管理专业是一个实践性较强的专业，旨在培养学生胜任酒店各个部门的具体工作能力。《酒店管理基础》作为第一学期开设的基础课程，对引导学生认识酒店工作有着非常重要的意义。而该课程较抽象、理论性强又给教学工作带来巨大挑战。因此在教学过程中引入行为导向教学法增加学生的参与性显得尤为重要。

运用行为导向教学法开展教学活动，通常是围绕某一课题、问题或项目开展，是以“学习任务”为载体，引导学生自主学习和探索的过程。根据行为导向教学法的特征和常用方法，通过对酒店管理岗位或岗位群的职业能力要求的分析，来确定教学目标，设计教学内容，并选择教学手段。这种教学方法在酒店管理专业教学中就是要以学生动手完成每一项学习任务为准则，即用可测量的标准来衡量学生的学习结果。不仅能提高学生的学习效果和动手能力，培养学生的职业能力，为就业打下良好的基础，而且也能更新教师的知识结构，改进教学方法，丰富教学形式。

（二）行动导向教学法的实施

1. 教学计划开发

行动导向教学法打破了传统的以学科为基础的课程设计方式，采用职业能力分析法进行专业及课程的开发。

（1）确定专业培养目标。酒店管理专业培养目标是以全面素质教育为基础，以职业能力为核心，培养德、智、体、美全面发展的，既具有酒店服务与管理理论知识，又具有操作技能和实际工作能力的，能满足中高星级酒店服务与管理需要的，第一线高等技术应用型专门人才。

（2）进行职业能力分析。即能胜任各种“任务”。对各项“任务”逐一分析，确定胜任某一项任务所必须具有哪些能力，即具体的、不可再分解的、可操作、可衡量的“核心能力”。中高星级酒店服务与管理需要的第一线高等技术应用型的人员，应具备的职业能力一般为必要的对客服务技能、语言沟通能力、组织策划能力、员工培训能力、质量控制能力和与人合作能力等。

2. 教学过程的设计

（1）教师根据“核心能力”包含的知识、技能和行为意识的要求，通常以“核心能力”为单元，编出学生应学的教材内容（文字的、实物的、声像的），并提供相应的实习、实验指导、有关参考资料和教学指导书。

（2）打破章节限制，按课题设计授课计划，突出针对性。每一课题设置理论教学目标和能力培养目标，从目标上确保核心能力培养。

（3）教学环节方面需要设置课堂教学、专题讨论、团队训练、模拟或实训等项目和课题。

（4）教学手段可设计技能训练、顶岗模拟、项目管理教学、引导文教学、案例分析教学、情景教学等。

（5）设置考核指标及方法。对每一课题的培养目标达成情况进行监督与检测，并做出评估。

3. 教学效果评估体系的建立

职业活动导向教学模式在评定学生的学习质量上，需建立一整套人性化的、综合性的教学质量评价体系。

（1）重视教学评价主体的多元化。在教学中将学生的自评和互评、学生与教师互评和教师的评价，对学生小组和小组中每个学生的评价结合起来，把学校评和社会评结合起来。这样的评价对引导学生进行自主学习、考核学生学习成效、激励学生学习兴趣和促进学生自我发展产生深刻的影响。

（2）教学评价的多样化。就是评价方法和评价手段的多样化，即评价采用多种评价方法，包括定性评价与定量评价相结合。

（3）教学评价的差异化。教学评价应该承认学生在发展过程中存在的个性差异，承认学生在发展过程中存在的不同发展水平。因此针对不同个性的学生采用有针对性的评价指标和评价要求进行评价，保证使评价起到促进每个学生都在已有水平上的不断发展。

（4）注重教学过程性的评价。把过程评价与评价过程融为一体，最大限度地发挥了教学评价对于教学活动的导向、反馈、诊断、激励等功能，使评价起到不断地激励学生的作用。

（三）运用行动导向教学法的思考

运用行动导向教学法不仅能提高学生的学习效果，而且能更新教师的知识结构，改进教学方法，丰富教学形式。但有时采用项目、案例、情景教学法未必就可以收到明显的教学效果。

（1）行动导向教学应注重理论与实践的结合，并要注意专业理论知识系统性学习。强化技能的训练固然重要，但不能轻视理论的学习。行动导向教学有时仅是某一个案例、项目或问题的教学，知识点显得有些松散，应关注的是知识之间的链接，在综合运用中学习知识。

（2）在采用案例分析教学中，案例的来源与选择应具有典型性和相关性。案例题材来源广泛，可以是教材中现成的；可以是教师经过多年的教学实践积累的；还可以是借鉴他人的。总之，教师对所讲的案例要精心编排，紧紧扣住教材中的知识点，不能随意主观臆造脱离实际教学的内容，应针对实用性、相关性、典型性的原则进行加工整理。

（3）行动导向教学应与其他教学手段有机结合，相互补充。其他教学方法除传统的"传道授业解惑"的讲授方法外,还包括组织学生到酒店进行实地调查、实习等方法。对待行动导向教学与其他教学方法的关系,应避免两种倾向:一是坚持死守传统教学方式,拒不采纳行动导向教学法;二是认为行动导向教学法是万能的,可代替其他教学法,这两种倾向都有失偏颇。实际上,它们是相辅相成的,教师应针对不同的教学内容,不同的教学目的,选择不同方法,并不是酒店管理专业中的每一知识点都可用行动导向教学法。

(4) 行动导向教学中应充分发挥学生的主体作用。行动导向教学法重在学生参与。在教学过程中,让学生积极地参与进来,展开讨论。整个教学过程中,学生才是教学活动的主角,教师是引导者、组织者、咨询者。

(5) 行动导向教学法要求教师要不断提高自我,不仅要有扎实的理论基础,而且还要有丰富的社会实践经验。正如酒店管理专业的教师必须了解和掌握旅游行业的发展趋势和酒店企业经营管理的状况,必须收集相关专业方面的实际资料。教师要通过自学、进修、培训等手段来提高自身的业务素质,通过不断地探索,总结经验,改进课堂教学方法来提高教学质量,培养出适应旅游业发展需要的创新人才。行动导向教学法是在专业课堂教学改革不断深入发展中摸索出的一种重要实践教学方法,是对传统课堂教学的一次革命,无论对学生还是对教师都提出了更高的要求。

四、行动导向教学法案例

(一) 教学计划开发

(1) 行动导向教学法强调学生在教学过程中的"行动性",体现以人为本的职业教育思想。教师在教学过程中,可以给出一个场景。

(2) 由于行动导向教学法面向职业活动中的实际问题,所以注重学生将知识转化为应用的能力和解决问题的能力,而不仅仅是传授知识。

(二) 教学过程设计

例如,在学习前台办理入住的时候。两个学生一组进行配合,一位扮演前台员工,一位扮演客人,进行角色扮演——前台员工为客人办理入住。客人在此期间可以对员工提出一些刁难性问题,考验员工如何在使客人满意的情况下灵活解决问题。

随后教师让学生进行演示,使其充分体会到解决问题的成就感。演示结束后,教师可先让其他学生就其成果进行讨论并给出建议,激发学生在看演示的过程回顾教师讲过的知识,使其能够更牢固地掌握这些知识。

（三）教学效果评估体系建立

教师对学生的演示做总结性的点评，在提高学生自身专业能力同时也提高了学生的社会沟通能力。在应用行动导向方法的过程中，学生学到了方法，从而提高了学习能力。

第三节 案例分析教学法

一、案例分析教学法的含义

案例分析教学首创于20世纪20年代美国哈佛大学工商管理学院（1870年哈佛法学院院长克利斯托夫·朗戴尔在对教学方法进行根本性改革的基础上创立了案例分析教学法，后来被哈佛工商学院所采纳），是通过让学生接触和讨论大量的实际案例，熟悉并掌握众多的解决方法，从而培养其适应能力、处理和解决问题能力的一种教学方法。

二、案例分析教学法的特点

（一）案例分析教学法的实践性

案例分析教学是教学理论与实践相结合的纽带。酒店管理是一门应用性极强的学科，具有很强的实践性和综合性，要求教学能够与实践相结合。案例分析教学法的所有案例均是现实酒店经营中已经发生的事实。正如格柯所分析的，“案例，就是一个商业事务的记录；管理者实际面对的困境，以及做出决策所依赖的事实、认识和偏见等都在其中有所显现。通过向学生展示这些真正的和具体的事例，促进他们对问题进行相当深入的分析和讨论，并考虑最后应采取什么样的行动。”可见案例必须是实际生活中曾经面临或正在面临的真实情况，并包含有提供解决问题必需的各种细节，学生必须充当某个角色，亲自解决案例中所面临的问题。因此，在案例分析教学过程中，学生面对的是活生生的错综复杂的实际问题。要求学生像一位酒店管理经营者那样，运用所掌握的知识，分析具体问题，制定适宜的对策。然而在我国的诸多酒店管理专业教学中，由于受条件的限制，许多专业院校都没有现场模拟教学基地，学生对酒店管理的了解，主要来源于课本及教师，而酒店管理案例是实践经验的浓缩，是大量典型事例的概括和提炼。教师精心挑选案例,引导学生分析讨论,加深了学生对酒店管理的感性认识,并上升到理论高度,从而获得自己的观点和经验,丰富了学生的实践知识,提高了学生的实务技能。

（二）案例分析教学法的训练性

案例分析教学虽然也传授知识,但这并不是主要目的,它的主要目的是使学生掌握该专业在现实社会中的实际运作,以及培养学生高层次的学习能力。在案例分析教学法的教学过程中,学生要在教师指导下,独立自主地完成课程任务,并按照课程的要求进行市场与环境分析调查;在小组讨论和课题讨论会上,要描述并解释自己的项目,回答老师和同学的提问。这个过程,无疑对学生的动手能力、表达能力、应变能力都是一种锻炼。案例分析教学是提高学生分析能力和解决问题能力的阶梯。案例分析教学为学生提供了一个具体的酒店管理的场景,让学生置身于管理角色和服务角色中,处理一个个酒店管理事件。通过对案例的讨论、分析、判断,找出自己认为最佳的方案。给学生创造了处理问题和解决问题的机会,学生们在讨论中畅所欲言,集思广益,可以起到意想不到的效果。

（三）案例分析教学法的互动性

案例分析教学法是指借助案例作为师生互动核心的教学方法,其根本意义是以案例作为教学材料结合教学主题,透过讨论、问答等师生互动的教学过程,让学习者了解与教学主题相关的概念或理论,并提高学生的实践能力。在案例分析教学中,虽然不排斥教师的主导作用,即安排什么样的案例,怎么样组织学生对案例加以分析都由教师来确定,但案例分析教学毕竟不同于讲授式教学,学生变被动接受为主动思考,并同教师一起成为课堂的主人,因为每一个案例都有各自不同的特殊性,这就迫使学生不能用一个统一的公式去处理若干个不同的案例,必须用特殊的方法处理不同的个案,因此,案例分析教学为学生的个性发展创造了一片新天地。

（四）案例分析教学是教学相长的有效途径

案例分析教学法要求教师以案例作为载体,鼓励学生去探究、去发现,尊重学生的观点,并能接受与自己不同的观点,促使学生人格健全发展,培养学生创新思维能力,从而打破了“教师讲,学生听”的传统模式,学生参与性很强。为达到教学目的,收到良好的效果,教师必须对案例进行精心挑选和编写,为了更好地引导学生,解答疑惑,教师必须查找资料,认真分析,做好充分的准备,而选择案例或编写案例的过程,对教师本身而言,也是一次充实自己的机会,从教与学双方来说都是有益的。

（五）案例分析教学法的适用性

案例分析教学是通过叙述某个人或团体面临的决策或困境,调查事件的事实背景、价值观、需做的决策,并将所学到的旅游学理论运用到实践中去。由于案例分析教学面对不同的对象,迫使学生不停地开动脑筋,思考问题,而且时刻准备着去迎接新的案例考验,因而他们不可能满足已获得的知识,会不断地创新,不断地将理论知识寓于实际中,从而增加学习者的学习兴趣和积极性。因此,案例分析教学是培养有知识、有能力且能创新的人才途径之一,值得提倡。案例分析教学法在酒店管理课堂中实施,对促进学生理解新知识、理论联系实际,培养学生独立思考、调查研究、分析归纳、初步决策以及协同工作能力具有一定的效果,有助于培养具有一定企业管理能力的人才。

(六)案例分析教学法的局限性

案例分析教学法虽能很好地促进学生对知识的理解,提高他们对所学专业知识的兴趣与学习积极性,但是,学生所学习到的是零碎的知识,不能提供给学生系统的知识;同时,也不能锻炼学生的实际动手、调查研究及综合决策的能力,因此,要培养全方面发展的管理人才,在教学上仍需补充其他方法。

三、案例分析教学法在酒店管理专业中的应用

(一)案例分析教学法与酒店管理专业的切合点

首先,案例分析教学是酒店管理教学理论与实践相结合的纽带。旅游酒店管理是一门新兴的应用型学科,具有很强的实践性和综合性,要求教学能够与实践相结合。然而,在我国的诸多酒店管理专业教学中,由于受条件的限制,许多专业院校都没有现场模拟教学基地,学生对酒店管理的了解,主要来源于课本及教师,而酒店管理案例是实践经验的浓缩,是大量典型事例的概括和提炼。教师精心挑选案例,通过引导学生的分析讨论,加深了学生感性认知,从而获得自己的观点和经验,丰富了实践知识,提高了实操技能。

其次,案例分析教学是提高学生分析能力、解决问题能力的阶梯。案例分析教学为学生提供了具体的酒店管理场景,如模拟客房、模拟餐厅、模拟酒吧,让学生置身于管理角色和服务角色中,通过讨论、分析、参与和判断,找到自己认为最佳的方案,给学生创造了处理问题和解决问题的机会,让学生在讨论中畅所欲言,集思广益,从而获得触动和启迪。

再次,案例分析教学可以增强学生自信心。案例分析教学方法的主体是学生,教师只是引导者,通过要求同学们积极讨论,积极发言,塑造学生独立分析,独立思考的能力,最大限度地调动学生参与教学的积极性,培养了学生学习的主动性和积极性。学生不必顾虑自己的答案是否正确,任何人都可以有自己独到的见解,关键是如何去说服别人,使自己的方案的得到别人的承认,在自由热烈

的讨论中，使得一些日常胆小内向的同学，获得锻炼的机会，增强自信心。

最后，案例分析教学是教学相长的有效途径。案例分析教学打破了“教师讲，学生听”的传统模式，学生参与性很强。为了达到教学目的，收到良好的教学效果，教师必须对案例进行精心的挑选和编写，为了能更好地引导学生，解答学生的各种提问，教师必须查找资料，认真分析，做好充分的准备，而选择或编写案例及查找资料的过程，对教师本身而言也是一次充实自己的机会。此外，通过参与师生讨论，学生的新思路、新见解，也会给教师一些启迪，从教学双方来说都是有益的。

（二）案例分析教学法的实施

要想更好地运用案例分析教学法来进行酒店管理专业教学，就需要做好以下几个要点：

1. 案例的收集、编写和选择工作

案例分析教学的关键是为学生选择高质量的典型案例，使学生通过一个案例的学习，达到举一反三，触类旁通的目的，因此要求教学案例必须具有真实性、客观性、代表性。教学案例可以来源于实际，也可以引进现成的酒店管理案例，还可以由教师自行编写。因此，案例的收集和编写也是旅游院校教材建设、培养师资队伍、提高教学质量的一项重要工作。

2. 对教师的要求

（1）案例分析教学是对酒店管理中客观情景的分析，要求指导教师不仅具有深厚的专业理论基础，还应该具有丰富的专业实践经验，对教学案例有深刻的认识和体会。这样，在引导学生进行案例分析时，才能很好地把系统理论知识与实践巧妙地结合，更具说服力，更好地启发学生、引导学生。

（2）教师应避免充当评论家和仲裁者，而应起到引导和纽带的作用。案例分析教学的主体是学生，整个过程由学生自己完成，具体地讲，首先必须要求学生阅读案例，熟悉案例，在阅读的基础上，提出自己的分析意见、思路和解决方案，然后写出发言提纲。在教师的引导下，通过学生的重点发言，组织学生进行讨论，对发言同学的意见、方案提出自己的见解，予以补充，集中集体的力量和智慧，使案例更完善、更全面，达到理想的效果。教师不要过分干预学生的发言和评论学生的观点，而应注意引导学生讨论，纠正偏向，控制课堂秩序，达到教学目的。

3. 案例分析教学要有针对性

不同类型的案例，对于学生教授方法也不同。在教学中，应考虑对不同层次的学生采用不同的案例。分析问题型案例是综合性的，案例的描述中隐含问题，夹杂多余无关的信息，要求学生自己分析，理出头绪，拟订方案，权衡决策，培养他们综合全面的能力。专业技能型案例多展现某种成型的方案、计划等，要求学生以所学的理论为依据对案例进行评审，论证，分析利弊，以拓宽知识面和提高分析问题能力、解决问题能力为主要目的。进行案例分析时，既可以采用由学生独立分析，再以书面作业完成的分散方式；又可以采用先分小组讨论，后到课堂上全班讨论这种集中形式。其中，后一种方式主要用于对重点案例进行分析。教师的指导要重点放在引导学生寻找正确的分析思路和对关键点的多视角观察上，而不是用自己的观点影响学生。教师对案例分析的总结，也不要对结果或争论下结论，而是对学生们的分析进行归纳、拓展和升华。

4. 把案例分析教学与学生的实习结合起来

酒店管理专业的学生除在校的理论课程学习外，均有一段时间的上岗实习，由于实习阶段完全脱离了课堂，脱离了教师的引导，一些学生对身边发生的实际事例缺乏观察力，从而会在不自觉中损失一个个提高自身素质能力的良机。因此，引导学生在实习中做有心人，注意观察收集身边实际事例和学习别人处理问题的方法，以主角的身份，自行编写案例，使学生的实习阶段真正成为从理论—实践—理论的完整过程，这也是案例分析教学的重要组成部分。

（三）运用案例分析教学法的思考

在组织和引导案例分析教学的整个过程中，要始终遵循三项原则，即学生为主原则、集体参与原则、鼓励为主原则。充分发挥学生的主观能动性，挖掘其学习潜能，调动其学习积极性，从“要我学”转变为“我要学”，实现特定的目标。可见，实现目标需要特定的手段，依靠传统的教学方法不能满足现代职业教育对从业能力培养的要求。案例分析教学模式建立在职业教育学的科学基础之上，适应了社会、技术和生产发展的新需要，作为目前国际上普遍采用的一种教学方法，相信通过各旅游院校的努力，通过在管理教学过程中对其进行普及运用和推广，案例分析教学法将会发挥更为重要的作用，在培养高职酒店人才方面显示出更大的优越性。

四、案例分析教学法案例

（一）案例选择

在选择案例的时候，我们要更多地关注这个案例是否能做到教学案例的标准，是否能表达教学内容的主题，或者案例是否能够引出教学内容的主题。

（二）布置案例

教师在选定教学案例之后，就要向学生在授课之前布置案例，教师要向学生提示这个案例主要是涉及下节课的主题，要学生预先预习餐饮管理部分的知识。分配小组并且分配角色，给学生布置预习作业：① 认真阅读案例；② 分析案例，写出案例提纲；③ 分析各个部分的角色；④ 按教师分配的角色写出发言提纲。

（三）引入案例

在课堂讨论开始之前，教师要将学生引入到案例的情景当中，运用放映连环画的视频方法对案例进行回顾。案例的分析路径符合提出问题、分析问题、解决问题的逻辑。

（四）案例讨论

整个案例讨论是围绕思考题展开的，案例的分析思路也符合“提出问题—分析问题—解决问题”的逻辑思路。学生按照教师分配的角色和小组进行讨论。教师在案例讨论的中途，要适当地把案例引入课中的餐饮管理内容上，这样有利于知识和实际相结合。

（五）总结延伸

在案例讨论结束后，教师要进行归纳和总结，把案例中所涉及的问题提高到更加广泛的层面上，并且让学生撰写书面报告。在课程结束之后，要对学生进行群体规范现状的调查，得出评价结果之后，要提出有针对性的解决方案。而作为教师，在进行自我评价以及领导、同事和学生评价之后，总结案例分析教学的优点和不足。教师要从下面几个方面进行总结和反思，案例的选择是否符合酒店管理的特点，学生的参与讨论程度如何，案例分析是否很深刻，讨论气氛如何等。

第四节 角色扮演教学法

一、角色扮演教学法的含义

角色扮演起源于1911年，由心理学家Moreno首创，是一种“用行动来解决问题”的模式。角色扮演的主要目的，即提供人学习角色扮演的机会，使人能设身处地去扮演一个在实际生活中的角色，并通过不断的演练，掌握更多的技能，以便能在各种不同的环境当中应付自如。角色扮演教学法是在角色扮演的基础上，为了使教学内容剧情化、脚本化，让学生扮演本专业职业中的某个角色，体验职业生活，同时在角色扮演的过程中学习知识、理解知识、掌握知识的一种教学方法。在传统的高职教育中,为了追求知识的积累,而把课堂教学束缚在传授知识,让学生接受、掌握知识的片面教学之中。当前提倡的素质教育、创新教育,则要求面向全体学生,全面发展学生的个性,充分发挥学生自主性,体现学生的探索意识。角色扮演教学法将传统教学法、互动教学法、任务驱动教学法、实验室训练法、岗位实习法等进行了有效结合,可以使学生在表演过程中轻松掌握知识与技能,是以学生发展为本,把创新精神的培养置于最重要地位的一种新的学习方法。这种学习方法有助于培养学生收集和消化信息的能力,有助于培养学生的团体协作精神和合作能力,是培养学生表达能力、思维能力和综合应变能力的一种适应教学改革需求的教学模式。

二、角色扮演教学法的特点

(一) 具有情景模拟的特点

在酒店管理教学中,角色扮演教学法在全真模拟的状态和情景下进行,所以学生在扮演角色时所做出的决策和进行的行为基本都是依据自身意志,而不用去考虑在实际环境中会因为决策失误而造成失败。所以,在角色扮演教学法中,学生的主要任务是认真扮演好自身的角色,而不用为自身的行为负责,也不必在意别人的看法,所以这一教学方法具有一定的情景模拟性,其影响可被控制。

(二) 具有一定的灵活性

在酒店管理的角色情景教学中,学生所扮演角色的内容与形式比较丰富,为了实现教学的目的,教师会按照教学需要自主设计场景。这样一来,教师就能够给学生充分的发挥空间,让学生进行自由展现,而不会把学生限制在一定的范围之中。这对于增强学生的创新能力、培养创造性思维具有积极作用。除此之外,学生所扮演的角色以及所表演的内容也可以随时进行调整,而且表演的时间也可以随时调整,这就体现出了角色扮演教学法的灵活性。

(三) 具有较强的学生主体性和参与性

发挥学生的主体作用是当前新课改的要求之一,在酒店管理教学中运用角色扮演教学法有利于发挥学生的主体作用。在角色扮演的教学方法中,所有学生都要参与到其中担任一定的角色,这就有利于调动学生学习的积极性,同时还有利于加强学生与教师之间的交流与互动。另外,为了获得教师较高的评价,学生在表演的过程中会积极展示出自己的表演才华,这样有利于激发学生表演与学习的热情,使学生对酒店管理专业课程的学习充满兴趣,成为课堂的主人。

三、角色扮演教学法在酒店管理中的应用

(一) 角色扮演教学法与酒店管理专业的切合点

1. 能够促使学生对酒店管理专业产生浓厚兴趣

兴趣是学生学习的主要动力,学生如果只是干坐着学习酒店管理的理论知识,会感觉枯燥无味,时间一长甚至产生厌烦的情绪。角色扮演教学法可以为学生模拟一个逼真的表演场景,这其中学生是扮演的主体,需要通过自己的参与、认真思考来解决遇到的各种问题。学生在参与的过程中不仅可以养成独立思考、善于思考的能力,还可以培养学生独立果断地解决问题的能力,能调动学生最大的学习热情和激发学生的学习兴趣。

2. 提升学生的角色转换意识

角色扮演教学法在高职酒店管理专业中的教学能够很好地满足学生的情感发展需求和顺应学生的认知规律,能够不断地强化学生的主体意识,让学生不断地融入角色之中,由“扮演角色”到“进入角色”。整个过程能够让学生的角色意识逐渐由被动型转化为主动型。例如某个学生在扮演某一角色时,因为对酒店的工作不是很熟悉,不能够很快“入戏”,学生就会不断思考自己的定位,努力要求自己,不断适应角色要求。之后伴随扮演次数的增多,学生会越来越适应角色要求。

3. 促进理论与实践的结合

酒店管理专业是一门实践性、实用性、综合性特别强的学科,在日常的教学中必须注重理论和实践的结合。角色扮演教学法通过模拟场景,变化表演规则,能够打破传统的限制,让学生接触到许多酒店经常要面对的情况,多接触不同性格、爱好、职业的顾客,不断积累实践经验,加深对理论知识的理解,这样不仅能够提高学生的实践能力,更是能够提升学生的操作技能。尤其是一些没有社会经验和工作经验的学生,角色扮演教学法为他们架设了一道理论通向实践的桥梁。

(二) 角色扮演教学法的实施

1. 导入学习情境

角色扮演教学法的首要环节是教师把学生带到模拟的情景之中,所以导入教学情景是进行角色扮演教学法的第一个步骤。教师在导入教学情景时,可以采用多种方式与手段,利用多媒体展示视频是一种比较形象生动的方式。

2. 角色分工

导入教学情景之后,教师应该根据优势互补、强弱结合的原则,对学生进行

分组,然后让学生开展讨论,并布置好场景与服装,为表演做好充分的准备。剩下的学生充当观察者的角色。教师应该积极鼓励观察者。在别的组进行表演的过程中,教师也要鼓励其余学生积极思考。

3. 角色扮演

表演是角色扮演教学法的关键要素。在进行角色扮演时,应做到分组安排学生参与表演,尽量做到全员(包括老师)参与表演,正确把握、指导表演,表演结束后,组织讨论,评议本次角色扮演是否成功、有何问题、矛盾解决成功与否等。

真实是角色扮演教学法教学的基础,它要求参与者都应当把角色所处的环境当成真实情景来对待,所以端正态度是关键所在。一般来说,参与者在第一次饰演角色时,都会出现碍于面子、不好意思或胆怯等现象,在角色扮演过程中过于僵硬、模式化、做作,为了有效避免这种现象的发生,教师应时刻牢记角色扮演教学法教学的出发点和目的,所提出的问题应该准确、到位,这样才能使学生知道角色扮演教学法的价值和目的,使其更加出色地完成角色的扮演、更加投入。在端正学生态度的同时,还应让学生深入理解角色的扮演需求。在进行酒店服务员推荐预订包间扮演教学时,应当对学生提出做好班前准备、预订可行性掌握、询问客人预订要求、推荐房间、征询客人意见等方面的具体要求;按照要求上岗,做好交接班,准备好各种用品;掌握当日及未来一段时间内可预定的包间数量、类型、位置和价格等情况;询问客人的具体预定要求;根据客人特点,有针对性地推荐包间;推荐后询问客人是否满意等。在学生选好各自所要扮演的角色之后,应做好实景布局,模拟演练。以便让学生更好地"入戏"。在学生表演的过程当中,教师应以参与者和引导者的身份出现,适时对学生进行鼓励,让学生充分感受表演的乐趣和成就感。在观看表演时,教师应表现出浓厚的兴趣,既要认真地看,又要在适当时候通过眼神、表情、手势等方法来表达对学生的赞扬和肯定,而不能抱着挑剔的眼光去看,更不应心存偏见。对学生表演上的小失误,教师不应在表演过程中当场指出、打断学生的表演,而应该在表演结束之后,通过恰当的途径、运用适当的语言指出,从而让学生在产生成就感的同时,也能切实意识到自己在角色表达上的不足。如果表演未能顺利完成,理想的教学效果未能达到,那么可以让其余小组重新表演,或对人员进行调整、交换角色进行表演,在条件允许的情况下,可以让一些表演欲望强烈且想法独特的学生自己安排情境,进行角色扮演,让渴望通过表演来表现自己才华的学生能够得到充分的锻炼。在表演过程中,对于未能参与表演的同学,教师应要求他们对表演进行观察,做好记录,并且发现扮演者的瑕疵。通过这种方式,不但可以将表演者的热情充分调动起来,还能让其他同学在观察的过程中提高鉴赏能力。表演结束之后,教师应组织全体同学进行集体讨论,并通过提问的方式对学生进行引导,启发学生思考:在这种情况下应该怎么做,先后顺序是什么,怎么做能不失偏颇,为什么要这么做。这些问题对引导学生思考有着现实意义。

4. 考核评价

实施角色扮演教学法教学的最大难点是对学生学习成果的评价。由于这种模式不再以获得书本知识为教学的重点,而是把技能操作、情感态度和价值观的培养作为主要的教学目标,所以传统的课业评价方法(如课堂测验、期末考试等)已经不适应于对这一学习过程的考查。在整个酒店管理中,员工的技巧都是柔性的,而非硬性知识点。而不同的角色扮演类型要求也不尽相同,其采用的评价方法也不同。对于课堂即兴角色扮演,只需根据学生表演情况给予口头评价。对于故事情节较为复杂的角色扮演,则需要教师和学生做好充分准备,就像考核一样,使用事先设计好的评价表格,对参加角色扮演的个人和小组进行评价。教师也可以采取平时检查、课堂观察、个别谈话和典型行为测评等真实性评价方法,来考核学生经过角色扮演所发生的变化和取得的进步。

评价既要实事求是,以利于帮助参与者改进和提高,又要不伤害学生参与角色扮演的积极性。评价的人选可以是教师,也可以是学生,还可以是扮演的参与者和观察者。评价的主要内容也要根据扮演角色的不同有区别地进行。教师的评价可以让学生更进一步了解自己,看到自己的进步和不足,明确自己今后努力的方向,促进学生更加主动地学习。其他小组同学之间的评价可以肯定其中的优点,指出其中的不足,从而能够使学生的表演水平和知识水平不断提高。不同小组的学生之间还可以进行讨论,在交流中得到提高。

(三)运用角色扮演教学法的思考

酒店管理专业教学中应用角色扮演教学法可以取得良好的教学效果,可以活跃课堂氛围,激发学生的学习兴趣,使学生扮演各种各样的社会角色,正确认识"人与人、人与社会的关系,并主动去摸索未知社会角色的职责"态度等,培养团队合作精神,在角色扮演中提高职业素质,促使学生顺利就业。当然,要取得良好的教学效果还需要教师不断提升自身素质,开展高质量的角色扮演。

1. 准备工作必须充分

教师在布置课题和分配角色之后,必须给学生足够的时间去了解自己所扮演角色的工作职责、态度、心理特征等,使学生能根据自己所扮演角色的社会位置合理设计语言、礼貌礼仪、服装等。因此,可以在上课前就布置课题和分配角色,让学生在课下进行充分的准备,保证课堂角色扮演的顺利进行。

2. 仿真性

角色扮演具有全真模拟性，如果扮演的场所设备简陋，缺乏仿真效果，那么就很难体现出酒店管理的职场特性，也很难激发学生的学习兴趣，学生只当这是一次模拟的活动，下面的都是自己的同学和老师，而且角色扮演中也无须负任何社会责任，这样就很难提高角色扮演教学法的教学效果。因此，学校领导应加大资金投入，建设设备先进的实训基地，让学生在实训基地感受到浓厚的酒店职场氛围，激发学生的学习兴趣，解决场地仿真性不够问题，使学生积极踊跃参与角色情景扮演，培养学生的探索能力和创新精神，提高教学效果。

3. 因地制宜使用角色扮演教学法

角色扮演教学法在酒店管理专业教学中只是一种辅助教学方法，并不是主要的教学方法，应将其穿插于教学活动中，适当时机开展角色扮演，选择学生较为熟悉的内容开展角色扮演，否则的话不仅不利于学生素质的提高，也会浪费掉大量的课堂时间，影响教学进度。

4. 注重评价和总结

角色情景扮演完成后就是教师的评价和总结，学生的相互讨论，这一过程是整个教学活动的关键之处，通过教师的点拨和相互讨论，实现知识和技能的升华。酒店管理专业教师要不断提升自身素质，学习新教学理念、教学方法、教学工具，更好地将角色情景扮演法穿插于教学活动中，促进学生综合素质的发展，促进学生职业能力的提高。

四、角色扮演教学法案例

（一）教学设计思路

学生模拟导游前往飞机场迎接外国旅游团的场景，每个小组中分别由一名同学担任导游员，一名同学担任领队，其他同学担任游客。担任导游员的同学必须掌握导游接团的程序，并能够用英语阐述自己在接团前将做哪些准备、接团注意事项。接到旅游团后，要与领队确认信息，带领旅游团上旅游车并致欢迎词。通过角色扮演，学生掌握迎接外国旅游团的语言和专业技能。表演结束后进行自评和互评，教师作总结评价。

（二）教学过程设计

（1）教学准备：分组、角色分配及任务布置。

（2）准备问题：导游接机前需作哪些准备工作？

（3）模拟情景练习：有来自美国的 20 人旅游团将于上午 11:00 抵达上海浦东国际机场，导游小张前往机场接机。

（4）角色表演：导游认领旅游团并与领队交接。

表演内容：机场等候、与领队打招呼、确认人数、确认行李、带领游客上车、致欢迎词。

表演结束，评分小组评分，各组互评。

（5）教师归纳小结：包括优点、存在问题、改进措施等。

第五节 任务驱动教学法

一、任务驱动教学法的含义

任务驱动式教学是指由教师根据教学主题设计并提出"任务"，针对所提出的任务，采取演示或讲解等方式，给出完成该任务的思路、方法、操作和结果，然后引导学生边学边做，并完成相应的学习任务。任务驱动教学法，是以任务为主线、以教师为主导、以学生为主体的一种新型教学方法，包括实施任务、分析任务、完成任务、总结评价等环节。

任务驱动式教学与传统教学的主要区别就是：任务驱动式教学给了学生充分的自由，改变了"教师讲、学生听"的传统的以教定学的教学模式，学生成了学习的主体。学生是在一定的情境下，借助他人的帮助，如人与人之间的协作、交流以及利用必要的信息等，通过自主学习来获得知识。任务驱动式教学创造了以学定教、学生主动参与、自主合作、探索创新的新型的学习方式，使学生通过课程学习逐步养成所需的职业能力。

二、任务驱动教学法的特点

（一）能激发学生的学习兴趣

兴趣是最好的老师。学生之所以会出现"散漫""意志薄弱""我不能""我不喜欢"等现象，主要是因为学生的学习达不到他们所期望的那种程度。由于"达不到"，也就感到学习枯燥无味，最终导致丧失学习兴趣。在"任务驱动"教学过程中，由于一个个任务的完成、知识的掌握、目标的实现，伴随着一个个成就感，使学生在一次次成功中找回自信，在不知不觉中消除学生的畏难情绪，自然就激发了学习的兴趣。

（二）能提高学生的学习效率

采用"任务驱动式"教学法，能使教学目的、学习目的十分明确。在某一学习阶段或某个课时，不是眉毛胡子一把抓，而是紧紧围绕一个目标进行研究，能有效地提高学习效率，减少重复学习。

（三）能培养学生创新精神和实践能力

学生在任务驱动式教学中，体会和感悟更多的是探索，是合作，是实践。通过任务驱动实现了真正意义上的知识建构，这样获得的知识才是自己的东西。同时也发现了学习的方法，培养了创新精神，提高了学习的技能和解决问题的能力。

三、任务驱动教学法在酒店管理专业中的应用

（一）任务驱动教学法与酒店管理专业的切合点

任务驱动式教学要求在教学过程中，以完成一个个具体的任务为主线，由教师巧妙设置任务，把教学内容融于酒店的实际任务中去，让学生自己提出问题，并经过思考和老师的点拨，自己解决问题，学生通过完成一个个任务逐步掌握所学的知识与技能。它是一种以学生主动学习与教师加以引导相结合的教学方法，能充分调动学生的学习积极性，在课堂上能使学生始终处于积极思维的学习状态。

在任务驱动式教学过程中，学生需要自己去发现酒店实践中的问题，思考问题并寻找解决问题的方法来完成工作任务。教师通过提示来引导学生从多个方向解决问题，用多种方法解决同一个问题，用同一种方法解决现实中的多个问题，鼓励学生大胆猜想、判断，鼓励学生创新思维，从而培养学生的创新能力。

任务驱动式教学有利于培养学生的团队合作能力。在任务驱动式教学中，教师布置任务后，学生多以小组协作来完成任务，这增加了学生之间的交流与沟通，促使学生注意聆听别人的想法，理解他人的意见，有效地培养了学生的团队合作意识及团队合作能力。而酒店管理作为一个十分需要团队配合的工作来说，这点不谋而合。

任务驱动式教学有利于培养学生自主学习的能力。学生在完成酒店管理日常任务的过程中，为了分析和解决问题，他们会主动地学习相关知识，查阅相关资料，去酒店调研，主动向业界专家请教，学习欲望被充分地调动起来，有利于培养学生自主学习的能力。

（二）任务驱动教学法的实施

1. 精心设计任务

（1）遵循教师为主导、学生为主体的原则，层级分明，难易适度。教学内容

安排上，不再用“知识点”为线索，而是根据学生的接受能力，借助信息技术的支持，教师改用以“任务”为线索，精心组织教学内容，使其符合学生的认知特点，特别应强调所学知识要与时代同步，引导学生去完成学习任务。学生则是认知过程的主体，通过任务的完成能充分调动学生的自主性和创造性，有利于挖掘学生潜能，发挥主体作用。教师进行任务设计时，要从学生实际出发，充分考虑学生现有的文化知识、认知能力、兴趣等特点，遵循由浅入深原则。一般可以将任务分成三大块：基本任务、提高性任务和开放性任务。基本任务立足于本节课的基础知识和基本技能，难度较小，面向全体学生，要求全体学生必须完成；提高性任务是在基本任务基础上的拓展和加深，它提出部分具体要求，但无具体样例，主要是面向学有余力的学生，促进他们的智力与能力的发展；开放性任务在前两者基础上只要给出要求、内容、形式，由学生自由去组织安排完成，不束缚他们的思维发展，并且任务应该是难易适度的。

(2) 突出趣味性，激发探究欲望。任务的设计要以激发学生学习的兴趣为出发点，以满足学生的探究欲望为主观愿望，以完成教学任务为最终目标。其出发点、主观愿望和最终目标是相互制约的统一体。

先使学生有较高的兴趣并产生探究的愿望，然后让学生一边看书上的文字提示一边观察图片，得到直观感受。最后让学生自己归纳，从而在有趣的试验中完成教学任务。这种教学模式下的教学效果远比学生自己看死书或者单纯听老师讲解要强很多。

酒店管理专业岗位能力课的实训课时占总课时的 50%，在理论课程中也有许多实训案例，可以说实训课上好了，任务也就完成了。但由于学生操作时有一个熟悉的过程，操作中难免会出现错误和失误，教师要让学生放开手脚去实践，不怕失败，虽然会给教师增添工作量，但教师也不能因小失大。教师应鼓励学生大胆尝试，出现问题应加以引导并给予鼓励，不要怕出现问题而责难学生，使学生失去探究的欲望，而减少创新能力锻炼的机会。因此操作任务的设计应多考虑学生可能出现的操作问题，尽量在操作前给予提示，以节约学生对细小问题的探究时间，将主题集中在设计好的几个任务上，提高课堂的效率。

比如在讲到预订员为了向客人介绍和推销客房必须熟练掌握客房类型时，可以让学生通过对不同类型客房的观察，让学生发现它们之间的区别，以加深学生对客房类型的印象。在此过程中学生可能会出现的问题有许多：如不知道客房有哪些类型，发现不了区别，发现区别却无法归纳总结等问题。因此要预先给予提示，并指导操作，必要时教师可以播放幻灯片并归纳出一种类型客房的特征或布局的一个注意事项，让学生有直观体会后再进行实训。

2. 合理组织课堂

(1) 任务的提出:明确目标,提出要求。有的老师在设计任务时,认为就是本课的教学目标,其实不然。在教学中运用任务驱动模式,“任务”的展示千万不能泛泛而谈、含糊不清,应落到具体的某一点上。任务应有它的可行性,操作性,且有大有小,有的任务可能只有一步,而有的任务可能要结合前面已经完成的任务进行,所以应避免流于形式,走传统授课的老路。

(2) 教师引导:分析重难点,提供解决问题的思路,指引完成任务的途径。任务设计中已经考虑过学生可能遇到的难点,所以上课前应针对重点、难点进行必要的分析,给予达到的途径引导。学生在没有任何心理准备的情况下遇到任务往往有一个时间差,对任务的理解也有一个过程,如何在有效的时间内使学生完成任务而少走弯路,进行必要的暗示还是需要的。但应注意,只能给出首尾而忽略中间,千万不可固化步骤从而禁锢了学生的思维。

(3) 提供条件,学研结合。教师应为学生提供理论学习和实践操作所必要而充分的条件,引导学生学、练、研相结合,探索知识规律和奥秘、寻求获取知识、掌握科学规律的方法。学生要完成任务的操作,必须具备必要的硬件条件(比如实训操作室、各种设施设备用品)和软件条件(比如前期储备的专业知识和技能),没有这些条件,学生根本无法完成任务的操作。如果学生有心进行尝试性操作,教师必须给予充分的肯定,不可以因为会加重自己的工作而拒绝。另外,教师还应该鼓励学生在不断完成任务的过程中总结经验教训,查漏补缺,提高效率,争取从实践上升到另一个理论高度。

(4) 检验与评价。任务完成的好坏也要在任务设计中予以考虑,这样在实际操作中进行检验与评价时就不会出现预想不到的结果,以免仓促之间没法解释或离题太远,原则上教师在检验与评价时,以鼓励和赞扬为主。

(5) 扩展和细化。任务的完成不等于学习的结束,对于学生来说,求知欲的强弱与教师的引导有很大的关系。学生的水平有很大的差距,因此任务的设计是有弹性的,那么完成的好坏也是有差距的,所以“不能让学生吃得太饱,也不能让其饿着”,这就是教学过程结束前对任务的扩展和细化,即对完成得好的学生应提出扩展的意见,对有难度的学生应给出细化的要求。仍然以预订员掌握客房类型的任务为例,在讲到这一部分内容时,完成既定的任务后可以加上一句话“已经弄清楚客房类型的同学,请尝试设计客房内的功能布局或者归纳出客房布局的要点;还没有弄清楚客房类型的同学,不妨先区别图片中各客房的房间数和装修装饰档次”。

3. 设计课外任务

酒店管理专业课程看似作业次数不多,但是课外任务其实不少,不能以传统的形式给出。我们知道,素质教育以先进的现代技术和理念为基础,信息的获取与整理是必须具备的素质之一,所学专业技术与其他学科的整合已经被国家教育机构所重视。因此如何让学生在课余也能用所学到的原理和手段来解决问题就是任务驱动教学的延伸。在设计课外任务时的原则应以应用为主,通过应用来达到巩固和创新的目的。这里所说的应用不只是书本上的东西,而是比较全面、比较广阔的范围内对新知识和技能的获取与实践。

(三) 运用任务驱动教学法需要注意的问题

1. 要转变教学观念

教师首先要有“授人以鱼不如授之以渔”的教学思想,在任务和项目的设计中主动留给学生思考和探究问题的空间。在学生明确学习目标后,不断激发学生在任务情境中积极思考、敢于质疑地进行合作学习,有意识地提高学生的自学和解决问题等方面的能力与素质。

2. 要进行角色转换

任务驱动教学法体现了“以任务为主线、教师为主导、学生为主体”的基本特征,教师要从单一的讲授、灌输知识转变为积极组织、引导学生学习,从“独白”的三尺讲台上走到学生中间来,在任务情境中与学生更多地交流、讨论和共同学习。

3. 要开展终身学习

任务驱动教学中,教师的角色转化和任务的有效完成度建立在教师明确任务和有效地设计项目这两个重点上。因此,能及时把握职业岗位的人才需求情况和技能更新状况,不断改进任务和项目设计,这对教师的综合素质是一个极大的挑战,要求教师强化终身学习意识,在学中教,在教中学。

四、任务驱动教学法案例

以“中餐宴会菜单设计与制作”为例。

(一) 课前布置任务

课前一星期布置学生去收集查看各种宴会菜单,以此驱动“工作任务”。通过课前学生收集资料,认识宴会菜单,可培养学生资料收集能力及自主学习的能力。

(二) 创设情境,明确任务

采用问题导入法导入新课:大家去餐厅参加宴会时,是否留意其菜单?课前要大家收集了宴会菜单的资料,它与我们上次课学习的零点菜单有何不同?对你所见过的宴会菜单进行评价。在对学生评价点评后,提出本课的学习任务——设计并制作中餐宴会菜单。

（三）菜单展示、职业道德教育

通过多媒体向学生分别展示寿宴、婚宴、风味宴三份菜单。以此为契机对学生进行职业道德教育：要诚信经营，不要欺客宰客，养成良好的职业道德修养。并展示学长的作品实物。在观看菜单的时候，提出问题：宴会菜单的基本内容有哪些？

（四）学生学习，教师指导

首先，学生回答问题并对学长的作品进行点评；其次，教师以学生设计的菜单为例讲解宴会菜单的基本内容及基本结构，宴会菜单设计与制作的方法与技巧，最后通过提问、课堂讨论，让学生自主探索，变被动学习为主动愉快学习，通过引例突出重点，培养学生自主探究学习的能力。

（五）菜单设计，完成任务

学生分成几人一小组，讨论设计一份主题宴会菜单。在此过程中教师主要是进行答疑与指导，学生课堂45分钟讨论设计，课后进行PPT制作。通过小组合作，互相学习，培养学生在掌握基本技能的同时，又培养了学生团队协作的职业意识。

（六）成果评比展示

学生分组展示设计的宴会菜单，相互点评，对各组成果进行评比并提出修改意见。通过展示评比，培养学生语言表达能力和竞争的职业意识。通过菜单的制作，还可培养学生的审美能力。

（七）教师总结

教师总结学生设计中的优点及存在的问题，并对存在问题提出整改意见，进一步明确中餐宴会菜单设计与制作的方法与技巧。通过教师的总结，进一步加强对宴会菜单设计与制作的基本理论与方法的掌握。突出重点、难点，让学生在头脑中形成一个知识框架，从而全面把握本任务的内容。

第六节　项目管理教学法

一、项目管理教学法的含义

项目管理教学法是由美国著名儿童教育家、伊利诺伊大学教授凯兹博士和加拿大儿童教育家、阿尔伯特大学教授查德博士共同创制的一种以学生为本的活动教学法,是当今国际教育界十分盛行的一种教学法。在职业教育领域,项目管理教学法是指通过师生共同实施一个完整的项目而进行的教学活动。它将一个相对独立的项目交予学生独立完成,从信息的收集、方案的设计与实施,到完成后的评价,都由学生具体负责,教师在教学过程中只起到咨询、指导与解答疑难、辅助完成项目的作用。项目管理教学法的目的是在教学中把理论和实践有机地结合起来,充分发挥学生的创造潜能,在实践的第一线培养学生的动手能力和解决问题的综合能力。以讲授酒店管理课程为例,如“市场营销”“餐饮服务”“前厅服务”“客房服务”“茶艺知识”“艺术插花”和“咖啡的调制”等都具备了较好的实施项目管理教学法的理论基础。

二、项目管理教学法的特点

(一) 培养学生自主学习能力和独立思考能力

学生主动查找和运用所学知识和其他资料,安排自己的学习行为,自己分析问题,自己解决在项目中遇到的困难,不仅注重操作技能训练,更重要的是切实提高学生的心智技能,不是让学生被动地接受知识,而是培养学生整合知识和经验的能力,以及适应环境不断变化的创新能力。此外,项目管理教学法中涉及多学科知识,可以引导学生把多门课程的知识和技能综合地分析和应用,突出了专业知识基本架构与知识运用能力的培养。

(二) 提高学生的综合素质

在项目进行中,通常以小组为单位,通过分工和合作,进行资料的搜集、整理、小组成员讨论与总结等过程,最终形成小组成果。在这一连续的过程中,突出了团队精神的重要性,也可增强学生搜索和处理信息的能力、获取新知识的能力、语言表达能力,交流与合作的能力、创新能力等综合能力的培养,而这些综合能力对学生以后更好地适应工作岗位是相当重要的。

(三) 调动学生学习积极性

项目管理教学法通过项目管理教学使学习过程成为一个人人参与的创造性实践活动,注重的不仅是最终的结果,更强调完成项目的过程。学生在项目实践过程中,理解和把握项目要求的知识和技能,体验创新的艰辛与成功的喜悦,培养分析问题和解决问题的方法和能力。此外也提高了学生的兴趣,调动了学生学习的积极性。

(四) 发挥教师的积极性和创造性

为了给学生设计一个好的项目,教师需要对教材进行加工处理,也需要对相关知识进行整合,更需要非常熟悉学生的能力和知识结构,通过一个项目的实例把教学内容融入其中，是对教师再创造能力的极大培养，使教师在总结、学习和设计项目实例中提高自己的理论水平和综合教学能力。

（五）推动教学改革

墨守成规、照本宣科的教学方法，教学质量不会有本质的提高。提高教学质量的本质在于改善教学理念，创新教学方法，最终才能推动教学改革，推动高等职业教育的发展。实践证明项目管理教学法能够有效地提高教学质量，推动教学改革。

三、项目管理教学法在酒店管理专业中的应用

（一）项目管理教学法对酒店管理专业的帮助

1. 有助于实现酒店人才培养目标

项目管理教学法以酒店管理专业教学中具体实践项目为主线，注重对学生实际操作能力的培养。职业技术学校的人才培养目标是培养与现代酒店业相适应，综合素质高、实践能力强的专业型酒店服务人才。由此可见项目管理教学法的教学目的与职业技术学校的人才培养目标不谋而合，在课程教学中科学应用项目管理教学法可提高教学水平，有助于实现职业技术学校的人才培养目标。

2. 有助于改革酒店管理专业传统教学模式

项目管理教学法有助于提高课程的教学效果，近年来在教育领域越来越受到推崇。在酒店管理专业的课程中科学引入项目管理教学法，结合课程实践性、操作性强的特点，以合适的实践操作项目为主线让学生融入酒店服务的真实情境中去，同时结合所学的酒店服务的基本理论和注意事项，从而获得更加深刻的学习体验，改革传统的教学模式。

3. 有助于增强学生学习酒店管理专业兴趣

激发学生的兴趣是取得良好教学效果的关键和核心。首先，项目管理教学为学生学习酒店管理专业创设了一个真实的学习情境，使学生不仅仅拘泥于课堂的讲授；其次，项目管理教学以学生为主体的教学模式充分发散了学生的思维，充分的课堂研究和小组讨论能加深知识在脑海中的持久度和深刻度；最后，项目管理教学中的实践教学还与工作技能相结合，势必增强学生学习酒店管理专业的积极性。

（二）项目管理教学法的实施

1. 设计项目阶段

项目管理教学法是以项目为中心，围绕项目的完成这一目标来组织教学过程，因此精心准备和策划设计恰当的项目，是实施项目管理教学的关键。为了达

到这一目的,在确定项目时应综合考虑以下几方面的因素:第一,所选项目应以教学大纲和教学目标为指导,将教学大纲的各知识点融入项目之中,学生通过操作相关项目后,可以更加深刻地理解运用所要掌握的知识点;第二,项目的难易程度应适宜,要针对学生的实际水平,基于学生已有的知识结构和知识水平,具有可操作性;第三,项目应具有完整性,项目从设计、实施到完成必须要有一个完整的成品出来,作为项目的成果,使学生完成项目后有一种成就感,这样才能提高学生的兴趣;第四,为了突出酒店管理专业教学的实践性,项目的选择应密切联系酒店实际,具有一定的实用价值。

2. 项目准备阶段

项目管理教学准备包括教师的准备和学生的准备两大方面。

(1) 教师的准备。项目管理教学法是一项系统工程,与传统教学法相比,过程更复杂,对教师的要求更高。因此在实施项目管理教学之前,教师应精心准备。首先应明确教学目的,充分理解教学大纲的要求,查阅大量的资料,收集相关的知识及案例,设计学生当前所学习的内容与现实情况基本相接近的项目;其次对项目任务进行分析和研究,制定好项目工作计划、实施程序和项目活动评价表等指导性的资料;最后要向学生作简要的实施动员大会,向学生说明项目的意义与作用,激发学生完成项目的兴趣。

(2) 学生的准备。项目管理教学法是以学生为主体的开放式教学方式,为了提高学习效率,学生必须认真对待,提前阅读相关教材,准备相关知识,注意预习相关课程,获取相关资料,做好前期准备工作。

3. 项目实施阶段

第一步是项目小组的划分,即对学生进行分组。在划分项目小组时首先要注意小组成员的构成要多元化,分组前老师必须要熟悉全班学生的基本情况(实际上就是教学对象分析),可根据每个学生各方面不同的特点如年龄、性别、个性、学习成绩、学习方法和语言能力等,尽量使每组好、中、差的学生搭配合理,这样可以使学生在合作学习中相互了解和学习,培养学生小组协作和团队精神。其次,项目小组的人数要适中,一般每个小组确定 6~8 个成员,每个小组由其成员推选一名组长,组长的职责是在老师的指导下制定本小组的开发计划以及负责本组各成员的工作任务分配、监督实施、沟通协调等各个方面的工作。

第二步是调动学生的积极性。如果学生的积极性调动不起来,项目管理教学法就无法达到应有的效果。调动学生参与项目的积极性的方法很多,比如利用校内外各种媒体进行宣传,采用赏识教育法,展示项目成果并将成果作为回报奖励给学生使之有一种成就感等。学生的积极性调动起来了,项目管理教学才能有创新,有发展。

第三步是按计划完成项目。这一阶段既需要学生的独立思考、独立工作，也需要学生相互之间共同讨论、互相学习，互相提高，共同探索完成项目。教师在这一阶段应鼓励学生大胆尝试，激发学生的潜能和创新能力。每个模块完成后教师必须根据实验项目的要点对学生完成的模块项目进行阶段考核，并及时评价，一方面对于考核过程中发现的共性问题应该对全班同学做出解释，指导学生在项目的后续部分进行改进；另一方面应适时对表现突出的项目小组进行表扬，进一步巩固和激发学生的学习兴趣。学生在阶段性评价总结的基础上，找到自身的不足，针对教师的提示，进一步明晰项目完成的最佳思考方法，完善操作技巧，高质量地完成项目任务。

4. 项目成果的提交与评价

整个项目实施结束后要进行总评，总评应体现公平、公正、公开的原则，应采取学生自评、互评和教师总评的方式。评价还应结合不同项目的特点，从“知识与技能”“过程与方法”“情感态度和价值观”三个方面，将项目评价和学生个人评价有机结合。如“餐饮菜单设计”项目的评价应制定项目评价表和学生个人评价表，在评价过程中，参照评价表，兼顾过程评价和结果评价，对项目完成情况和学生个人在项目学习过程中的表现进行评价。评价的目的不应只评出分数和名次，更应指出问题所在，并给出具体建议，让学生在下一个项目学习中表现更出色。

（三）运用项目管理教学法的思考

1. 必须完成教师课堂角色的转变

课堂中教师角色必须转变，变主体为主导。酒店管理专业教学不应是简单的专业阅读，而应强调实际应用，即专业意识和专业能力的培养，教学要“以项目为主线、教师为主导、学生为主体”，项目管理教学法要求教师优化教学方法和教学手段，提高学生的参与度，要求教师到学生中间与学生一起交流、讨论。

2. 结合学生的参与情况实施项目管理教学法

酒店管理专业课程的教学除了具备相应的理论知识、实践经验外，还应向互动型、讨论型、情境型、模拟型等形式相结合的教学方向发展，使其符合职业化、岗位化的特点，教师的观测点是学生的参与度，以学生的参与度来检测项目管理教学法的实施情况，能调动学生的参与热情，发挥他们的积极性、自主性和创造性，使学习成为一种愉快的经历。

3. 学习效果的考核应多样化

学习效果如何，必项通过多样化、灵活的方式予以考核。考核不应针对个人，而应该针对小组，这样考核，既可以激发学生的学习积极性，又可以培养学生的团队意识，对促进学生的学习起到事半功倍的效果。

四、项目管理教学法案例

以宴会服务教学作为项目管理教学法案例

（一）项目确定

1. 项目选择

第一，宴会服务操作流程规范，拥有标准的服务流程和系统的理论体系，教学内容适合教师进行重新编排；第二，宴会服务是餐饮服务环节的重要组成部分，理论知识体系完整、实际操作很强是宴会服务的一个突出特点，适合进行理论知识和实际操作的有机结合；第三，宴会服务理论难度适中，符合旅游职业学校学生的接受能力，有利于项目管理教学的顺利实施。

2. 教学设计

宴会服务具有操作性、规范性强的特点，教学设计时应结合宴会服务的具体特点和学生的接受能力。

3. 制定计划

制定宴会服务项目的教学计划应当遵循服务标准化、操作规范化的原则。

（二）教学实施环节

1. 教师引导

（1）理论讲解。第一，要对宴会进行分类让学生对宴会的大致类型有一个具体的了解；第二，提前向学生介绍宴会服务的注意事项，使学生在教学实践操作中加以关注。

（2）操作示范。理论的讲解让学生对宴会服务有了一个整体的了解，但对于实际操作的把握仍然比较欠缺。教师应当选取宴会服务中的某一环节进行具体的示范操作，之后让学生进行具体实践操作。

2. 学生实践

（1）熟悉操作环节。在教师对宴会服务进行了操作示范之后，应给学生适当的时间进行熟悉。

（2）训练服务环节。小组成员在教师做了充分的引导之后，根据小组分工和宴会服务的具体流程，按次序做好宴会服务工作。

（三）评估教学成果

学生按照宴会服务的基本环节要求完成项目任务之后，需要进行过程评价和结果评价相结合的项目评估。项目评估能够对宴会服务的整个项目进程进行整体的评价和总结，并为今后的项目管理教学打好基础。

（四）总结教学应用

项目评价结束之后，教师应对宴会服务项目管理教学实践各个环节进行分析。第一，总结出学生完成较好和欠缺的部分并发掘出具体的原因；第二，可以通过互动交流的形式收集学生对本次宴会服务项目管理教学实践的评价和建议，对学生反映较为集中的建议进行深入的调查，对值得推广的经验可以在和学生商讨的基础上进行进一步研究，以教学方法改革论文的形式呈现。

本章小结

本章先介绍教学方法的基本知识，进而从行动导向教学法、案例分析教学法、项目管理教学法、任务驱动教学法、角色扮演教学法等五种常见教学方法切入，分别介绍了其含义、特点、在酒店管理专业中的应用与应用案例。

在酒店管理专业教学实践中，根据专业课程需求与实践的不同，采取不同的教学方法，不仅可以让学生较快地掌握课程内容与专业技能；还可以寓教于乐，激发学生对于酒店管理专业的兴趣，以此提高课堂的有效性。

思考与练习

1. 教学设计的原则有哪些？
2. 行动导向教学法的实施步骤是什么？
3. 案例分析教学运用要做好哪些环节？
4. 角色扮演教学法的特点是什么？
5. 任务驱动教学法的特点是什么？

第五章 教案撰写与说课试讲

本章导入

教师撰写教案，是教师不断反思、改进自己教学的一种方法，能促使教师更为深刻地认识自己工作中的重点和难点，这个过程是教师自我教育和成长的过程。说课与试讲是师范毕业生必备的技能。说课是阐述特定教学内容的备课思路和教学安排及其理论依据。师范毕业生应该了解这两大技能各自的流程，并通过一些方法强化训练。试讲就是给指定班级的学生教用人单位指定的内容。

学习重点

1. 撰写教案
2. 说课试讲

第一节 撰写教案

教案是体现教学计划性的重要手段之一，凡是教育性活动都要编写教案。它可以使教师慎重考虑教学目标和要求，使复杂的教学过程沿着一个明确的目标前进；可以反复分析的教学重点、难点和一般内容，保证适当的选择和安排教学内容；可以使教材内容的条理化，教学过程的序列化，使教学思路清晰，脉络清晰;记载在纸面或媒体上的教学内容,可起备忘录作用,可为总结经验提供材料;有书面文字或媒体做依据,可增强教师的信心,增加教学上的自由度和主动性。

一、编写教案的意义

（一）教学活动的依据

教学方案(简称教案),是教师根据教学大纲、教学内容和教学对象,制定的施教方案,是教学目的,教学重点、难点,课时安排,教学过程等有序的组合,是在课堂教学中组织、指导学生进行有效学习活动的方案;是教师根据教材内容精心设计的教学蓝图,是教师备课的综合记录,也是课堂教学所遵循的章法。课堂教学质量的好坏,效率的高低,与教案息息相关。教师有了详略得当、设计精细的教案,才能有条不紊地上课,避免课堂上的临时拼凑,或感想式的随意讲授。因此,每个教师都必须端正思想,充分认识编写教案的重要意义,高度重视教案的编写。这是保证教学取得成功、提高教学质量的基本条件。如果不认真书写教案,教学过程中必然目标模糊、心中无数、要求不当、随心所欲而不可能取得好的教学效果。

（二）有利于教学水平的提高

编写教案是提高教学水平的重要过程。教师编写教案是一个研究教学大纲、教材、教学内容、学生及教法等因素的综合过程。在这个过程中,教师不仅要研究教课过程的知识体系、学生学习该门课程状况(接受水平、心理特点和思维规律),而且还要按照大纲的精神,分析教材的编写意图和教材特点,分析教材的知识结构、体系、深度和广度,以及与相近学科的知识联系特别是要以整体为背景,分析各部分教材的特点,明确教材的要求和重点难点,分析知识的价值,酝酿设计教学过程,确定教学方法。通过以上过程使教师对知识进行了系统的整理;对教学过程进行了综合设计,这样日积月累将会使教学水平不断提高。

（三）有助于教研活动的开展

编写教案是开展教学研究、提高教学研究能力的过程。教学过程从某种意义上讲是通过合理的方式把以教材为主体的知识传授给学生达到培养能力、发展智力的目的。如何做到合理地传授是编写教案的关键,这就需要教师在编写教案时,不断地认真探究所教课程本身的知识系统和结构,深入研究学生的心理特征、学业水平及其认识知识和身心发展的规律,并通过教学的实践不断充实完善,达到培养学生的学习积极性,激发创造性,为研究教学规律提供丰富的素材。

二、教案的组成

（一）教案的常规项目

教案种类繁多，以课时教案为基本。不同学科和课型的课时教案，其内容与项目不能强求一致，但有一些项目却是它们都应具有的，我们称之为常规项目，包括以下几方面。

1. 课题名称

课题名称是教材的章节或课程的题目，是本节课讲述内容的概括或提要。

2. 教学目标

教学目的是每堂课教学的灵魂，它包括传授给学生哪些知识以及需要达到的程度、培养他们的何种能力以及对他们进行怎样的思想品德教育三个方面的内容（三维目标）。这些内容可用并列复句的形式表述，也可用条文的形式表述。可以三方面俱全，也可以是其中一到两个，这要视具体的教学内容而定。

3. 重点难点

每一课题的教学所包容的知识和技能是多方面的，在有限的课时内，不可能也不必要等量齐观地传授给学生，这就必须区别轻重缓急和深浅难易，即突出重点，攻破难点。抓准了重点和难点，也就抓住了教学的突破口和关键环节，还可增强教学活动的节奏感。所谓重点，是指关键性的知识，学生理解了它，其他问题就可迎刃而解。因此，不能说只有教材重点才重要，其他知识就不重要。所谓难点，是相对的，是指学生常常容易误解和不容易理解的部分。不同水平的学生有不同的难点。写教案时，主要考虑以下几类学习难点：概念抽象学生又缺乏感性认识的知识；思维定式带来的负迁移；现象复杂、文字概括性强的定律或定理；根据教学大纲要求，不能或不必做深入阐述的知识；概念相通、方法相似的知识。

4. 课时安排

把教学内容妥善地安排在计划的课时里，可根据内容和学生掌握情况正确把握本节课该讲多少、练多少，使教学活动既不空堂，也不压堂，而是有条不紊地进行。

5. 教学过程

首先是导入新课。这是由旧课向新课过渡的一种手段，目的是顺畅地开展教学并激发学生的兴趣。导语要简短新颖，并与本堂课讲授的内容息息相关。为此，教师要及时捕捉新的信息，并借助想象的“粘合力”使之与讲授的内容组合在一起。如政治和语文课，可通过时代背景介绍，理化课可通过日常生活现象介绍,工艺课可通过实习见闻介绍等,并尽可能利用学生已有的知识,或运用形象化教具的启示,以导入新课。其次是讲授新课。这是关键的、核心的部分,既要写出教材内容的要点,又要写明采用何种教学方法;既有教师的逻辑推理过程、生动的叙述情况、细致而必要的演算步骤,又要有意想得到的学生的思维活动过程和可能出现的意外情况的处置措施,以及应当特别强调的问题等。现在的教材一般为叙述性的,且篇幅较长,甚至有些内容过深学生阅读时不易把握住中心。这就需要教师精心钻研,进行分析、归纳,加以科学的组织,在教案上写出纲要,并配以适当的讲解步骤和方法。再次是总结新课。一堂课即将结束时,教师要言简意赅地总结一下所讲的有关内容,加深学生对所学知识的印象。也可适当拓展,留下回味。最后是布置作业。这是促使学生把知识转化成能力的一种手段。布置作业要有的放矢、形式多样、分量适当、要求具体。

（二）教案的弹性项目

教案除了有常规项目外,有时还有一些比较机动的项目,即不为各学科、各课型所共有,却也是往往要碰到或列入教案的,我们称之为弹性项目。弹性项目包括以下几方面。

1. 教学方法

它既可体现在讲授新课里,也可单独开列。

2. 板书设计

它既可在讲授新课部分显示,也可单独开列。

3. 教具

使用教具可增强直观效果。教具包括挂图、实物、演示仪器和材料、幻灯、投影、录音、录像等。

4. 布置预习

为了节省时间,也为了更好地进行启发式教学,可在本堂课结束前预习下堂课的有关内容。假如上一堂课布置了课外作业或预习,那么,在本堂课开始之前,就应该检查,提问。

5. 其他项目

因某种特别需要而设立,如将某份教案装入个人教学档案,或展览示范等,一般需添加学校、年级、班级、科目、执教者、时间等。

三、编制教案的一般原则

编制教案,除了依照一定格式外,还必须遵守一定的原则,否则,就不可能编

出好教案。编写教案的一般原则如下:

(一) 自然性原则

教学安排要顺乎科学的自然,心理的自然,要让学生在不知不觉中、快乐中接受知识。编写教案实际上是教师在纸上进行教学模拟。这就要求在编写教案时,要能把教学过程自然地叙述出来,把各种问题的设计与提出自然地展现出来,内容之间的衔接也要把握好。否则,在课堂教学时,就会出现前言不搭后语、形成知识内容断层等不良现象。

(二) 明确性原则

教学的具体细节都要明明白白地写出来,以便教师上课时做到心中有数,有的放矢。切不可含含糊糊、疏忽细节,因为细节的差错,将会影响一堂课的教学质量。

(三) 系统结构原则

在编写教案时,应注意内容的组织要系统,内容与内容之间应相互关联,形成一个完整的结构。避免内容零零碎碎,不着边际,以致于给学生的知识支离破碎。

(四) 过程性原则

写教案应该是写一堂课教学的整个过程,新知识的导出过程,发现解题思路并对问题加以解决的过程,知识、思想方法归纳概括的过程,学生可能的学习接受过程等。只有这样,教师才能始终处于主导地位,运用教学方式才会灵活自如。

四、编制教案过程中要注意的问题

(一) 切合对象,坚持“五性”

学生是教师教的对象,又是教学中认识活动的主体。因此,教案的编写必须切合他们的实际,从而加强教学的针对性和有效性。

教案的编写还要坚持“五性”,即科学性、主体性、教育性、经济性、实用性。坚持科学性,即要求对教学内容的理解要做到科学、正确、准确无误。突出主体性,即要求教案的编写要反映新的教学观,在重视教师教的同时,要把学生的学放到突出的地位,充分发挥学生的主体性。体现教育性,即要求在编写教案中注意挖掘和发挥思想品德方面的因素,做到教书育人。做到经济性,即要求在保证知识信息科学化的前提下,力求信息的简约化,当简则简,该略则略。注意实用性,即要求教案的编写不必强求一致,应八仙过海,各显其能,教师应根据自己的实际情况进行选择,讲求实用价值。

（二）优选教法、设计课型

教案的编写要认真考虑选择教学方法，同时要注意设计课型。课的类型是根据教学的主要任务划分的，分为两类：一是单一课型，即在一节课内完成一项教学任务的课，如传授新知识课，巩固知识的复习课，培养技能技巧课，检查知识和技能技巧课，自学课等；二是综合课，即在一节课内完成几项教学任务的课；例如复习旧的知识，学习新教材内容，对新学教材予以巩固，适当进行练习培养技能技巧，检查知识的掌握程度等。每个教师要认真设计课型，根据课型及其结构组织编写教案。

（三）认真备课，不要“背课”

备课不仅要求对教材和教案熟记，而且要对课堂教学的各个环节认真准备，例如，达到什么样的教学目的，选择怎样的教学方法，怎样处理好传授知识与发展能力之间的关系，如何进行课堂提问、组织讨论、设计板书和选用教具等，这些都是备课中应该注意的问题。而认为备课就是熟背记牢教材教案的内容，而把备课当成死记硬背教材教案的过程，这是应该纠正的。

（四）既抓“正本”，又抓“附件”

有人把编写教案分为“正本”和“附件”两个部分，这是有一定道理的。“正本”即教案的主体，它通常包括教学目的、教学内容、教学重点和难点、教学程序和方法、时间分配及思考题等。“附件”指板书、板面计划和直观演示计划、物资保障计划（如挂图、图钉等）。教师在备课中既要抓好“正本”，写出高质量的文字教案，又要抓好“附件”，对板书、板画、图表、实物、模型等直观教具的使用、演示要进行通盘计划，并做好课前准备工作。除此之外，还可以用红蓝彩笔标出各种符号，便于突出重点，给自己提示。

1. 教案内容

整个教案编写应内容全面、环节完整、具体明确、层次清楚，各部分的过渡衔接自然顺畅，以确保教案在教学中的指导作用。若书写杂乱，不分层次，则在课堂上教师就无法及时准确地按教案的内容安排进行教学，这将造成教学准备的充分程度下降，直接影响教学质量。

2. 教案的重点

编写教案的重点是教学过程和教学方法的设计。因此在实际教学中应避免两种倾向：一种是教案写得过于简单，例如只写提纲，这样不利于教师的课前准备和具体教学过程的实施；另一种是将教案写成烦琐的讲稿，造成上课时照本宣科，不利于灵活地把握教学进程。

3. 教案的修改和调整

教案是组织教学依据，但在具体教学实施中，教案也不是绝对不可改变的，可根据课堂上的实际情况，随时做出必要的修改和调整，以适应情况的变化，更好地完成教学任务。

4. 教学后记

不能忽视教学后记的资料作用。教学后记是教案的一个组成部分，因此要认真填写，例如教学计划的执行情况、效果如何、有什么经验教训、原因是什么、应如何改进等。以便不断积累和总结教学经验，提高教学水平。

第二节 说课试讲

说课就是教师以口头形式对听者说明某一教学设计的活动。其目的在于通过说和听，互相交流教学设计方案，完善教学，共同提高。它是教学改革浪潮中的产物，其价值在于：通过集思广益改进教学、完善教学；通过相互交流，共同提高。

一、说课的类型和内容

（一）说课的类型

说课因其目的和要求的不同，分为学习型说课、示范型说课和评比型说课三种。

1. 学习型说课

学习型说课是由新教师作为说课者进行的说课。其目的在于帮助新老师取得说课的经验，使其听取参与说课活动的教师意见，改进和完善教学设计。

2. 示范型说课

示范型说课是为了提高教师教学质量和教学水平，议论教学的整体设计和局部设计的课程。它可使教学设计更完善，更能体现出预期的科学性。

3. 评比型说课

评比型说课是作为教师业务水平评比的一部分而进行的。它配合课堂教学评比和其他业务评比，可使评比内容更充分、更具说服力。

（二）说课的内容

说课一般可包括如下内容。

1. 说目标

说目标就是要说明本次课的教学目标。包括主要目标和次要目标、现实目标和长远目标等,以及确定这样目标的理由。就实习教师而言,长远目标虽无法检验,却仍需认真设计,以期体现于未来。

2. 说教材

说教材就是要说明教材的主要内容,特别是重点和难点,以及教材在本册书、本单元中的地位和教师自己的理解。这是说课的主要内容,只要备好课就能说得出,进而求得他人帮助。

3. 说教法

说教法就是口述将要采用的主要教学方式方法,特别是想要运用的新方式新方法,包括资源的利用、板书的设计、多媒体的应用等。

4. 说教学程序

说教学程序即口述整体思路和步骤,主要是说明课的导入、展开和终结等基本步骤,以及作业的布置和批改等。说教法和说教学程序,在资深教师那里,可谓轻车熟路,而在实习教师却需下番工夫,尽量说得切实,以求得到帮助。

二、说课的要求与步骤

(一) 说课的要求

说课有其自身的要求,主要有事理结合、现实与预期相结合。

说课既要使听者知道要教些什么、怎样教和为什么要这样教,使听者知其然,又知其所以然。说课必须有课内就能实现的内容,主要是可操作性能力的养成,也有预期性的内容。现实与预期结合更可体现出课程的目标。

按照现代教学观和方法论,成功的说课应遵循如下三条要求:

1. 说理精辟,突出理论性

说课不是宣讲教案,不是浓缩课堂教学过程。说课的核心在于说理,在于说清"为什么这样教"。因为没有理论指导的教学实践,只知道做什么,不了解为什么这样做,永远是经验型的教学,是高耗低效的。因此,教师必须认真学习教育教学理论,主动学习教育教学改革的新信息、新成果,并应用到课堂教学之中。

2. 客观再现,具有可操作性

说课的内容必须客观真实,科学合理,不能故弄玄虚,故作艰深,生搬硬套一些教育教学理论的专业术语。要真实地反映自己是怎样做的,为什么这样做。哪怕是并非科学、完整的做法和想法,也要如实地说出来。引起听者的思考,通过相互切磋,形成共识,进而完善说者的教学设计。说课是为课堂教学实践服务的,说课中的一招一式、每一环节都应具有可操作性,如果说课仅仅是为说而说,不能在实际的教学中落实,那就是纸上谈兵、夸夸其谈的"花架子",使说课流于形式。

3. 不拘形式,富有灵活性

说课可以针对某一节课的内容进行,也可以围绕某一单元、某一章节展开;可以同时说出目标的确定、教法的选择、学法的指导、进行程序的全部内容,也可只说其中的一项内容,还可只说某一概念是如何引出的,或某一规律是如何得出的,或某个演示实验是如何设计的等。要做到说主不说次,说大不说小,说精不说粗,说难不说易;要坚持有话则长、无话则短、不拘形式的原则,防止囿于成规的教条式的倾向。同时,在说课时要体现教学设计的特色,展示自己的教学特长。

(二) 说课的步骤

"说课"是在备课的基础上,面对同行或专家领导,在规定的时间内,针对具体课题,采用讲述的方式,系统地分析教材和学生,并阐述自己的教学设想及理论依据。然后由同行评议,达到互相交流,共同提高的一种教研活动,时间一般为15~20分钟,一般步骤如下:

1. 说教材——教材分析(2~3分钟)

说教材包括以下三个方面:

(1) 说教材的地位作用。要说明教材是否体现了课标对所教内容的要求,脱离课标的说课那就是无本之木、无源之水,会给人一种虚无缥缈的感觉。还有说明所教内容在章节、目,乃至整套教材中的地位、作用和意义,说明教材的思路与结构特点。

(2) 说教材的确定。课程目标是知识与技能、过程与方法、情感态度与价值观三个方面互相联系的一个整体,这就要求根据各学科教育的任务和学生的需求,从"知识和能力""过程和方法""情感态度和价值观"三个方面出发选择教材。具体到教学实践,就是要把原来单一目标(即知识与技能)的教材转变为多目标(即知识与能力、过程与方法、情感态度与价值观三个目标)的教材。

(3) 说教材的重点难点。教材重点除知识重点外,还包括能力和情感的重点。教材难点,是那些比较抽象、离生活较远或过程比较复杂,使学生难以理解和掌握的知识。教师还要具体分析教材难点和重点之间的关系。

2. 说学生——学情分析(1分钟)

说学生就是分析教学对象。因为学生是学习的主体,因此教师说课必须说清楚学生情况。这部分内容可以单列,也可以穿插在说教材部分里一起说。

说学生包括:

(1) 说学生的知识经验。说明学生在学习新知识前所具有的基础知识和经验,这种知识经验对学习新知识会产生什么样的影响。

（2）说学生的技能和态度。就是分析学生掌握学习内容所必须具备的学习技巧，以及是否具备学习新知识所必须掌握的技能和态度。

（3）说学生的特点与风格。说明学生年龄特点，以及由于身体和智力上的差异所形成的学习方式与风格。

3. 说教法与手段（1~2 分钟）

就是说出选用什么样的教学方法和采取什么样的教学手段，以及采用这些教学方法和手段的理论依据是什么。主要包括以下两点。

（1）说教法组合及其依据。选择教法组合，一是要考虑能否取得最佳效果，二是要考虑师生的劳动付出是否体现了最优化原则。一般一节课以一二种教学方法为主，穿插渗透其他教法。说教法组合的依据，要从教学目标、教材编排形式、学生知识基础与年龄特征、教师的自身特点以及学校设备条件等方面说明。因为教学过程是教与学的统一过程，这个过程必须是教法和学法同步的过程，因此教师在说课时还要说明怎样教会学生学习的方法和规律。

（2）说教学手段及其依据。教学手段是指教学工具（含传统教具、课件、多媒体、计算机网络、现代新媒体技术等）的选择及其使用方法，要尽可能使用现代化的教学手段。教学手段的选择有三忌：一是忌多，使用过频，使课堂教学变成教具或课件的展览；二是忌教学手段过于简单，不能反映学科特点；三是忌教学手段流于形式。还要说明是怎样依据教学目标、教材内容、学生的年龄特征、学校设备条件、教具的功能等来选择教学手段的。

4. 说教学过程（10 分钟左右）

说教学过程就是介绍教学过程设计，这是说课的重点部分。因为只有通过这一过程的分析才能看到教师独具匠心的教学安排，它反映了教师的教学思想、教学个性与风格。只有通过对教学过程设计的阐述，才能看到教学安排是否合理、科学和艺术。教学过程通常要说清楚下面三个问题：

（1）说教学思路的设计及其依据。教学思路主要包括各教学环节的顺序安排及师生互动的安排。教学思路要层次分明，富有启发性，能体现教师的主导作用和学生的主体作用。还要说明教学思路设计的理论依据。

（2）说教学重点、难点的处理。教师高超的教学技艺体现在突出重点、突破难点上，这是教师在教学活动中投入精力最大、付出劳动最多的方面，也是教师的教学深度和教学水平的标志。因此教师在说课时，必须有重点地说明突出教学重点，突破教学难点的基本策略。也就是要从知识结构、教学要素的优化、习题的选择和思维训练、教学方法和教学媒体的选用、反馈信息的处理和强化等方面去说明突出重点的步骤、方法和形式。要特别注意板书设计。板书设计一定要有，类型可以是纲目式、表解式或图解式。板书设计要注意知识科学性、系统性与简洁性,文字要准确、简洁。可分主板书和副板书。

5. 说教学效果的预测(3 分钟左右)

教学效果是教学目标的归宿和体现。教学效果的预测,既是教师实现教学目标的期望,又是实现教学目标的自我把握程度。教师在说课时,要对学生的专业认知、智力开发、能力发展、思想品德的养成、身心发展等方面做出具体的、可能的预测。预测需要条理清晰,紧凑合理。

本章小结

本章主要介绍了撰写教案与说课试讲的内容,写教案,说课都是师范生的基本功,需要进行训练。

思考与练习

1. 教案的价值主要有哪些方面?
2. 说课的内容主要有哪些?

第三篇　课堂教学

第六章　酒店管理专业教学过程

本章导入

丽思卡尔顿酒店金牌标准之二十条基本原则

1. 信条是丽思卡尔顿酒店的首要信仰，必须广为传诵，为丽思卡尔顿酒店所有，所有员工都应该积极实践。

2. 我们的座右铭是“我们以绅士淑女的态度为绅士淑女服务”。作为服务行业的专业团队，我们敬重每一位客户和员工的同时，维护自己的尊严。

3. “优质服务三步骤”是丽思卡尔顿酒店殷勤招待的基础，和客户的每一次沟通交流过程中都应当运用这些步骤，以确保客户满意，维护客户忠诚度。

4. 员工的承诺是丽思卡尔顿酒店工作环境的基础，所有员工都应当得到满足，并心存感激。

5. 所有的员工都将成功而完整地获得岗位年度培训认证。

6. 公司的目标向所有的员工传达，每个人都应该以实现目标为己任。

7. 为了增加工作场合的自豪感和乐趣，所有员工都有权参与将影响其工作的计划中。

8. 持续不断地识别酒店全范围内存在的缺点是每一位员工的责任。这些缺点可以称为“比佛先生”，即错误、重做、故障、无效率行为和偏差。

9. 每一位员工都对创造团队合作的环境和提供“边缘服务”身负其责，以确保我们的客户和其他员工的需要得到满足。

10. 授权全体员工。例如，当客户提出某一种特殊需要时，作为员工，应当突破正常的职责范围和工作地点，去解决客户的问题。

11. 全体员工对酒店的清洁都负有不容推辞的责任。

12. 为了能给我们的客户提供贴心的个性化服务，识别和记录客户的个人偏好是每一个员工的责任。

13. 永不失去任何一位客户。瞬间平息客户的怒气是每一位员工的责任。任何人接到投诉后，都应该视为自己的责任，直到客户的问题得到圆满解决，并予以记录。

14. “保持微笑——我们在舞台上。”始终保持积极的目光接触。对于客户和其他员工都应当使用得体的词汇。（如应当使用“早安”“当然愿意”“我很乐意为您”以及“这是我的荣幸！”等，而应当避免使用过于简单随便的词汇，如“好”“可以”“哈罗”“伙计们”“没问题”等。）

15. 在你的工作场所内外，都应该自认是酒店的大使，保持交谈的积极性，就任何疑虑与恰当的人沟通。

16. 护送客户，不要仅仅为其指向目的地，要亲自陪同其到达目的地后，方可离开。

17. 使用丽思卡尔顿酒店的电话礼仪。电话铃响三声以内接起电话，并使用可视“微笑”的口气应答。必要时称呼客户的姓名，需要时询问来电方：“我为您接通好吗？”不要为来电方接通酒店的可视电话。尽可能地消除呼叫转移。遵守语音邮件的通话标准。

18. 注意您的个人仪表并努力做到引以为豪。遵守丽思卡尔顿酒店的着装和修饰标准，传递专业形象是每一位员工的责任。

19. 考虑问题安全第一。每位员工都对为来宾和其同事创造一个安全、可靠和无事故的环境负责。全体员工都要熟知所有消防和安全紧急应变程序，及时报告安全风险。

20. 保护丽思卡尔顿酒店的资产是每一位员工的责任。节约能源、妥善维护酒店设施、确保环境安全无忧。

学习重点

酒店管理专业教学过程

第一节 酒店管理专业教学过程概述

酒店管理作为应用性、交叉性、综合性很强的专业,理论性与实践性并重。所培养的人才不仅要有一定的专业理论素养,而且要有较强的实际操作技能。因此作为培养应用型专业人才的酒店管理专业不仅要提高学生的理论知识水平和业务素养,培养其管理素质,挖掘其管理潜能,而且还必须培养学生的职业能力和职业道德。

酒店管理专业的教学过程以职业为导向,人才培养自始至终以职业能力为主线,贯穿人才培养的全过程,以灵活多样的教学方式让学生充分地融入教学。知识的获得和积累是学习者进步的基础,但是能力的培养是教育者给予学习者最有效的法宝。

酒店管理专业教学过程以酒店管理专业人才培养目标为指导,根据社会需求来调节教学活动。因而教学过程中的教学体系建设、教学方法的创新、教学方式的创新、教学情境的创设和教学评价的改革都要围绕“实践能力的培养”这个主题,以培养出有优秀情感价值观、有酒店管理理论知识、有酒店管理职业能力的专业人才。

一、教学体系建设

酒店管理专业是与管理学、经济学、文化学、人类学等学科有着紧密联系的交叉性学科。酒店管理专业教学过程要平衡理论知识和职业能力的培养,根据酒店管理专业的实际需求,从情感价值观、知识教学和能力培养三个方面出发构建酒店管理专业的教学体系。

以学生职业意识唤醒、职业理论知识的教学和职业能力培养为切入点,加强与行业的动态跟进,形成充分体现职业性、实践性和开放性的教学过程。通过课程学习,使学生掌握酒店管理高级技术应用型人才所必备的基本理论和专业知识,掌握酒店管理基本技能,熟悉酒店的业务流程和管理程序,能综合运用所学知识,通过校内外实践训练,具备从事酒店服务与管理实际工作要求的能力,具有良好的职业素质、职业道德和爱岗敬业精神。

(一)情感价值观

酒店管理专业必须将职业养成教育贯穿于实践培养全过程,从理念价值观开始引导,培养学生良好的职业情感、服务态度和正确的价值观。培养学生勤于动脑、勇于担当、大胆实践、勇于探索以及严谨的工作习惯，从而塑造出身体健康、道德健康、心理健康的合格人才，使其在激烈的市场竞争中健康成长。

（二）知识教学

以酒店管理活动为主线，系统、全面地培养学生酒店管理的理论及方法，使学生了解、掌握酒店管理知识要领。根据酒店管理专业的专业特点，设置公共必修课、学科通识课、专业必修课和专业选修课四个模块。学科通识课注重培养学生对理论成果的应用能力；专业课模块体现针对性，真正使学生掌握酒店业职业岗位必需的专业知识、职业能力。

课程内容不断更新和优化。一方面及时添加一些实用性强的热门课程；同时，对一些传统的酒店管理课程也要根据酒店行业的发展，不断更新内容，及时地、充分地反映酒店业发展的最新成果，使学生能及时了解酒店业最新发展变化，开阔眼界，增强事业心和责任感，能在掌握这些知识的基础上从事更深入更广泛的研究，从而提高自信心和研究能力。

（三）能力培养

以专业应用能力和专业素质培养为主线，突出以实用性、针对性为中心的专业培养目标，将全部主干课程整合为专业能力、方法能力和社会能力的教学培养。坚持在专业理论知识指导下的能力培养，以实践经验补充、完善专业理论知识。让学生在实践教学中能尽快掌握酒店基本服务技能，培养职业意识，熟悉行业环境，从而对酒店经营活动中的人际关系和酒店实际管理活动能有更直观的了解。

在实训教学体系设计和实践过程中，按照酒店业实际情景，“从低级到高级、从单项到综合、从岗位到创新”整体实施专业教学。

教学过程中培养学生的思辨能力、形象思维能力、独立学习和工作能力、分析能力、解决问题能力、心理和举止仪态等实际表现，以培养学生适应社会的能力。

同时，通过多元的活动组织和教学设计，丰富学生的专业学习生活，提高学生分析问题和实践操作能力，使学生了解专业前沿动态和发展趋势，培养学生热爱专业信念，引导学生形成思考问题、研究问题的良好习惯。

二、教学方法创新

国际化背景下的人才要求具备一定的创新精神和团队意识，单一的灌输式教学方法不利于培养该方面的综合素养，所以要发挥老师的指导作用，调动学生的主体参与性，灵活运用案例分析教学法、专题考察教学法、行动导向教学法、任务驱动教学法和角色扮演教学法等教学方法，使学生掌握所需的知识和能力，并养成良好的职业素养。

教学方法的改进是一个长期的工作,需要教师利用各种资源设计教学情境,给学生提供更多的思索、发现、创造的机会,探讨更多的教学方法与形式,关注学生学习效果与学习进步。教学过程中注意采用以问题为导向的教学方法,鼓励学生大胆提出各种新异见解,启发、诱导学生,调动学生的积极主动性,提高学生分析和解决问题的能力。

三、教学方式创新

酒店管理教学应采用现代化的信息技术手段进行教学,可借助光学手段、音响手段、多媒体视听手段以及综合手段,如语言实验室、计算机辅助教学系统、卫星通讯教学系统、视盘系统、光纤通信教学系统等一系列现代化教学手段,以及现代化的 3D 酒店模拟教学软件,突破常规教学手段,使其教学内容生动、具体、形象、动态地呈现出来。

同时,借助中西餐模拟实训室、客房实训室、前厅实训室等教学实验室,为学生打造学习酒店管理理论知识与仿真实践的平台,学生在学习理论知识的同时,通过情境模拟的操作,对现代化酒店管理的理念和思想有一个直观的了解,并提高学生的实践能力。

四、教学情境创设

课堂教学是学生学习酒店管理专业知识最重要的过程之一,因而课堂教学的引入、过程的把控、情境的实施等必须经过审慎而针对性的设计,以挑起学生最大的学习兴趣。加上明确指引的学习步骤,方法,透过简单而有效的学习模式,创新而合宜的课堂学习设计来制造学习氛围,从而达到有效学习的效果。

五、教学评价改革

教学过程中必须对教学评价进行优化。首先,采取“向生性”的教学评价原则,重视学生对教师、教学的反馈意见,并把考察学生创新能力作为教师教学评价的指标,发挥教师在培养学生创新能力方面的作用。其次,建立民主的评价制度,教师能够真正参与其中。建立民主的氛围,组织教师参与到各项教学评价中,扩展和加深评价内容,揭示出酒店教学中的实质问题,大大提高酒店教学评价的全面性和公平性。再次,采取多元化的考核方式。从平时考察、实践能力、解决问题等多个方面全面评估学生,改变片面依赖笔试的单一考核方式,科学地收集教学评价信息,这样有利于激发学生学习、创新的激情,淡化标准答案意识,促进学生创新能力的发展。最后,依据教师教学现状确定合理的教学评价内容。教学评价要全面,评价内容要具体、系统,不仅针对课堂教学,还要考察教师的课前准备和课余指导以及检查教学对学生产生的影响等一系列内容。构建一个以培养学生技术应用能力和解决实际问题能力为中心的评价体系,不仅要重视学习的结果,而且也要强调让学生在活动中学习。只有这样,教学评价才能真正揭示酒店管理教学现状,发挥真正的导向作用。

第二节 酒店管理专业教学过程的情感价值观

酒店管理专业素养的核心是学生对待酒店管理专业的情感态度与价值观。要是学生对酒店管理专业没有兴趣,或者表现出非常冷漠、不积极,在价值判断中经常出现错误的价值观,即使他的酒店管理专业知识、技能方法掌握得再好,也不能发挥其应有的价值,甚至还会产生负面作用。因此,应非常重视学生正确的情感态度与价值观的培养。

一、酒店管理专业情感价值观的内涵

酒店管理专业情感价值观的内涵包括情感态度、价值观两个层次。

情感主要是指一个人的感情指向和情绪体验,也就是他对酒店管理专业表现出好奇、兴奋、讨厌、不高兴等情绪,这是形成其酒店管理专业态度的前提,在实际中往往体现在职业心态上。

价值观是一个人对待事物的最基本看法,包括基本信念和价值取向,决定其思维活动和外在表现。情感态度和价值观都有可能是正面的或者是负面的,在教学过程中应对学生进行正面引导。

二、酒店管理专业情感价值观目标及其实现

(一) 酒店管理专业情感价值观目标

酒店管理专业情感不仅指对酒店的兴趣、责任,更重要的是乐观的生活态度和职业心态、宽容的人生态度。价值观不仅强调个人的价值,更强调个人价值和社会价值的统一;不仅强调酒店管理职业的价值,更强调酒店职业价值和人文价

值的统一,从而使学生从内心确立起对真善美的价值追求。

（二）酒店管理专业情感价值观目标的实现

本质上,态度与价值观,都是一种主观选择,是学生对酒店管理专业的一种主观认识和主动反应,是建立在主体性认识与情感基础上的。

每个人的情感、态度与价值观选择,是在个人成长过程中,通过模仿、尝试和实践体验而逐渐习得的。在选择中学习选择,在参与中发展自我,在体验中认识社会生活,是每个学生发展的必经之路。

情感、态度和价值观不是孤立的,是学生在实践体验过程中的三个认识发展的阶段。情感是心灵的感动,属于感性认识阶段。态度是心灵的感知,属于理性认识阶段。价值观是心灵的感悟,属于更高层次的系统化的理性认识。但不论是哪一个层次的认识,都必须以人的实践过程做基础,任何省略过程的学习,都不会让人真正产生情感、态度和价值观。

进行酒店管理专业情感价值观的教育活动,最重要的是教育者用自己健康的情感、积极的人生态度与价值选择去影响学习主体,通过身体力行的示范活动来言传身教,并积极创造有利于学习主体尝试选择、参与和体验的机会,让他们在这种尝试的实践行动中形成个性化的情感、态度与价值观。在具体的教学过程中,应从职业心态和价值观两方面对学生进行积极正面的引导。

三、酒店管理职业心态

（一）职业心态

英国著名的文学家狄更斯曾经说过:“一个健全的心态,比一百种智慧都更有力量”。这句不朽的名言告诉世人一个真理:有什么样的心态,就会有什么样的人生。心态包括先天形成和后天培养两个方面。例如,先天形成的性格,就是个人某些心理特征的反应,体现出个人的独特风格,具有一定的先天性和稳定性。后天培养的工作态度,是一个人对客观事物较持久的心理反应。职业心态能够影响员工的工作态度和服务质量,进而影响整个企业的发展。只有保持职业心态的平和,才能在法律规范、社会责任和职业道德的约束下,合理定位自己的价值观,正确对待工作中的困难与挫折,勇敢地接受挑战,客观地看待工作中的付出与收获。

酒店管理者普遍认为,从事酒店工作需要具备的心态包括:热爱酒店工作,积极进取的心态;强烈的服务意识,乐于付出的心态;谦虚、学习的心态;吃苦耐劳、踏实的心态;坚持的心态。是否具备良好的职业心态,将直接影响酒店管理专业学生的学习、就业、择业和职业发展。

（二）酒店管理专业常见不良职业心态及其影响

1. 职业认同感偏低

酒店业属于服务性行业，我国传统社会观念对酒店服务工作存在偏见，认为服务工作只是伺候人的工作，从事服务性行业低人一等。这种思想严重地影响了学生对所学专业理论知识的兴趣。即使学生毕业后仍然从事酒店行业，也会对所从事的职业产生抵触、懈怠心理，从而导致就业后学生职业态度不积极，缺乏服务意识。

2. 缺乏职业情感

在实习中，许多学生对酒店繁重、单调的工作表现出明显的不适应，工作怕脏、怕累，拈轻怕重，个别学生甚至因不能吃苦中途退出实习。这种不正确的择业观与实际情况的不如意，会使得学生心理产生极大的落差，从而感觉从事该项工作没有前途。

同时，现代学生容易受到家庭教育与社会环境对传统价值观、道德观的影响，以金钱至上、享乐为先作为追求和信念，遇事以自我为中心，只考虑企业能够给自己什么，而不是考虑我能对企业有什么贡献，对企业的培养看作理所应当或用作以后再次跳槽的筹码，没有感恩心态等。

3. 职业期望值过高

酒店管理专业培养的是应用型人才。酒店管理行业的通则是要求管理人员要从服务人员做起。高层管理人员，必须有基层服务、基层管理的经验，否则很难做好工作。在国外，酒店中高级管理人才一般都需要 5~10 年的一线服务经历。但是，很多学生对此没有平和的心态和正确的认识，认为自己学的是酒店管理专业，毕业后就应该从事酒店管理工作，不屑于做基层工作，认为自己大材小用、英雄无用武之地。有的学生虽然能够接受从基层服务做起的观念，但对自己升职期望很高，急功近利。当在酒店的事业发展达不到期望值时，这些毕业生就很容易产生挫败感，工作不积极，甚至频频跳槽。

4. 职业角色意识模糊

“客人永远是对的”，是酒店服务行业的至理名言。同时，这也说明在服务过程中，客人与酒店员工之间是一种“服务与被服务”的关系，双方是不可能平起平坐的。绝大多数学生是独生子，不少是家里的“宠儿”，这些学生在酒店实习或工作时很容易产生角色模糊，自觉或不自觉地把家庭角色带到工作中，甚至受到挫折就无法忍受。对于一些传统观念较深的学生，常常由于不能正确理解和处理这种不对等关系而陷入自卑或逆反心理状态，在学习和工作中产生消极情绪。

（三）酒店管理专业学生职业心态培养

1. 通过引导，培养学生正确的职业发展观和角色意识

从事酒店行业，可以培养学生的协作能力和应变能力，并通过自己的综合才能

满足他人需求而获得工作满足感和成就感。所以，学生应当有稳健的成长心态和勇于拼搏的精神。每个将军都是从士兵成长起来的，职业经理人的成长也是如此，只有通过实践的历练和个人努力，才能形成中高层管理人员所需的职业素养与能力。心浮气躁、眼高手低不利于个人在职业生涯中的成长。在教学中，教师可以多举些从基层做起的酒店成功人士的案例，使学生对职业成长有清晰的认识。

在酒店管理专业教学中，教师过多地强调“客人是上帝”、“客人总是对的”，有时候会造成学生片面的认知。教师应当让学生分清人与角色的关系。人际交往中有两层关系：一层是人们所充当的角色与角色之间的关系，这种关系随角色的转化而变化，所以是不稳定的；另一层是充当角色的人与人之间的关系，这种关系是相对稳定的。服务人员与客人之间的“不平等”关系属于第一层关系，也就是在充当酒店服务人员这一特定的社会角色时，由社会对该角色的规范、要求而决定的，一旦角色变化了，这种关系也就不存在了，所以绝对不是从事服务业的人在地位、人格方面低人一等。让学生认清这一点，就能使他们在以后的工作中以一种平和的心态去接待每一位顾客。

2. 通过教学，强化学生的职业心理

对酒店管理专业教师来说，专业课程的教学应阐明与未来职业的关系和作用，除对学生进行专业知识技能的培养外，还要与之多沟通，帮助学生分析自身的优缺点，并结合专业特点，有针对性地进行自我协调、找准位置。教师还可以结合身边的正反典型事例，加以分析，引导学生树立正确的荣辱观，不断强化职业心理，培养学生的职业道德、敬业精神。

在校内实训课教学中，要培养学生从基层做起的心态，从卫生的清扫、物品的摆放、小组的划分、团队沟通与协作方面，全方位地向学生渗透酒店职业工作的特点和要求，让学生自动、自发地养成良好的职业习惯，为以后适应岗位需要打好基础。

采用课堂教学与课外教学相结合的模式，如项目教学模式、角色扮演模式、工学结合模式以及校企结合模式等，让酒店管理专业的大学生尽早地接触酒店，了解酒店，以缩短毕业后走上工作岗位的适应期。

3. 加强职业认知教育，培养学生的职业情感

（1）酒店从业者参与专业指导。在对新生进行专业指导时，可邀请酒店的优秀从业人员来做介绍，使学生正确认识酒店服务这一职业，消除对该职业的偏见，激发学生学习的主动性、积极性。同时，在学习的初期，就对酒店的服务信条以及规范服务、微笑服务、细微服务、个性服务、承诺服务、快速服务、特色服务和温馨服务等留下深刻印象。

（2）参观酒店。可利用专业课的实训环节，组织学生前往知名酒店参观学

习,形成对酒店的整体性认识。一方面,邀请酒店的相关负责人对酒店的经营理念、管理模式、员工培养培训做简单介绍;另一方面,学生通过实地考察,如参观前厅部、客房部、餐饮部,对这些部门的功能、服务方式、工作内容拥有全面而又直观的认识,增强职业认同感,提高职业技能。

(3) 优秀毕业生与在校学生互动。定期邀请在酒店工作表现突出、综合素质较强的优秀毕业生回校与在校学生交流。学长以过来人的身份与在校生交流心得体会,同时也将在酒店学到的技能传授给在校学生,提高其职业技能。优秀毕业生的奋斗历程和成功经验,尤其是他们进入酒店后重新看待学生生活的感悟,会十分具有说服力,可以帮助在校学生加深对酒店职业的理解,激发在校生对掌握职业能力的渴望。

(4) 在校组织多种专业社团和主题活动。酒店管理专业学生可在专业老师的指导下,成立酒店协会、礼仪队、茶艺社、调酒协会等社团,举行缤纷多彩的趣味社团活动。举办折花比赛、托盘马拉松、酒店之星等活动,丰富学生的课余生活,增强学生对专业的兴趣。

4. 进行职业指导,树立正确的职业理想

职业指导既要注重技巧指导,更要强化心理指导。当前,就业求职竞争性很强,大学生如果有一些就业的技术和技巧,在同等劳动力竞争中就会占有更多的优势。然而,就业技巧只有在良好的心态下才能发挥作用,心理因素重于技巧,这是不争的事实,因此必须加强心理指导。

职业心理指导的内容多以学生了解自我、了解职业、了解社会、准备职业、规划自我职业生涯、选择职业、自主创业为主,通过就业政策、就业理念教育改变不良的就业观念,培养正确的职业观、择业观。职业心理辅导过程中,要注意加强学生的世界观、人生观和价值观的正确引导,树立正确的职业理想。正确的职业理想,必须建立在符合社会发展需要、符合个人发展、符合酒店用人需求的基础上,不能把个人的利益放在首位,要充分考虑到职业的社会价值及其对社会的贡献。只有树立正确的职业理想,才能始终保持积极向上的精神状态和健康的心理。

5. 结合酒店专业特点,进行职业生涯教育

面对酒店管理专业特殊性和供需错位的现实,对学生必须开展职业生涯教育活动。首先,职业生涯教育须贯穿于酒店管理教学工作的始终,并渗透到各学科教学工作中。其次,可在低年级开设“大学生职业生涯教育与能力培养”的选修课程,并开展“大学生职业生涯设计竞赛”等活动。再次,开展职业生涯教育心理咨询,随时帮助学生解决职业生涯发展中的困惑。定时聘请行业专家、职业生涯规划专家与学生交流,指导学生正确看待现在的学习、未来的学习与个人职业发展的关系,奠定学生从基层做起的专业理念和心态,为未来个人在酒店行业

的发展做好准备。

四、酒店管理专业学生从业心理

酒店行业有着区别于其他行业的特殊性，如果没有好的心态来面对酒店服务这一行业，那么就无法做好酒店服务工作。

（一）酒店行业的特点

1. 酒店是无选择地必须热情地为他人提供服务的行业

酒店服务是来者不拒，一视同仁，没有也不能有选择性，还要满腔热忱地为客人提供周到的服务，不能使客人产生丝毫的不满。

2. 酒店是提供全方位服务的行业

酒店所提供的服务相当齐全，饮食、住宿、购物、娱乐等服务一应俱全，简直就是一个小社会，客人足不出户，便可以在衣食住行等方面得到满足。在酒店提供的服务项目中，又以“住”最为重要，这也是酒店与其他服务行业的显著区别。

3. 酒店是没有任何权力的服务行业

酒店作为有组织的服务提供方来说，虽然相对于单个的客人来说，也是处于强势地位的，但酒店与行政机关的那种服务是完全不一样的。

4. 酒店是与人近距离打交道的行业

（1）酒店是与人进行接触的行业，而与人接触就决定了酒店服务的复杂性。它与其他同样与人接触的工作是不一样的，在酒店的服务与被服务方中，以被服务方即客人为尊，客人就是上帝。

（2）酒店员工与人接触的方式与其他行业是不一样的。酒店员工与人接触的方式主要是自己所提供的服务，包括亲切的语言、和蔼可亲的神态和快捷的服务等。

（二）酒店管理专业学生应当具备的从业心理

1. 态度

态度是酒店员工从业心理中一个重要的组成部分，是否能树立正确的从业态度，决定着酒店员工从业中的努力程度、待人接物的情绪等，这要从以下两方面进行阐述：

（1）有的员工认为酒店是专门给人赔笑脸的行业，地位低下，工作起来没干劲，这是一种非常消极的从业态度。酒店员工确实应当对客人笑脸相迎，这是酒店的服务业性质所决定的，也是人与人之间起码的表达尊重的方式。但对客人笑脸相迎并不意味着酒店员工就低人一等，而是让客人在酒店有一种宾至如归的感觉,让客人感觉到酒店对他的欢迎,态度友好与热忱。

(2) 有些酒店员工对客人不是采取一视同仁的态度,而是因人而异,对贵客热情备至,对一般客人则冷脸相迎。客人之间彼此不论背景、地位、经济状况、国籍、外观衣着,在人格上都是平等的,如果酒店员工在服务中厚此薄彼,那么受到轻慢的客人必然会对酒店留下不好的印象,使酒店的发展受到损失。

2. 意志

意志是一个人在面对事物时所表现出来的克服困难、达成目标的决心,这是一种非常成熟的从业心理状态,酒店员工意志的培养主要表现在以下几个方面:

(1) 恒心。酒店员工虽然每天所面对的客人不一样,但所从事的工作具有相当的重复性。如果没有足够的恒心作支持,就容易畏难而退,对客人的服务工作就无法很好地开展。

(2) 耐心。当客人产生误会时,要耐心地向客人解释,直到客人理解为止。当客人所询问的事情没有听明白时,酒店员工要耐心地将事情说清楚,直到客人得到满意的答复为止。

(3) 自律。自律就是将工作要求内化为自己的言行举止。所谓内化,强调的是在无须外来监督管理的前提下,充分地发挥自己的主观能动性,自觉、自主地将工作做得井井有条。

(4) 自控。每个酒店员工都有自己的情感、尊严和正当权利,在酒店服务工作中,经常会碰到客人与员工之间发生的误会,有时候原因可能出现在客人身上。这时酒店员工产生的情绪,采取一定的行为,纯粹地来看可能是合理的。但这一关系所涉及的双方已不是纯粹的人与人的关系,而是员工与客人、服务与被服务、拥有权利者和承担义务者的关系,因此这类矛盾的处理方式、处理主导思想就要强调酒店员工的自控意识。

3. 情感

情感是一个人对所从事的工作以及与工作相关人、事的喜欢、爱好、厌恶等积极或消极的情绪。情感是坚定意志的基础,是紧紧联系员工与酒店的纽带,是促使员工忘我地投入工作的催化剂,这主要表现在以下两方面:

(1) 作为一名酒店员工,首先应当充分地认识到酒店服务业的光荣、高尚。

(2) 酒店员工应当热爱自己的同事,处理好与上、下级的关系。拥有良好的与同事和上、下级的关系,有助于自己在工作中时时保持愉快、健康的心态,如果员工之间关系不和谐,则会影响对客人的整体服务,给客人留下不好的印象。

五、酒店管理专业教学过程的价值观

酒店行业给每一位从业人员都规定了详细的工作职责，把整体目标分解到每一名从业人员的身上，这容易使员工自身的微观工作目标与酒店的宏观战略相脱离，对酒店的管理产生不良的影响。在教学过程中应不时向学生灌输一些必要的价值观，从而培养学生良好的职业素养。

（一）主人翁精神

以认真负责的主人翁精神来指导自己的行为和决策，把服务当成事业来做，要想酒店之所想，把酒店的整体目标当作自己的目标，努力在岗位上履行自己的职责，不仅使酒店整个服务链不在自己的岗位上受到损失，并要使自己的这一环为酒店的整体形象做出突出的贡献。

要想客人之所想，把客人所需要的服务及时、完善、高效地提供到位，使客人在酒店受到热情的礼遇和圆满的接待，使客人慕名而来，尽兴而去。

要想酒店、客人之未想，把酒店所可能获得的和可能受到的损失都与自己的利益得失联系起来，在充分履行岗位职责的基础上，把那些酒店所没有想到的，规定所没有涉及的，别人所没有想到的或考虑不周的，客人所没有想到的等，都纳入自己的考虑当中。

（二）正直诚信

让学生的行为自始至终符合道德规范。服务行业本身需要的是诚信待客。只要是自己许诺过的，就一定得保证向客人兑现。正直就是要不畏强势，维护正义，要敢说敢为，要能够坚持做正确的事情，亦要勇于承认错误。正直意味着有勇气坚持自己的信念。正直的人内心充满快乐。正直的人有道德的影响力，从总经理到经理层，都是正直的人，就可以影响员工正直，就可以带动更多正直的人一起创造伟业，并且追随你、维护你。要做到正直需要有完善的制度、精准的工作流程做坚强后盾。要想管人，先管自己，自己首先要做到正直。

（三）感恩奉献

酒店是学生毕业后工作、学习、生活的平台，应引导学生把自己的切身利益与企业发展紧密联系在一起，把企业当作自己的家，把工作当作人生的理想和追求，将感恩之情化作强烈的社会责任，落实在具体行动上，带着一颗“感恩的心”，脚踏实地地做好本职工作，用汗水和智慧、劳动成果和工作业绩实现自己的理想和人生价值。

酒店的产品是“满意”，酒店经营的是“高兴”，让客人满意和高兴最大化是我们的追求，我们的幸福可以通过为别人创造幸福得以实现。

从古到今的成功人士,他们总结出人生的最大意义和价值就是奉献。我们奉献爱心,奉献思想,奉献经验,一个人或企业发展的过程就是不断奉献的过程。母爱无私奉献不图回报。古人奉献古老的文化供我们学习,让世人知道中国,知道中国的文化。成功人士奉献他们的经验,让后来的人少走一些弯路。人这一生最高的境界就是奉献。

(四)用心服务、精益求精

引导学生用心做好自己的学习和工作,不断追求更高品质。

(五)团队合作

酒店服务业是一条完整的服务链,包含多个环节、多个方面的服务。因此每一个环节都要协作配合,发挥团队合作精神,为同一个目标而努力。

(六)信任尊重

顾客和服务人员的互相信任、酒店服务人员彼此的互相信任,是开展酒店服务业工作的出发点。对酒店服务人员来说,来者都是客。无论他们是谁,尊重每一个人。

(七)即时行动

让学生在学习中始终意识到紧迫感和纪律性。

(八)大局为重

树立牢固的大局观念,时时想着酒店的整体利益,考虑酒店的整体形象,不为图个人一时之快,使酒店受到不应有的损失。应当认识到自己言行对整个酒店的意义,做好了获益就大,做差了酒店就受损,每个工作人员都是酒店这座大厦的支柱,只有每一个人都充分发挥自己的才干,酒店的经营基础才会异常牢固,酒店的经营才会蒸蒸日上。

拓展案例

“七颗心”运用于酒店内部管理

第一颗心:酒店管理“责任心”

酒店管理即是各部门按照总经理的要求,去执行、落实酒店的各项具体管理工作。管理不但依靠人力,而且和硬件设施配套使用,管理者要投入精力,培训和教育、检查员工在日常工作中应具备的工作流程、服务标准、管理制度和细节上的具体事项。

责任心决定未来，如果一个管理者有责任心的话，分管的日常工作肯定会干得非常优秀，执行得非常顺利，没有任何误差，工作计划也一定具有前瞻性，工作成绩也一定会被认可。

现代企业需要有责任心和敢于承担责任的人，更需要有责任心的管理团队和员工。

第二颗心：细节管理要“上心”

酒店的细节管理贯穿于日常的决策、指挥、组织、管理、落实之中，随时随地都要自主体现，而不是在不断的被动催促下完成。

所谓“上心”，即细节管理不由自主地深入每一个人的心中，是一种自觉良好的习惯，不是为了形式化的“假上心”。

第三颗心：执行管理要“细心”

管理不要局限和拘泥于形式，但要遵守企业的规定，特别对于服务管理工作更应做到实处，讲究实际。执行是一个过程，落实是执行的保障。

总经理一直在会议上贯彻提升服务，要多问自己做到了吗？做了多少？能不能再提高？能不能再深入挖潜？以提升品牌价值和服务价值。

“细心”即为了在日常工作中高效执行和保障效果，处处以酒店的要求和标准，提前做好、做到位、做到精确化，站在酒店的全局和高度上思考。

第四颗心：持之以久要“恒心”

希望更好地完成工作不但需要我们花费时间和精力，更需要我们拥有一颗恒心，所谓：贵在坚持，持之以恒，久即是耐力。

如果连最基本的恒心都没有，那么你的发展步伐和酒店根本没有办法保持一致，而且你的工作也不会做得细致、精确和到位。

第五颗心：销售服务源“内心”

只有发自内心的微笑才具有感染力和感召力，不论对方职务高低、形象如何，我们都要用标准的礼节礼貌，源自内心的服务和微笑真诚地接待每位客人。

酒店是以服务去获得客人的认可，同事的尊重也是相互的，这样才能博得对方的尊重。

对客服务时，要注意服务的语言、语气、语速、沟通和接待技巧常识，站在酒店和客人的角度上去做事。

哪怕面对客人无理的要求和投诉，要保持一颗正常心态接受，为客人及时解决问题，再心平气和地解释和冷静处理。

我们就是一个大家庭，酒店所有员工都要互相尊重。

酒店的效益上去了，员工的福利相对就会提高。但是更需要我们每个人积极参与酒店的全员销售，做好各项工作，为客人提供满意加惊喜的服务，创造更辉煌的业绩。

第六颗心：思想交流用“诚心”

及时的沟通交流能避免工作中少走弯路，少出问题，思想一致，执行率快，同时也讲究交流的方式。

直接的批评易产生冲突和矛盾，导致员工心理的反差，只为了执行而不去思考就下决定是不负责任的表现。

批评的目的本身就是改变失误和降低出错，举一反三，不让其他人员犯同样的错误，并不是不问青红皂白就处罚，这样一来，员工的心理反差就大，得不偿失。但是，也可通过这些矛盾看问题，看一个人的工作、沟通、协调能力是不是能面面到位。

对于不同性格的员工，要分不同的场合进行批评、表扬、教育、督导。因为有两个人的地方就会存在矛盾，但这些问题都能够通过良好的沟通去解决，沟通也是需要不断磨合的。

第七颗心：学习提高“求知心”

所谓“满招损，谦受益”，我们应该不断学习酒店产品知识，不断提高专业技能。没有进步便是退步，我们不应满足目前的现状而停滞不前，应该向更高的标准严格要求自己上进。

我们不要只把自己定位为一个经理，“经理人”这三个字需要我们深思。

我们要紧跟酒店业的发展，要适应大环境，从大处着眼，从细微之处入手，向更优秀的同行和专业人士学习，帮员工树立职业规划，开展岗位练兵活动，凝聚员工的归属感和树立服务价值观，树立岗位“标兵”“标杆”，储备更优秀的人才，否则将面临淘汰。

第三节 酒店管理专业教学过程的能力培养

酒店管理专业能力是指学生将所学的知识、技能、方法和态度在酒店职业活动或情境中进行类化迁移与整合所形成的能完成一定职业任务的能力。能力发展的前提在于知识的掌握，而掌握知识只是具备了一些潜能，知识掌握的多少，并不能完全地反映学生能力的高低，更重要的是在实践过程中将学到的酒店专业知识与酒店实际有机地结合起来，进而发展学生的职业能力。

在酒店管理专业的教学过程中，应有意识地培养学生的专业能力、方法能力和社会能力，以使学生与其职业发展顺利接轨。

一、学生自学能力的培养

所谓自学能力，就是指独立获取知识的能力。学生自学能力的提高对其学习效果的提升具有显著作用。首先，要使学生认识到提高学习的重要性。老师课堂教授的时间和内容都是有限的，需要学生自己大量的阅读，达到增长知识、掌握技能、提升素质的目的。其次，帮助学生树立自学意识，养成良好的学习习惯，树立终身学习的观念。最后，在课堂教学过程中，向学生传授相应的自学方法和技巧，树立自学的榜样，老师与学生分享学习经验，鼓励学生相互交流学习经验和心得，取长补短，培养学生独立思考的能力。

二、理论教学与实践教学有机结合

在理论课的教学过程中，根据课程特点合理设计实践内容，如在旅游市场营销课程教学中，组织开展市场调查活动。在实践教学过程中，注意将实际问题的规律进行总结，升华为理论。

三、完善以职业能力为导向的实训体系

实训教学是一种有效的教学形式，是培养应用型学生实践技能的基本环节，对学生有着极为深刻的影响。

因此，根据酒店管理专业的培养目标、教学特点，可将实训教学分为三个模块，即酒店认知实习、酒店操作实习和酒店管理实习（如图 6-1 所示）。

（一）酒店认知实习

1. 酒店认知实习的含义

酒店认知实习是指通过参观、观摩和考察企业，对酒店企业进行初步的认识和了解，获得酒店管理与实践的较为全面的感性知识的教学活动。

酒店认知实习是酒店实习的第一个环节，是学生接触和了解酒店实际的见习阶段。

2. 酒店认知实习的目的

认知实习，增强对酒店的感性认识，初步了解社会，熟悉酒店，确立服务意

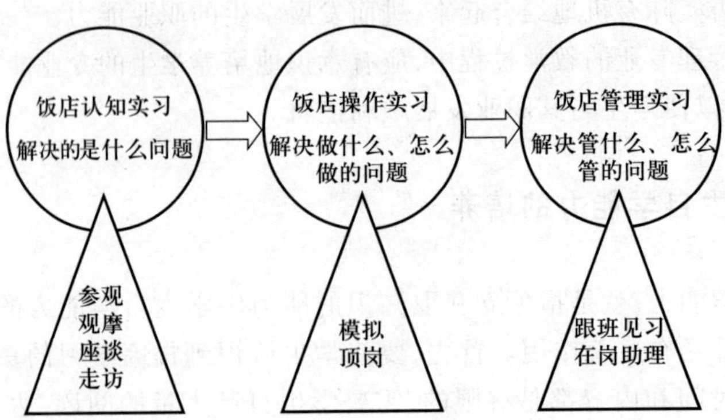

图 6-1　酒店实习培养能力流程

识,树立爱专业、学专业、刻苦钻研专业的良好学习风气,为以后的理论学习和专业实践能力训练奠定基础,在实习中培养敬业精神。

认知实习所要达到的目标如图 6-2 所示,由三方面基础目标支撑,三者既有各自的重点,又是一个相互交融的整体,共同构成对酒店整体性、概念性及规律性的认识(如图 6-2 所示)。

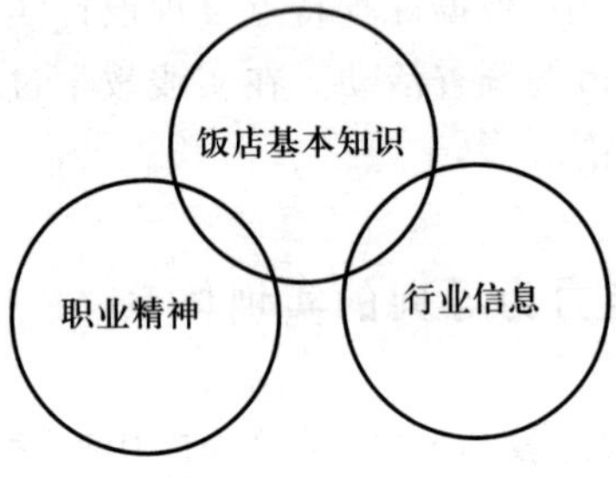

图 6-2　酒店认知实习目标示意图

3. 酒店认知实习的方式

(1) 参观酒店。组织学生集体参观星级酒店和非星级酒店,感受不同类型与档次的酒店的环境氛围,增加学生对酒店硬件及软件环境的了解。

(2) 观摩酒店岗位工作。学生分组到酒店实地观摩服务与管理岗位的实务,或与企业联系观摩其组织的技能大赛和各类员工业务培训活动。

(3) 召开座谈会。邀请业界人士以座谈会形式介绍酒店的管理理论和管理实践情况、酒店管理新的信息及热点问题,回答学生的疑问,与师生共同研讨。

(4) 走访业界人士。学生分组到旅游酒店管理部门及酒店集团企业和单个酒店企业走访管理者,了解各种类型的酒店经营管理实务。

（5）行业企业调查。以问卷或采访调查形式，进行各类专题调研，对酒店市场、酒店行业整体发展情况或某一方面的情况进行调查分析。

（二）酒店操作实习

1. 酒店操作实习的含义

酒店操作实习是指学生对所学酒店知识与服务业务进行实际演练，学会如何去做的技能教学过程。

酒店操作实习是酒店实习的第二个环节，使学生进入实际角色，是对酒店的初步认识进行深化的过程。这一过程会考验学生的综合素质，因为会经历许多事情，面临许多考验，如顶岗工作中的压力、自己的努力得不到别人认可时的困惑、人际关系的复杂、对未来择业的茫然等。因此，顶岗实习不仅能学习酒店专业知识和技能，还能学习到社会知识，是对学校素质教育和共性教育的极好补充，可以有针对性地解决学生成长中的个性问题，对学生社会实践能力的提高起到极大的促进作用。

2. 酒店操作实习的目的

通过实习，学会酒店服务的基本技能，明确酒店服务岗位做什么、怎么做、为什么做。这一目标的实现有三大支柱，如图 6-3 所示。

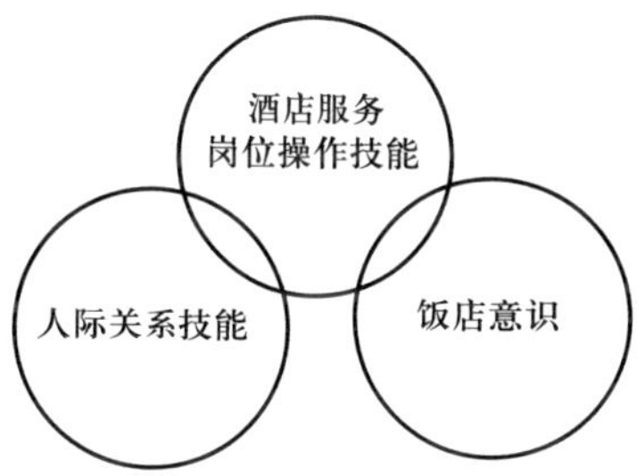

图 6-3　酒店操作实习目标

第一支柱是酒店服务岗位操作技能，是操作实习的基础部分，学会酒店操作，才能真正进入酒店角色。第二支柱是人际关系技能，是酒店业中极为重要的能力，酒店是与人打交道的企业，有着各种各样、错综复杂的人际关系，处理这些关系，是酒店工作的重要内容，尤其是对客人关系，它已构成酒店产品的要素，必须处理好。第三支柱是酒店意识，是从事酒店业务工作的基础理念，酒店员工的行动指南。缺乏理念，或理念不正确，都无法完成酒店工作任务或达到实习目的。

3. 酒店操作实习的方式

（1）模拟实习。模拟实习是在课程教学进程中结合教学内容安排的在非实际场所进行实际操作的训练方式，是在理论教学的基础上，将相关的知识要点转化为能让学生熟练掌握的实际操作程序和技能，以便于教学的方法。

这种实习方式是与课堂教学配套进行的演练，是使专业理论知识和专业技能相结合的不可缺少的教学途径之一。因为在课程教学过程中，是学生集中学习掌握基本理论知识和服务技能的时期，如果这一时期学习的知识、技能掌握得不牢固，后面的实习将无法进行。模拟实习可使学生尽早接触“酒店人”角色，树立酒店职业意识，为学生下一步的顶岗实习做好心理准备并奠定操作基础。

模拟教学中要求学生对操作程序、各个步骤的要点以及理由进行说明，是为了增强其记忆和加深掌握的程度，使其明白做什么、怎样做、为什么做。实训教师根据学生的说明进行操作，可使学生从教师的模拟操作中检查自己对全部程序和各个步骤理解与掌握的正确与否，发现问题及时纠正。师生换位，如此反复训练，会给学生留下深刻印象，提高实训效率。

（2）岗位实习。岗位实习是在顶岗作业过程中进行操作技能的训练，以非职业身份在实际工作岗位中进入角色，独立完成所在服务岗位的日常工作，从而熟练掌握业务技术的一种培训方式。

岗位实习较之模拟实习深入了一步，它提供了实际环境和场景，实习过程就是学生在酒店工作的过程，是一种实战训练。虽然在此阶段学生还未成为酒店的正式职工，但所承担的工作任务、经历的事件、遇到的问题与酒店员工完全相同，可使学生真正体验到酒店工作的环境和性质，为毕业就业打好思想与技能基础，为从事酒店管理准备基本条件。

（三）酒店管理实习

1. 酒店管理实习的含义

酒店管理实习是指学生到酒店跟班见习或上岗参与酒店管理工作，接触酒店管理的业务实际，培养和锻炼管理能力的教学过程。

酒店管理实习是酒店实践教学的最后一个阶段，通过安排学生深入星级酒店的管理岗位，进行较为全面的锻炼，使学生初步具备酒店基层管理能力，为其职业发展奠定良好基础。

2. 管理实习目的

酒店管理实习的目的是培养酒店管理者应具备的基本素质和管理能力，在实际岗位上得到训练，夯实酒店专业基础知识，掌握基本的行政技能，为将来走向酒店管理工作岗位打好基础。其主要由三方面目标支撑，如图 6-4 所示。

酒店专业技能是酒店管理人员第一个方面的必备能力，是履行酒店管理职责不可缺少的知识和技能，即酒店操作技能和酒店管理的基本知识。作为酒店

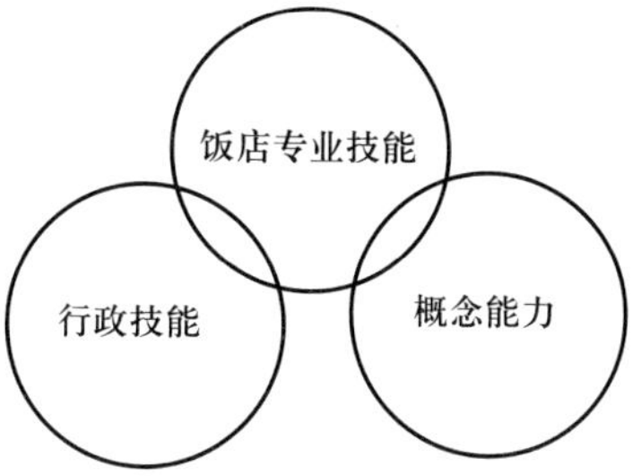

图 6-4 酒店管理实习目标

管理者，虽然没有必要也不可能做到样样精通、各个岗位都能熟练操作，但与经营管理酒店相关的专业知识却是应该具备的，不了解被管理的工作性质和业务流程就无法实施管理。不懂得自己的员工如何工作，就难以树立领导威信，也就无法安排工作和计划，更适应不了紧急情况下的应对指挥。因此，酒店管理者有必要精通一门专业技能，以触类旁通。

行政技能是酒店管理者第二个方面的必备能力，即通晓酒店管理的常规工作，熟悉酒店各类报表、计划、工作报告的写作规范及方法，具备领导指挥能力。行政能力在酒店管理实习阶段虽不可能完全得到提升，但应学习并掌握处理酒店日常管理工作的基本行政技能。

概念能力是酒店管理者第三个方面也是最高层次的必备能力，是扩展知识的能力、学习能力和创新能力的总和。酒店管理者知识应当广博，视野应当开阔，思维应当敏锐，因此，在酒店管理实习中应着意培养和锻炼理论与实践相结合的能力，即善于从工作实践中总结经验，善于吸收借鉴别人的经验，在理论上提升从而指导实践的能力。

3. 酒店管理实习的方式

（1）管理岗位跟班见习。这种方法指不实际参与酒店管理，只是跟随管理岗位见习，以看、听为主，辅助做一些方案资料的分析处理工作，以便了解管理者的工作性质和内容，学习其管理方法。

（2）管理助理顶岗实习。在酒店管理岗位上岗，进行参与管理的实习，如担任部门经理助理或实习主管，协助部门经理处理管理业务，或实际管理作业班组。酒店赋予其岗位职权，给学生较大的压力，培养锻炼其吃苦耐劳精神、高度的责任感和管理能力。这种实习对学生的锻炼是全面的，将使其终身受益。

酒店内部管理人员培养与晋升也可采用这种方法，在助理岗位或管理实习岗位试用合格了，再放到主要管理岗位独挡一面地工作。这种管理实习岗位的设立对酒店人才培养有很大帮助，同时也可降低酒店用人成本，不失为一种双赢的好方法。

四、健全以职业能力为目标的考评要素

在教学过程中学生能力的测定,通常有如下几种方法:

(1) 观察法。即通过外部了解学生的行为。它一般是通过对学生课堂教学学习反映和在实验、实习等实践性教学中操作、动手的反应敏捷程度,了解学生知识、技能和能力的发展情况。

(2) 调查法。即通过座谈以及书面等形式,对预先确定的一些专题,让学生口头座谈或书面填写,从而了解情况。

(3) 作业法。即通过学生所完成的各种形式的作业来进行测定的方法。

对于考评中发现的各类不足,应针对性地对学生进行改进、培养,以平衡学生理论知识和职业能力的发展。

本章小结

本章主要介绍教学过程中的教学体系建设、方法和创新,同时对酒店管理专业教学中的情感价值观、学生职业心态培养等内容进行了阐述,并强调教学过程中要强化学生能力培养。

思考与练习

1. 如何培养酒店管理专业学生的职业心态?
2. 酒店认知实习的方式有哪些?
3. 教学过程中学生能力测定的方法有哪些?

第七章 酒店管理专业课堂教学情境创设

本章导入

某学校的《前厅服务与管理》课堂上，准备上课的学生们陆续不舍地收起手机或从昏睡中醒来。任课老师在学生坐定后开始授课："好了，同学们，我们开始上课了。请大家把课本翻开到第×页，我们今天要讲的内容是……"话音未落，只见下面玩手机的学生继续拿起了手机，睡意蒙胧的学生继续趴倒在桌子上……

学习重点

1. 专业课堂教学方法应用
2. 专业课堂教学氛围的营造技巧
3. 专业课堂教学提问症结及其解决之道

第一节 酒店管理专业课堂教学引入

一、课堂教学引入的作用

课堂教学引入,是教师在一个新的教学内容或教学活动开始时,运用一定的方式恰如其分地引导学生注意力,关心上课主题内容,从而引导学生进入学习状态的行为方式。课堂教学引入是课堂教学的主要环节之一,教学引入的成与败直接影响着整堂课的效果。苏霍姆林斯基说:"如果老师不想办法使学生产生情绪高昂的智力振奋的内心状态,就急于传授知识,那么这种知识只能使人产生冷漠的态度,而给不动感情的脑力劳动带来疲劳。"可见,好的导入对一堂课起着多么重要的作用。

(一) 安定学习情绪

课堂导入常常是课前骚乱与课堂肃静的分界线。学生从课间休息时的游戏打闹到上课铃响后安静下来,需要有个过渡转换阶段,这就需要发挥课堂导入的作用。机敏的教师善于运用导入语,以自身的风度、清晰的声音、新奇的内容、精彩的语言三言两语控制全场,抓住学生心理,让学生思维尽快回归到课堂脑力思考的起跑线上,从而发挥开场白威慑全局的特有魅力。

(二) 形成学习期待

巧妙地导入新课,可以起到先声夺人、先声服人的效果,紧紧地吸引住学生的注意力,使学生一上课就把兴奋点转移到课堂上来,维系在教学的内容上。有效的课堂导入,能激发学生兴趣,引起注意,形成学习期待。在导入活动中,通过对学生反应的强化,使学生产生进一步参与教学活动的需要。

(三) 承接课堂知识

有效的课堂导入不仅能激发学生兴趣,还能为学习新的知识作鼓励、引导和铺垫,巩固旧知识,引出新知识,让学生能进一步理解知识的联系性和连贯性。教师可以依据温故知新的教学原则由已知向未知引渡,架设攀登新知识高峰的梯子,激发学生对新知识的探究欲望。

(四) 开启学习状态

好的课程教学导入能引起学生的认知冲突,激发学生的学习兴趣,引出紧紧抓住学生心弦的教学情景。教师通过设置问题情景和制造学习气氛,激发学习动机,让学生在教师创设的教学情境中产生兴趣,或处于新旧知识的冲突之中,产生探奇觅胜的求知欲,很自然地进入最佳学习状态。

（五）沟通师生情感

良好的导课是沟通师生情感的关键。一上课教师登台亮相后,教师的一个眼神、一个动作、一抹笑容、一句话语,如果一下子博得学生好感,那便取得了通往学生心灵的通行证,为教学之间的信息交流、情绪反馈打开了通路,铺平了道路,使教师的讲课建筑在学生对你的期待、信赖、尊重、理解的基础上。朴实亲切的导语会在师生之间搭起一座友谊的桥梁,师生的情感会在此过程中潜移默化地得到交流和升华。好的教师总是善于运用独特的开场白来活跃气氛以达到师生心理相容的目的。

（六）明确教学目的

目的性是人类实践活动的根本特性之一,教学有无明确的目的和学生是否明确目的是衡量教学成功与否的重要标准。有经验的教师总是在导课过程中让学生预先明确学习目的。当学生的积极性调动起来,思维处于活跃状态时,教师就要适时地讲明学习的目的和意义,从而激发学习动机,使学生保持旺盛长久的注意力,并自觉地控制和调节自己的学习活动。

二、课堂教学引入的原则

实践证明,积极的思维活动是课堂教学成功的关键,而富有启发性的导入语可以激发学生的思维兴趣,所以教师上课伊始就应当注意通过有效的导入来激发学生的思维,以引起学生对新知识新内容的热烈探求。用简洁的语言或辅之动作拉开一堂课的序幕,随之进入课堂教学主体的阶段。

（一）追求目的性和针对性

目的性就是说导课应有助于学生初步明确要学习的内容是什么？为什么学？怎样学？针对性是要针对教学内容,使设计的导语与教学内容构成有机的内在联系,不可游离于教学内容之外。还要针对学生的年龄特点、心理状况、知识基础、能力水平、兴趣差异等实际情况设计导语。

（二）重视关联性和递进性

运用导课的各种方法时,要注意各学科教材本身的系统性。要以旧知识为前提,以旧拓新,温故知新,使导语的内容与新课的重点紧密结合,揭示出新旧知识的内在联系,把旧知识通过新授加以扩展和深化。

（三）体现直观性和启发性

导课要尽量以生动、具体的事例为基础,引入新知识。同时要讲究启发性,要让学生从浅显简明的事例中发现问题,进而从问题着手,引起学生认知冲突,激发其积极思维和产生寻求解决问题的强烈愿望。

(四) 富有趣味性和艺术性

新课的导入不仅要新颖独特,引人入胜,使其以新鲜活泼的面貌出现在学生面前,令学生耳目一新,而且要风趣。通过充满情趣的导课,调剂课堂教学的气氛和节奏,最大限度地引起学生的兴趣,激发学生学习的积极性。

(五) 具有简洁性和灵活性

导语要短小精练、简洁,尽可能在最短的时间内完成导入,最大限度地提高课堂教学效率。在导入方式上,要根据教学实际,既要灵活多样,又要讲究综合。不能老用一种模式,谨防学生发生兴趣抑制。

三、课堂教学引入的方法

(一) 问题讨论式

问题讨论式的引入方法是指教师通过提出一些与新课内容有关的、学生业已了解的有趣的问题,或是上一节课的旧知识问题,让学生讨论回答,由此激发起学生学习兴趣和想要了解该问题的好奇心,进而导入新课。在运用这种方法时,教师可以适当创设“问题情景”,提出疑问以引起学生的注意。下面介绍的是通过提出学生业已了解的比较感兴趣的问题入手来导入新课知识的案例。

教学拓展案例

《餐饮服务与管理》课程第三章第一节　西餐简介

教学内容:1. 欧美主要国家的菜式及其特点
　　　　　2. 西餐厅的特点及餐桌礼仪

计划学时:2 学时

知识目标:1. 了解西菜主要流派的菜式和烹饪特点
　　　　　2. 了解咖啡厅与高级西餐厅的区别

能力目标:1. 掌握西餐正餐的进餐礼仪
　　　　　2. 在西餐服务时能够关注餐桌礼节

情感目标:1. 认识到西餐礼仪的重要性
　　　　　2. 学以致用,能判断餐刀语言

教学重点：正确认识西餐，掌握不同西菜的特点，并熟知其名菜代表

教学难点：鉴别各类西菜流派，正确掌握西餐的餐桌礼节

教学方法：问题讨论法、归纳法、比较法、谈话法

教学资源：多媒体课件

导入环节：

导入方案一：

老师：大家吃过西餐吗？（学生一听到吃的都会抬起头）

学生：当然吃过了。（学生略带得意的回答）

老师：在哪吃过？都吃了些什么？

学生的各种回答：牛排店、意面店、比萨店、咖啡厅、自助餐厅、酒店，等等。（学生接着会讨论自己吃西餐的经历，教师可以让学生讨论一会，但要适当地控制并归纳）

教师归纳（课件播放各类西餐厅的图片）然后继续引导式提问：刚刚在这些地方吃的都是西餐吗？如果都是西餐，为什么吃的东西都不一样呢？请大家一起讨论下，看看谁会知道答案。（再给一点时间让大家争论下，提高学生的学习兴趣）

学生：是不是西餐也有很多种类，就像中餐有很多菜系一样，西餐也有很多种菜系呢？

老师：非常好，看来大家都在开动脑筋想办法了解西餐，那么真正的西餐到底是什么样子的呢，今天我们就一起走进西餐的世界。

导入方案二：

老师：大家吃过西餐吗？（学生一听到吃的都会抬起头）

学生：当然吃过了。（学生略带得意的回答）

老师：那好，那大家能不能一起说说，想到西餐你会想到什么？

学生的各种声音：烛光晚餐、牛排、意大利面、沙拉、红酒、刀叉、浪漫、环境优美、自助等（留 2 分钟让学生自由讨论对西餐的印象，适时播放跟西餐相关的环境、菜品、餐具、酒杯等图片）

老师：非常好，从刚刚大家的讨论中可以看到大家对西餐的了解还是很多的，也可看出西餐跟中餐的区别还是很大的。（回顾复习中餐的相关知识）

老师：前面的课程我们已经学过中餐的相关知识，那大家能不能一起找找中餐和西餐比较明显的差别。

学生的各种声音：环境不一样、吃的不一样、喝的不一样、餐具不一样……

老师:非常好,大家都已经注意到了有这么多的不一样,那我们今天就一起来看看真正的西餐到底是什么样的,让我们一起走进西餐的世界。

除了上面范例的问题讨论导入方式,问题讨论式还经常用于新旧知识的衔接导入,它主要根据知识之间的逻辑联系,找准新旧知识的连接点,以旧引新或温故知新,如提问复习导入或课堂练习导入等。运用此法要注意三点:

1. 找准新旧知识的连接点

连接点的确定是建立在对教材的认真分析和对学生深入了解的基础上。

2. 搭桥铺路、巧设契机

复习、练习、提问等都只是手段,一方面要通过有针对性的复习为学习新知识做好铺垫,另一方面要通过各种巧妙的方式设置难点和疑问,使学生思维暂时出现困惑或受到阻碍,从而激发学生思维的积极性,造成传授新知的契机。不过值得一提的是,在问题的设置时还要考虑中职学生的个性特点,他们课后学习的积极性不是很好,因此教师上一次课的课堂上就应该要突出重点并布置好复习知识点,这样在下次课的课前复习提问环节中才会激发学生的学习积极性,避免学生回答不了问题,造成冷场,以致打击学生的学习积极性。

3. 因课施教,方式多样。

酒店管理的课程一般多采用提问来复习回顾上节课知识点,在提问过程中可以通过小组比赛的方式,看看谁回答得又快又准,相应地给予口头表扬或是课堂表现分加分奖励,这样更能激发学生参与回答的积极性,也能进一步带动接下来的课堂氛围,形成良好的学习气氛。

(二)案例解析式

案例解析式的引入方法是指教师通过引入跟课堂教学内容有关的酒店工作案例或情境,让学生把学习活动回归到对生活世界的认识和探索中,从而激发学生的态度体验,积极主动地获取知识,促进学生的认知发展。这种方法在酒店管理专业课程的教学中应用非常普遍,也非常适用于课堂教学导入。

教学拓展案例

《前厅服务与管理》课程单元二　客房预订服务之预订失约的处理

教学内容:1. 预订失约的处理

　　　　　2. 预订中常见的问题处理

计划学时:2 学时

知识目标：1. 了解预订失约行为产生的原因和类型
2. 掌握预订失约的处理方法

能力目标：1. 学会正确处理预订失约事件以及其他预订常见的问题
2. 提高处理突发事件的能力，并注意语言措辞

情感目标：1. 认识到预定过程中的不可确定性，提升自己的应变能力
2. 树立良好的服务意识，学会换位思考

教学重点：学会处理预订失约行为和其他常见问题

教学难点：有效控制预订失约行为的发生，并正确处理失约行为

教学方法：讲授法、案例分析法、角色扮演法

教学资源：多媒体课件

导入环节：

之前的课程我们学习了预订的主要程序，也知道预订有很重要的意义。但是，在日常酒店工作中，我们还是难免会遇到一些预想不到的事情，比如：明明你已经做好预订了，可当你到酒店了却被告知没有房间，那应该怎么办呢？让我们一起来看看王先生碰到的烦心事。

案例：盛夏，正值旅游旺季，某饭店客房经常爆满。这时一位王先生打电话要求预定 4 间标准间，并将房间保留到 11 点。值班员小张查看了房态，正好有客人需要的房间，就接受了此预定。由于是旅游旺季，其间来了许多客人，但由于没有房间，小张都婉言拒绝了客人的要求。离与预定人王先生约好的时间还有几分钟，这时又来了一批客人要求住店。看到眼前着急的客人，小张看了看时间，想想也许王先生不会来了，于是就把那 4 间房租出去了。可就在这时，预订好房间的王先生带着朋友来到总台，要求入住。此时饭店已经客满。当小张把情况如实地告诉王先生后，王先生甚是恼怒，大声指责饭店不讲信誉，明明还没到预订时间却把客房给了别人，要求小张给予解决，否则要投诉。

问题讨论：1. 案例中反映了哪些问题？
2. 如何解决？如何避免这类事情的再次发生？（请学生讨论，并请学生发言，各抒己见）

教师归纳评析：刚刚有同学说了很多处理方法，有帮客人预订其他酒店的，有跟客人说道歉的，也有说让后来的客人把房间让出来的，这些想法都很好，不管大家提出的方法是否合理，但是大家毕竟都能说出自己的想法，都能开动脑筋。其实，从客人的观点来看，抵达饭店时就有准备好的客房，那就是预订的最大成果。这里指的不是一般的客房，而是最能满足客人在预订时提出的要求的客房。预订是一个销售过程，预订成功的标志之一是预订员已经被训练成为饭店的销售员，而不是接受订单的人。其实这个案例主要反映

两个问题：一，客房预订的重要性。（复习客房预订的目的）。二，酒店出现预订失约行为时，我们要怎样做才能把损失降到最低。这就是我们今天要学习的知识点，大家刚刚提的处理方案都很有见地，不过到底怎么处理才是最好的，请大家跟我一起在接下来的课程中找答案。案例解析法在酒店课程中的应用虽然很普遍，但是课堂导入在运用案例解析式方法时还要注意以下几点：

1. 精选案例

酒店服务管理的案例非常多，材料和渠道也很丰富，因此教师在案例选择上应有的放矢，做个有心人。一方面教师可以通过相关教材和案例集搜集案例并筛选，有意识地编制一些典型案例；另一方面教师也可以加强跟酒店行业的联系，深入企业搜集最真实的案例，这样学生听起来也比较接地气，也更能身临其境感受案例情景。

2. 案例的分类取舍

任课教师不可能把通过多种渠道收集到的与所讲课程内容有关的所有案例都纳入课堂讲授范围。因此，必须对已收集和编制的案例进行认真分析与比较。在分析与比较过程中应坚持的基本原则如下：一是优先选取最典型的案例。典型案例往往是多种知识的交汇点，典型案例应用到教学中最有助于说明复杂深奥的原理。二是案例应与相应的理论相贴近，表面现象的牵强附会将会误导学生，结果很可能事与愿违。三是所选取的案例切忌庸俗。教师有教书育人的责任，不宜在课堂上过多地讲述社会的阴暗面，也不宜过多地讲述与教学内容无关的背景资料和小道消息。四是选取的案例不宜太复杂，切忌喧宾夺主，案例要为理解理论服务，要有针对性。

3. 案例的应用

这是采用案例分析法讲授有关理论的关键环节。应用案例的方法有多种，常见的一种方法是教师根据授课内容或者先讲授基本的理论含义，然后用案例加以说明，或者教师先讲授案例，然后水到渠成地引出有关的基本理论。在课堂导入环节使用案例解析法通常就是后者，这就要求教师提供案例时在方式方法上要进行巧妙构思，要掌握数倍于学生的背景材料；讨论中要引导控制讨论，同时要避免完全由教师控制讨论；应注意倾听学生的发言，并进行适当的引导，使所有学生都参加讨论；讨论结束时要做好讨论总结或适当抛出问题，让学生在新知识中寻找答案。

（三）情景模拟式

情景模拟式的引入方式，是指通过对酒店工作或生活情景、工作过程的模拟或虚拟再现，让学生身临其境，理解教学内容。其主要表现形式有角色扮演法，情境体验教学法等。角色扮演法式通过赋予被试者一个假定的角色，要求其按照角色的要求表现自己的行为，观察、记录并评价角色扮演的行为，评价角色接近程度或胜任力。情景体验教学是指教师通过创设教学情境，引发学生的体验性学习，二者互为依托，情景设计要契合学习内容，能够落实教学目标，与学生的经验背景、兴趣爱好相一致，使活动具有内驱力、吸引力，让他们主动参与，积极体验。酒店行业有非常多的工作业务流程，因此在专业课程授课上可以通过情景模拟的方式让学生通过体验式的情境教学，迫切想知道在实际工作中的处理方法，进而提高学生的学习注意力和学习效果。

教学拓展案例

《客房服务与管理》课程第五章第四节　对客房服务工作之投诉的处理

教学内容：1. 投诉产生的原因

2. 对客人投诉的认识

计划学时：2 学时

知识目标：1. 掌握什么是投诉

2. 了解客房投诉产生的原因

3. 正确认识投诉

能力目标：1. 培养换位思考能力

2. 培养自省意识与能力

3. 能够分析投诉

情感目标：1. 培养学生情商，能够恰如其分地表达自己的思想感情

2. 让学生学会用换位思考这种方式，进一步懂得客人心理

3. 吃透服务本质，树立良好的服务意识

教学重点：投诉产生的原因

教学难点：换位思考能力

教学方法：情境教学法、归纳法、迁移法、谈话法

教学资源：多媒体课件

导入环节：

1. 设置情景

教师设置体验式学习情景模拟——宣布："本堂课自习"

（以冷淡、生硬的态度，暗自引导课堂气氛以及学生反应程度）

2. 畅言感受

若干分钟后，教师引导学生畅所欲言自己刚才的切身体验和感受：

(1) 老师今天怎么了，是不是遇上不开心的事情了？心情不好？

(2) 是不是我们什么事情没做好，惹老师生气了。

(3) 我要找个时间和老师说一下，这样不好。

(4) 老师不是跟我们讲过不能把个人情绪带入课堂中、工作中吗？今天凭什么把个人情绪发在我们身上，虚伪！

(5) 我们是交学费来听老师讲课来学知识的，不是来自习来发呆的来受气的！

(6) 受不了，我不读了，我要退学！

(7) 我要去告诉校长！

……

3. 分析原因

进一步引导——你们为什么会产生这些心理感受？

心理期望：听课，实际状况：自习。

得出结论：产生这些心理感受的主要原因是"心理期望没有得到满足"。

4. 情景转换

提出问题：如果你此时不是学生，而是一名饭店的客人，消费的不是"教育"而是"饭店产品"，当你对饭店产品的设想或期望没有在实际中得到满足时，你会怎样？

引导学生讨论：

失望——不满——抱怨——想发泄

5. 引出教学课题——投诉

情景模拟法如果应用得当，则会使学生身临其境，感同身受，意识不到是在上课，从而在潜移默化中受到教育获得知识。运用此法应注意两点：一是善于创设情景。酒店管理专业可以借助实训设备有效地创造情景，教师必须从教学内容出发，精心组织，巧妙构思，通过阐释有效地让学生理解情景内容，进而创设良好的符合教学需要的情景。二是加强诱导，激发思维。在情景模拟时，有些学生会不好意思或无法进入情景，这就要求教师在设置情景时应有明确的目的或意识，甚至可以先示范，让学生知道怎么模拟，一次性激发学生的情感和换位思考，这就需要教师的启发和诱导。

（四）行动导向式

行动导向式的导入方式主要是以"行动导向驱动"为主要形式，是教师在上课伊始，给学生下达行动导向，以简洁的语言陈述这节课的任务，并下发任务书，任务书包括：主题、时间、注意事项等，从而激发学生的学习兴趣和好胜心。这种方法也较多地应用到实训课堂教学中。教师在下达行动导向之前要做好充分的课前准备,教师下达给学生的行动导向过于容易,学生会认为没有挑战性,从而失去兴趣;教师下达给学生的行动导向太难,学生又会产生自卑心理,从而失去学习的信心。因而教师应在实际的课堂教学中,根据学生的实际情况,分配不同层次的行动导向,让不同学情的学生都尝到成功的喜悦。这种导入方法能充分发挥学生的主体作用和教师的主导作用,注重对学生分析问题,解决问题能力的培养,从完成某一方面的"任务"着手,通过引导学生完成"任务",从而实现教学目标。

教学拓展案例

《前厅服务与管理》课程单元三　前厅接待服务之办理入住登记

教学内容:前厅入住登记手续的办理

计划学时:2 学时

知识目标:1. 了解前台服务工作中的各项业务及其程序
　　　　　2. 掌握前台入住登记的业务流程

能力目标:1. 能够初步做好入住登记手续
　　　　　2. 学会应对不同客人的入住登记服务

情感目标:1. 认识到入住登记的重要性
　　　　　2. 提高服务意识,正确使用服务用语

教学重点:正确掌握前厅入住登记手续的办理流程

教学难点:学会应对不同要求客人的入住登记服务

教学方法:讲授法、案例分析法、角色扮演法

教学资源:多媒体课件

导入环节:

教师:酒店不同,客人类别不同,入住登记的程序亦有不同。通常情况下,前台办理入住登记的有散客和团队两种。散客又分为有预定和未预定的客人,甚至还有普通客人和 VIP 客人。因此在办理登记手续前要熟悉办理登记的意义及流程,掌握相关表格的使用,最终能够熟练地为不同类型的客人办理入住登记手续。因此,本次课的具体任务:

1. 弄清楚为什么酒店前台要办理入住登记手续
2. 认识工作表
3. 掌握散客入住登记办理流程
4. 通过角色扮演的方式,熟练办理散客入住登记服务

接下来指出任务，下达行动导向，让学生带着任务来完成课程学习。

接下来可以将学生进行分组，并可以根据各个小组的学情下达任务通知书，并明确课程任务，确定任务完成后呈现的方式。

应用行动导向式的导入方式，教师要创设条件，让学生在行动中学习。教师在指导学生行动时教知识、教理论。教知识，就是教学生怎么做；教理论，就是回答为什么这样做；同时还应启发学生：能有更好的做法吗？能做到更好吗？在行动中教理论知识，才能做到理论的适度够用，而且有助于培养学生的自主创新精神。

（五）微 MOOC 式

MOOC（massive open online courses），即大型开放式网络课程，而本书所讲的微 MOOC 是指在课堂导入时，通过播放事先制作的短小精悍的微视频课件，让学生在视频中找出需要回答的问题答案，进而激发学生的学习兴趣和探知问题的积极性。这种导入方式需要教师引导学生观察、突出问题，从解决问题入手，自然地过渡到新课学习的方法。如在《酒店服务礼仪》课程中，教师在讲解“服务接待礼仪”章节时，可以通过收集一些服务接待礼仪合乎规范或不合乎规范的视频，或是影视作品中的用餐服务礼仪等，并制作成短小视频，然后在导入新课时，通过播放这段视频，让学生一起来找找视频中的礼仪有哪些正误，进而引入服务接待礼仪的新课，教授学生正确的礼仪规范应该是怎样的，让学生们一起来纠正不合乎规范的礼仪。这样就能让学生在学习中长知识，并注意应用到实际生活中，养成学生留心观察的好习惯。再如在《餐饮服务与管理》课程的“餐厅服务人员素质要求”教学导入环节，可以通过播放高星级饭店的一些服务宣传视频如国际豪华五星级酒店的宣传视频，引发学生对酒店工作的向往，进而通过“你是否想成为这些高星级豪华酒店服务中的一员”为主题，引发学生对“这样的酒店对员工的要求是怎样的”的探知，进而导入新知识，让学生对照自身条件，找找差距和今后努力的方向。

这种方法在酒店课程教学中的应用也很广泛，还可以把图片制作成视频，通过直观视频图片的展示，吸引学生的注意力，激发学生的学习热情，如酒吧调酒课程中，通过展示各类色彩鲜艳的鸡尾酒图片视频，激发学生学习的积极性，进而投身到鸡尾酒的制作学习中。运用此法应当注意：第一，视频的演示内容必须与新授知识有密切的联系并能为讲授新教材服务；第二，要让学生明确观看的目的，掌握观看的方法；第三，教师要善于抓住时机提出问题并引导学生积极思考。

第二节　酒店管理专业课堂氛围营造

氛围,是指人们所处环境的气氛和情调。课堂氛围就是在课堂教学环境中形成并处于主导地位的课堂气氛和情调。课堂氛围具体表现在两个层面上,一是心理感受层面,如快乐、喜欢、气愤、忧伤、无奈、反感等;二是行为层面,如微笑、注视、互动、低头不语、木然、嘘声一片等。从课堂效果上看可分为活跃的课堂氛围、一般的课堂氛围和沉闷的课堂氛围。课堂氛围营造的主体是老师和学生,故在实际教学中,课堂效果的营造效果取决于两个因素:一是教师的个性和教学能力;二是学生的性格和学习能力。教师会由个人的特点、特长、兴趣、爱好、修养、教学设计能力等在教学过程中形成一贯的教学风格。如有的教师专业知识扎实,学问广博,钻研有深度,分析透彻,往往形成一种学术氛围;有的教师个性幽默,语言表达生动有趣,常常形成一种乐观、轻松的氛围;有的教师宽宏大度,亲切平易,常形成一种宽容、温馨的氛围;有的教师语言尖刻,过于严厉,常造成一种压抑、沉闷的氛围等。同样,学生也会因为性格、情绪、知识构成、学习能力等不同,让课堂效果呈现不同的状态。因此作为教师,有效的引导和对学生的深入了解是上好一堂课的基础,只有这样,课堂教学中的两个主体才能相互配合、相辅相成。

一、酒店管理专业主导性课堂氛围营造原则

我们的教学对象是职业中专的酒店管理专业学生,他们也具有中职学生的一些共性:有很强的自尊心,讲义气,有进步愿望,有一定的学习基础,有较强的动手能力,但是个性强、承受能力弱,心理素质低,对一些问题的看法往往是偏激的;中学生活中,他们经常受批评多,受表扬少,自信心差,行为表现上纪律散漫;个别学生从小就学习基础差,常常自暴自弃,破罐破摔,对前途缺乏信心,得过且过,缺乏上进心。因此,在营造课堂氛围过程中更要对学情进行分析,才能有的放矢。著名教育家赞可夫曾说:"我们要努力使学习充满无拘无束的气氛,使学生和教师在课堂上都能够自由地呼吸。如果不能造成这样的教学气氛,那么任何一种教学方法都不可能发挥作用。"

(一) 学为主,而非教为体

活跃课堂,充分发挥教师在课堂中的主导地位。教师要把以"教"为重心逐

渐转移到以学生的“学”为重心。教师要注重教学过程中教师主导作用与学生主体作用的协调与统一，尊重学生的主体地位，激发学生的主体意识，把研究指导学生的学习方法放在十分重要的位置，着力培养学生主动学习、自主学习的能力。让学生自主去探索，自己去发展，逐步引导学生掌握自主学习的方法，培养自主学习的习惯，真正达到让学生“自求得之”的目的，以此提高学习效率。教学活动的最终目标是有效促进学生的发展。那么，我们就不能按照自己“教”的思路进行教学，而应按照学生“学”的规律进行教学。即：学生“应该怎样学”，我们就“应该怎样教”。所以，我们在教学设计时，要以充分尊重学生已有知识经验为前提，教师设计的教案要符合学生的实际情况，周密地考虑到学生存在“已有知识经验和思想方法基础”的事实。学生的这个基础与教材的编排顺序有关，但与学生自身的学习水平与生活环境关系更大。并根据这一特点来确定教法，力争达到教与学的统一。例如，怎样引出新知识、新句型，怎样用同学们熟悉的生活现象去解释一个概念，怎样创造情景，怎样归纳学过的知识等，都要切合学生的实际，才能引起他们的兴趣。

另外，教师应该充分认识到学生个体的差异性是客观存在的，要面向全体而不是让每个学生都获得一样的发展，而是要让每个学生都在自己原有的基础上获得发展。不要简单地把学生之间的差异看成是教学的问题，而是要把学生之间的差异看成是教学的资源，教学中要充分、合理、艺术地利用这一资源，使学生之间发生实质性的互动，这是实现教学增值，也是教学面向全体学生的重要保证。教师可以通过课堂的提问、小测验有效了解学生的学习情况和掌握程度，并从方法上抓住学生学习的薄弱点，区别不同情况，有针对性地进行教学。

（二）学能力，而非学知识

中职酒店管理教育是职业教育，培养的是技能型服务人才，因此课堂教学上应更注重能力的培养。教师必须转变教育教学观念、创新教育教学模式，从有效推动和促进中职生主体性实践活动入手，培养学生自主发展能力，以造就具有创新精神和实践能力的，个性品质得到和谐发展的，德育智育潜能得到有效激发的，符合素质发展要求的高素质人才。课堂教学实践要体现学生的主体性，让学生自主实践、自我发展，提出问题，在教师引领下解决问题；提倡课堂的民主性，充分地尊重学生，教师成为课堂学习的参与者、指导者；提倡教学的开放性，开放教学形式，开放教学场地，尤其是开放学生的活动与思维空间，开放对学生的素质培养的思路，开发学生的多元智能，关注学生的全面发展；提倡教学的综合性，注重培养学生学习、生活等方面的综合能力；注意课堂教学的生成性，在培养学生情感、态度、价值观等方面予以高度的关注。

（三）快乐学习，而非填鸭学习

在酒店课程的课堂教学过程中，应创设轻松和谐的课堂教学氛围，可以让学生产生良好的心理效应，使学生处于积极的情感状态，使学生主动而愉快地学习。融洽的师生关系有助于创造和谐的课堂气氛，这需要教师在主观上作积极的努力。教师要做学生的贴心人，要了解他们的心理特点，关心他们的学习、身心健康，体谅他们学习的难处，尊重学生的思想，善于激励他们。要使学生产生学习动力，光靠教师一张嘴讲大道理、明确学习目的是不够的。兴趣是激发学生积极主动探索知识的内部动力，有兴趣了学生才会心甘情愿地积极参与活动，才能更快掌握知识。这就要求教师在课前做好充分的准备工作，做好教学设计，在教学中运用恰当有趣的例子和灵活的教学方法来活跃课堂气氛，增添学习兴趣，让学生自觉地将注意力集中到授课内容上，心情愉悦地学习知识。培养学习兴趣是让学生热爱这门学科的途径，而好的教学方法又是激发兴趣的重要因素。教无趣，必不乐学。学生的学习兴趣很大程度上来自教师的主观努力。作为教师，要通过不断的观察和总结，把培养学习兴趣贯穿于整个教学过程中，使学生从被动学习转化为主动学习。

总之，酒店管理专业是一门实践性强又很有意思的学科，如果我们能注意挖掘课程内容中的宝藏，不断提高教师自身的授课水平，努力创设生动活泼的教学情景，精心设计教学环节，努力创设民主、宽松、和谐的课堂氛围，注意培养学生学习兴趣，自始至终都能生动地、饶有兴趣地让学生去学，我们就可以战胜学生学习的顽敌——厌烦情绪，使学习能持久下去，并发挥学生潜在的能动性，那么我们的学生在酒店课程方面一定会有令人惊喜的表现。

二、酒店管理专业课堂氛围营造的方法

（一）感性地提出问题——序曲

提问，是课堂教学活动的重要部分，是教师了解学生知识掌握状况以及学生解决自身存在的认识困惑与问题，进一步获取知识的重要方式与手段。但是课堂教学提问中还存在很多不尽人意的地方，这在不同程度上影响着教学的实际效果。这些问题主要表现在：① 问题未经设计，不假思索，简单问答。教师过多地提出一些诸如“对不对？”“是不是？”“行不行？”等问题。每讲一两句便问“是不是”“对不对”，形同口头禅，发问不少，收效甚微。或是采用一问一答的形式，一条条地进行描述，以一系列练习的方式机械地回忆简单事实，问题的思维含量不高，低水平的认知问题较多，无法激起学生们的积极参与。② 教师提出问题后，并不让学生来回答，而是自问自答。③ 提出问题后，没有等待时间或等待时

间短，尤其等待学习水平低的学生回答问题的时间较短。④ 先点人名，后提问题。被喊名的学生站起来了，还不知道要回答什么，心中惶惶不安，其他学生则不集中注意思考所提问题。往往会造成一个惊慌，大家松弛的局面。⑤ 不自觉地局限于向前排和中间区域的学生提问，或只对成绩好的学生提问。⑥ 一个问题还未作出明确结论，又提出另一个问题。⑦ 学生回答问题后，教师不置可否，不作评价。

有效的提问是指那些能够组织学生积极回答并因此而积极参与学习过程的指令，是打开良好课堂氛围的序曲。想提高课堂提问的有效性，需要掌握以下几个方面的技巧：

1. 注重问题设计

提问的质量和问题的设计有着密切的关系。如果教师在备课时并未进行问题设计而是即兴提问，这样的问题往往偏离教学重点和关键，或仅仅限于较低水平。问题的设计，要围绕教学目标，符合学生实际，体现教材的重点难点。这就要求教师在备课过程中，认真钻研大纲和教材，挖掘各知识点间的内在联系，并根据学生实际精心设计多种水平的问题。首先，所设计的问题难易要适当，问题过难，会使学生丧失回答问题的信心；问题过易，则不利于学生能力的发展。问题的难易程度应以多数学生经过思考后能正确答出为宜。其次，课堂提问应尽量形成系列，环环紧扣教学内容，对于易混淆、易出错的知识点应通过提问来加以区别，要改变课堂提问的随意性，把问题设计作为备课的重要内容之一。

2. 注重问题的语言表达

表达清楚的提问，能够提高学生正确回答的可能性。提问的语言力求做到准确、简洁、清晰，避免不规范、冗长或模棱两可的提问；尽量避免反问，因为反问的问题，往往要求学生直接说出结果；避免将答案包含在问题之中；避免重新表述，有时，教师提出一个问题，随后又重新表述时，学生的思路被打断，有时重新表述的问题与最初的问题不同，有经验的教师通常不会出现提问后为帮助学生理解而重新措辞加以说明的情况。教师可用语言提醒学生注意即将提出的问题，如："我提出一个问题请你思考"、"我提出一个问题，看谁答得好"，激励学生积极地投入到问题的思考活动中去，最终做出正确的回答。

3. 因人施问

因材施教是一条重要的教学原则，应用于课堂提问中，则应该因人施问。教师提问后，要善于察言观色，根据问题难易程度和学生表情选择不同层次的学生作答。

4. 把握提问的时机

在课堂教学过程中,教师提问要注意把握时机。如果时机得当,能够最大限度地调动学生的积极性,起到事半功倍的效果。如果时机不当,则会分散学生的注意力,起到适得其反的作用。如果把课堂提问加以分类,似乎更容易把握住提问的时机,使提问更加科学。课堂提问可分为讲授前的复习提问、过渡提问,讲授中的突出重点提问、化解难点提问,小结中的知识总结提问,还有为激发兴趣而设置的理论联系实际的提问、应用性提问等。这些提问应用得及时,能优化课堂教学过程,从而使学生能积极主动地思考、学习,取得最优的教学效果。

5. 要注意发问的方式

教师发问时,应当先向全体学生发问,等全体学生思考一遍之后,再指定学生回答。这样可以使全班学生注意教师所提的问题,并使全班学生都在心中试拟一个答案,还能更好地对某个学生的答案加以评价。发问不宜依照一定的次序。有些教师往往依照学生的座号、点名册上的顺序依次发问,这种机械的发问方法,虽然可以使发问的机会平均分配于全体学生,但是因为发问既有一定的次序,学生就知道这个问题应该轮到哪位学生解答,其余的学生,就可以不注意了。所以教师发问时,不要有一定的次序,使学生无法推测这一问题,应该轮到谁去解答,因而全班学生就不得不注意了。不过教师发问的机会也要平均分配于全班学生,不要只向少数聪明的学生发问。教师把问题说出之后,需要停顿,有等待时间,等待时间与问题的难度相匹配。

6. 及时做出评价

在课堂提问的过程中,对学生的回答,教师要及时做出评价。教师对学生的评价语言要不拘一格,并根据问题的难易程度及学生现状注重激励,要肯定学生的努力与潜力。当学生自信地回答正确时,说明这个问题对他来说挺简单,加以肯定,可用“正确”“不错”等评价语言,不要做过多表扬。当学生不自信、犹豫地回答正确时,应给于积极肯定,可用“完全正确”“非常准确”“很好”“太棒了”等评语,使得他以后更有积极性回答问题。当学生自信地回答错误,首先对学生积极思考做出肯定,引导他得出正确的结论。或者可以叫另一个学生回答这个问题,使得他受到挑战,会更努力。当学生不自信地回答错误,这时教师不应马上叫学生坐下,可以再复述一遍问题鼓励学生回答,也可改变提问的角度或添加辅助性的问题引导回答,即使多次启而不发,也可请学生先坐下,让他听别人的回答。有经验的教师总不放弃任何一个回答问题的学生,因为我们强化的是学生的参与与努力。

总之,在教学过程中,只有进行有效的课堂提问,才能引发学生积极思考,深化对所学知识的理解,培养学生的思维能力。教师在教学中要善于创设情景,运用好提问技巧,这样,可以起到事半功倍的教学效果。

(二)积极地讨论问题——发展

教师的提问只是互动的一个序曲,而真正要让互动有效起来还要学生的积极参与,讨论回答。和谐高效课堂提倡教师把课堂还给学生,学生是课堂的主角。书本让学生读,问题让学生提,意见让学生讲,规律让学生找,总结让学生写,错误让学生改。学习过程中学生一定要动起来,最重要的是心"动"起来,心动了才能真正融入学习氛围中。如何让学生心动,并积极主动地"我要学",那就得靠老师的有效引导和鼓励。

1. 激励学生敢说

学生想说敢说是实施讨论教学的前提,只有激发学生的学习兴趣,营造融洽、和谐的教学氛围,学生才有想说、敢说的心理取向,并付诸行动。首先,诱发学生"说"的欲望。酒店管理专业作为一门学科,有很强的趣味性,教师可以通过一些实时最新酒店资讯或是通过故事化、情节化、具体化的事例,运用多媒体现代化教学手段,有目的地安排一些活动,提供大量的信息刺激,引发学生对身边与酒店课程有关的事物的好奇心,激发学习专业知识的兴趣和动机。好奇心一旦发展为认知,则马上表现出强烈的参与欲望,促使大脑在情感的驱动下去想象、去思考、急切想说出来。其次,培养学生说的胆量。学生想说,还要让学生有敢说的胆量。作为教师应热爱和关注每一个学生,要用爱学生的真挚感情去创设一种意境,让学生能得到一种身临其境的情感体验。酒店就是一个语言环境,是人与人之间互相交流的环境,因此我们要充分鼓励学生敢说。比如教师在引导学生讨论问答时,就应面带微笑,精神饱满,通过自己的一言一行,一举一动,一颦一笑,传递给学生安全、亲切、信任、尊重的情感信息,激起学生的情感共鸣,实现"要我说"到"我要说"的情感转化。教学实践也告诉我们:只有营造一种师生民主、平等、融洽的课堂氛围,学生发现问题、积极探索的心理取向才能得到激活,学生才敢于表现,乐于表现。可见这样良好的课堂氛围是实施讨论教学的阳光和土壤。

2. 引导学生学会说

学生敢说只是前提,讨论的基础还在于学生会不会说,只有学生会说,才能保证学生的主体地位,有利于讨论式教学顺利进行。首先,引导学生有目的地说。有目的地说是学生进行讨论的首要条件,学生只有目的明确,表述清楚,才能减少心理压力,充分发挥自己的主体性,为深入开展讨论打下基础。因此教师在设计讨论题时,必须以观察、操作、调查等实践活动为基础,既要明确具体,又要抓住重点,言简意赅。这样学生讨论才能抓住问题的关键说得准确,说到"点子”上。其次，引导学生有条理地说。有条理地说是学生进行讨论的必要条件，学生叙述有条理，讨论时才会驱动思维，培养逻辑能力；才会吸引他人，并使他人认真听取自己的意见，使讨论真正落到实处。作为一名合格的酒店人，条理清晰地表达自己的想法是非常重要的。因此，讨论问题的设计必须符合学生思维的形式和规律，由浅入深，循序渐进，问题之间必须有着严密的逻辑性，一环紧扣一环，促使学生的逻辑思维得到培养。这样才能使学生讨论时有步骤地进行分析，推理得出新判断，形成新思维。

3. 培养学生互相说

讨论的核心在于互相说。学生通过互相讨论，不仅能体现思维活动，展示个性，而且有利于学生收集处理信息，将几个想法组合为一个更佳的想法，从而使自己的理解更加丰富和全面，达到自我创造、自我发展、自我完善。首先，逐渐养成讨论习惯。讨论时，学生要善于倾听他人发言，善于陈述自己的想法，敢于修正他人的观点，勇于接受他人的意见并修正自己的想法，当不同意见难以统一时，应学会保留自己的见解。其次，及时把握讨论时机。中职生的知识点相对比较涣散，他们对知识讨论的途径有二：一是对起始知识的感知；二是对已有知识、背景知识的“迁移”。教师应紧紧抓住学生认知的两个入口处，在感知、迁移过后及时组织学生讨论，这样加大了讨论的力度和空间，缩短了学生与知识的距离，增强了真实感，学生获得的知识也是有活力的、积极的。再次，灵活选择讨论形式。酒店管理课程的教学中可以根据讨论的话题选择同桌讨论、小组讨论、全班讨论等方式。最后，有效组织讨论过程式。作为一名教师，该怎样有效地组织学生讨论？讨论前教师要给予学生足够的独立思考时间，让每一个学生紧紧围绕讨论题进行思考或操作，为后面的讨论作好充分的物质和心理准备；讨论时要分工明确，设立组长，并给学生充分的讨论时间和空间，让每一位学生各抒己见，展开热烈有序的讨论。教师在巡视观察的基础上，再及时采取措施进行调控，如参与指导，解答疑难，控制进程，还要正确认识和处理出现的矛盾，敢于揭示和解决矛盾；讨论后要进行全班交流，并鼓励学生对讨论结果质疑、求异、辩论，引导学生想得更深，议得更好，学得更妙，体现评价的开放性。

有人说，一个教师应该具备半个演讲家的口才，半个作家的文采，半个演员的表演艺术。正如商家搞好了宣传策划就赢得了市场，同样，能把学生鼓动起来了，老师就赢得了课堂。根据学生的心理特点制造一种积极的氛围，对学生的行为会起到强化定向作用，有利于充分发挥参与者的创造力和竞争力。

教学拓展案例

在酒店课程的实际教学中，经常会用到案例分析的方法，通过实际案例提出讨论题目或启发学生提出问题并开展讨论。本案例主要是讲授前厅服务之语言技巧的内容。

【镜头】墙上的挂钟在嗒嗒地越过12点，四周一片寂静，夜已深。服务员皱着眉，看看挂钟又看看腕上的手表。服务台，服务员盯着电话。

教师：大家知道知道服务员想干什么吗？

学生：打电话给客人。（教师可以借此提问复习访客服务的相关知识。）

教师：对的，打电话。不过我们知道这样的电话不好打，不然，我们来帮帮服务员打这个电话吧？

学生下面各抒己见，情景模拟，教师可以通过观察，找出表现较好的学生进行提问。

学生模拟：对不起，黄先生，我们酒店规定的访客时间已经过了，请您协助，提醒您的访客离开。

教师：如果你是这位住店客人，接到这样的电话会有什么反应？

学生：生气，干嘛催我？

学生：不管他，继续跟朋友聊天。

教师：其实刚刚××同学在电话上的提醒并没有什么问题，就是照章办事。但是我们换个角度想，他说的还不够委婉，因此对一些比较难缠的客人并不会很奏效。这就要求我们在跟客人交流时要注意措辞和方式方法。我们一起来看看这位酒店的服务员是怎么说的呢？

【镜头】服务员拎着话筒："您好，黄先生，我是9楼服务员，打扰您很抱歉，只是酒店规定的访客时间已过，您的访客该离开了，我怕您不知道，特地提醒您"，停顿一下，见对方沉默不语。"哦，可能您还有事没谈完，您再谈一会吧，过一会我再给您来电话。"由于语气平和，并给了对方一个余地，对方已一时无言。

【教师引导】访客不愿离店，一般有两种情况，一是想留宿，二是确有事情商谈。因此，我们不能只按规章办事而不考虑客人的需求。

【镜头】挂钟，嗒嗒……时针跨过一点半。服务员只好又拿起了电话拨电话。

【提问】这第二次电话又该怎么提醒客人呢?

学生:上去直接把客人赶下来。

学生:打电话说让他办理入住手续,不要走了算了。

教师:刚刚有同学说上去直接赶客人,这是很不可取的,也是服务禁忌。当然,我知道你只是跟我们开个玩笑。还有同学说让客人下来办入住手续。很好,我们都知道只要客人住店,都是要办理登记的。那么,到底我们该怎么说才既不伤客人面子,又能让客人协助我们呢?

(请学生来畅所欲言,积极鼓励引导,并注意那些不活跃的学生,及时给予激励。)

教师:刚刚好多同学都表达了她们的意见,我觉得很多都是可以采用的,比刚刚第一次的电话好多了,那我们来看看这名服务员的第二次电话是怎么说的。

【镜头】"你好,黄先生,欢迎您的访客来我店,只是现在酒店规定的访客时间已过了,如果您还要继续会谈,欢迎您和您的朋友到我们楼下的咖啡厅,它将24小时为您提供服务。"顿一顿,"如果您的访客要留宿,我们很欢迎,请您的朋友到总台办理好登记手续。"

【镜头】挂钟,嗒嗒……时针越过两点,咖啡厅,仅有两人在谈话,不是黄先生他们。服务员只好再次拿起了电话。

教师:到了这里,我真的很佩服服务员的韧性,如果是你们我想说不定有些同学已经选择放弃了,但是我们不能选择逃避问题,不然就无立场可言,酒店的访客制度也就形同虚设了。如果要你们来打第三次电话,你们可以吗?有没有同学挑战一下。

(激发学生的好胜心,开动学生大脑,也适当给予引导,对回答的学生及时给予肯定。)

教师:刚刚同学的回答都很精彩,如果我是客人的话,我应该不好意思再继续麻烦他们了。其实语言上的交流是没有统一答案的,只要大家去尝试,找出适合你们的表达方式,我想每个同学都能成为职场交流高手。不过,我相信大家还是很期待这个服务员是怎么处理的?

【镜头】服务员拨电话:"您好,黄先生,看来您的访客是想留宿了,我们很欢迎,如果您不方便,我通知总台上门为您的朋友办理手续行吗?"终于,访客收起东西,出了酒店。

【教师旁白】服务员的环环紧扣法,最终总能奏效,因为访客往往不想办理住宿手续。为了酒店和客人的安全,饭店必须坚持夜间清房制度,而这项专门的服务,需要智谋,需要语言艺术,这对服务员是一种考验。

小结:你觉得服务员这样做对吗?如果是你,你会做得比她更好吗?我想只要你们掌握语言的技巧,掌握真正的服务用语,你们也能跟她一样处理好各种酒店服务的。

(三)代表性地汇报问题——高潮

汇报问题,是对之前提出问题和讨论问题有效性的检验,也是课堂氛围营造的高潮部分。教师可以通过汇报了解学生的参与度和学生对课堂知识的掌握情况,也是课堂效果的检测。在酒店管理课程教学中,我们可以在每节课上有效地运用竞争机制,展开各种各样的竞赛活动和激励机制,让每个学生都积极投入、踊跃表现,这样课堂气氛就会活跃,学习效率也会比较高。比如,开展课前知识问答比赛、相关概念或重要知识点的识记大赛、角色模拟表演大赛、针对课文知识提问题比赛等等。在实训环节,为了鼓励学生积极学习技能,可以有针对性开展一些技能对抗比赛,比如《餐饮服务与管理》课程可以通过比赛选出礼仪之星、微笑之星、服务之星、托盘高手、折花高手(花王、花后)、斟酒高手和摆台能手等,努力创造更多的让每个学生都成功的机会。为了增强学生的团队合作意识,我们还经常进行最佳情景模拟小组、最佳技能手比赛、最佳小指导老师比赛以及各种各样的以小组为单位的比赛活动,通过这些活动,使学生之间形成了主动学习、团结互助、积极向上的良好合作氛围。

在酒店管理专业的教学工作中,要尊重学生的思维方式,个别学生在教师的引导下,善于思考、乐于发言,并提出与教师不同的见解,若能沿着他们的思维去想、去做,可以一题多解或引出新的方法,否则会扼杀学生的积极性。

(四)开放性地总结问题——尾声

在实际课堂教学中,教师往往对问题的提出和讨论方法做了很多精心的设计,但是却经常忽略了总结。事实上,对于接近尾声的问题总结也是同样关键的,她主要是起到梳理知识、承前启后的作用,甚至是画龙点睛、升华知识、发展智能的作用。那么在酒店管理专业的教学课堂上,我们更应该开放性地总结问题,主要可采取以下几种方式:

1. 归纳总结

对本次问题设计、讨论结果、汇报情况等涉及的知识结构和主线进行归纳总结。要尽力突出主题,纲目分明,同时指出容易模糊和误解之处,使学生理解难点,掌握重点,记忆深刻。

2. 拓展延伸

在学生理解新课内容的基础上,借助于联想,适当拓展知识面,使学生在巩固新知识的同时,能举一反三,引起更浓厚的学习兴趣,开拓创造性思维。

3. 设疑回应

紧紧围绕设置疑问和新课主题解答等知识点，与提出的问题相呼应。必要时可再提出带有启发性的问题，设置悬念，留待下一个知识环节来解答。

4. 画龙点睛

有的课程或章节内容，讲课时需要详细推导，尽情铺陈。在课堂结尾时用二、三句话点明重点、要旨，更显生动有神。学生会有所顿觉，从而抓住问题的关键。

在课堂教学中，如果学生能理解和掌握问题小结，并进而学会如何做好小结，对巩固课堂授课效果，培养他们的主动性和独立学习能力，将是十分有益的。

实验研究表明，课堂教学在高兴、愉快的情绪中进行，学生当堂的学习效果比一般情绪下的学习效果要高得多。因此，要使课堂教学更加有效，就必须研究教学过程中教师、学生、教学内容、教学方法、教学情境等几个因素如何协调相处，使之和谐，把课堂变为师生互动的平台。和谐，既是一种教育、教学的指导思想，又是一个动态的优化过程，更是我们课堂教学所要追求的最终目标和最高境界。

三、酒店管理专业课堂氛围营造应注意的问题

（一）师生互动应充分有效

1. 教师有效地指导与引导

在课堂教学中，教师处于主导地位，是学生学习的引导者，应该树立正确的学生观，要明白学生是发展中的人，要尊重与赞赏学生，面对问题时能帮助、引导学生。成功的课堂教学师生互动，无不闪烁教师的智慧与创造的光辉。充分发挥教师的主导作用，首先是在备课时精心设计好方案。主要包括互动问题的确定，互动方式的选择，课件和板书的配合，应对各种可能状况的预案。其次是实施过程的艺术调控。或者对学生提出的问题适时“释惑解疑”；或者在学生讨论的基础上提出问题，推波助澜把讨论引入深入；或者对学生的意见加以归纳和提炼，“画龙点睛”；或者对某些不正确的认识给予必要的纠正和解释；或者对一些不全面的认识作一些必要的补充；或者对不同的意见说明自己的看法，供学生参考；或者对漫无边际、偏离主题的发言，运用幽默的语言予以限制；或者遇到意见冲突情况巧妙地化解。最后是结束时的讲评和总结。对互动的成果，尤其是对阐述的观点进行系统的概括；对提出的问题给予有说服力的科学说明；对还未能说明的问题留待课后师生继续研讨；对有创见的学生给予勉励。

2. 学生积极地参与与展示

学生在课堂中的主体地位不可动摇。只有充分确立了学生的主体地位，让他们积极参与到学习中来，才可能营造出生动活泼的气氛。有了生动活泼的课

堂气氛,可以促使学生更好地学习专业基础知识、培养各种能力。我们要鼓励学生独立地进行知识探索,在探讨中进行多方面检验和修正,当学生真正体会到了其主人翁地位后,就会积极主动地深入到课堂中来,与教师共同营造出生动活泼的课堂气氛,使课堂成为学习的乐园。中职学生意志力较差,情绪不稳定,注意力易分散,松懈懒散,教师要针对学生的心理特点,有的放矢唤起学生的学习兴趣。利用问题讨论、情景模拟、角色扮演、案例分析等多种教学方法,来激发学生的求知欲望,并通过有效的指导和积极的引导来满足学生的表现欲。还可用新的内容、新的观点、新的教具、新的板书等来引起学生的注意,促使学生各种感官处于最活跃的状态,以最佳的心理状态投入学习。

总之,师生互动的重要宗旨是让教师和学生充分参与到课堂教学中。教学本身是个双向活动,教师在引导学生探求知识的过程中起着助推的作用,没有教师的引导,学生的知识就不可能高效和快捷。只有师生充分动起来,才会让学生在一节课中获得最大的收获,同时老师也是真正的受益者,既提高了课堂教学质量,又从学生身上学到了好的做法。

(二)课堂氛围要有好的精神风貌

良好的课堂气氛,表现在师生的精神面貌上,应当是热烈而执着。首先教师必须始终热情洋溢,精神饱满,用自己振奋的神态来感染学生。课堂上,教师自己应有活泼愉快的情绪,手势动作要灵活自然,语音声调要抑扬顿挫,要向学生表现出各种形式的激奋状态。其次,对学生来说,要学而不厌,时时跃跃欲试,处处津津有味,表现出一种对知识,对真理的执着追求、热爱。教师上课和颜悦色,学生感到可亲可敬,心理相融,情感共鸣,就会亲其师而信其道,学习积极性提高,有助于提高教学质量。“热爱”是学好各门功课的前提。传统的教学理论中,提出了主体性、主动性、自觉性、积极性等。正如托尔斯泰所说:“成功的教学所需要的不是强制,而是激发学生的兴趣。”兴趣很重要,不但表现在学生学的方面,也表现在教师教的方面。教师有兴趣,才能热情洋溢,专心致志地教;学生有兴趣,才能情绪高涨,聚精会神地学。总之,在这种气氛中,整个课堂会变得生动活泼。教师不唱“独角戏”,学生不是“旁观者”。

(三)要及时地给予激励评价

著名的“罗森塔尔效应”的实践告诉人们,学生能否持之以恒地学习,与教师的信任程度有密切的关系。当学生站起来不能流利地回答问题的时候,教师投去一个期待的目光,说一句信任的话语,帮助他成功一次,那么,他在课堂上发言的水平会更高,学习能力会更强。人需要赏识,作为课堂主体的学生更不例外。人的本质中最殷切的要求是渴望被肯定。每一个学生都有其优点和缺点,作为教师要努力放大他们的优点,寻找他们的闪光点。激励评价,就是扬起学生自信风帆的灵丹妙药。老师的每一句赞语、每一次表扬,每一个鼓励的眼神,对学生都是一种激励。根据这种心理,把课堂当赛场,引进竞争机制,可激发他们浓厚的兴趣,并让大脑这台机器,开足马力,充分运转。其方式是多样的,如对学生阅读、解答、练习、技能等情况进行打分评比,对优胜者或优胜组予以语言表扬、实物奖励等。特别是对学习较差的学生更要创造条件,使他们有机会体面地表现自己,他们常常把教师的赏识看成是对自己的评价,当他们得到赏识时,就觉得自己有进步,能学好,有发展前途,以为自己在教师心目中是好学生,因而产生自身增值感,增强学习的内部动力。教师要在学生的课堂行为表现中多发现可以肯定的东西,对学生的答案或方法,正确的加以赞赏,这是“锦上添花”;错误的也可以从思维方式、答题方式或态度上加以肯定,这是“雪中送炭”。至于答错的内容,教师可以用多种手段让其自己认识并纠正,只要纠正对了就要赞赏,让他看到自己的成绩,以利再学。另外教师把握课堂评价的时机是实施成功评价的关键。如果把握不好,会影响评价的结果,甚至于适得其反。评价时机适时到位,才能真正起到激励和导向作用。

第三节 酒店管理专业课堂教学互动

一、酒店管理专业课堂教学互动的重要意义

现如今互动可以说无处不在,为了提高收视率,电视台尽可能地让观众参与节目,与节目进行互动。同样,课堂教学也是需要互动的。从目前旅游院校课堂的实施过程与效果来看,当前酒店管理专业课在教学方法上总体存在着以下问题:课堂的教学方法单一,且组织散乱,难以达到实训的目的。虽然每个老师的上课风格不同,但是整体上以“放羊式”的课堂模式来组织教学。基本上都是老师大致讲解和演示之后,学生就一窝蜂似的随便练一练便应付了事。这种单一的教学模式,使学生对专业课程也开始缺乏兴趣。

课堂教学互动是促进课堂教学效率的有效方法,也是提高学生对知识学习兴趣的有效途径,教学互动是在师生人格平等、相互尊重的基础上进行的富于感情的交流,它让课堂教学焕发出生命的活力,把每个学生学习的欲望和潜能激发出来,从真正意义上贯彻素质教育的精神。具体而言,加强高校酒店管理专业课堂教学互动的意义主要体现在以下几个方面。

(一) 提高学习兴趣

为什么有那么多大学生玩网络游戏成瘾？其主要原因就是网络游戏带有极强的互动性，可以让他们置身其中，纵横驰骋，快意恩仇，无比的酣畅淋漓。可是我们的课堂呢？大部分时间学生是被动消极的，如同一个等待填充知识的容器。有一位教育家说得好，学生是等待被点燃的火炬。那么我们怎样去点燃这个火炬呢？我想只有加强课堂互动，改变传统的、被动的、接受式的学习为积极主动的、参与式和探究式的学习，才能点燃学生心中那支求知的火炬。对于实践性操作性很强的酒店管理专业而言，让学生动起来，是很多学生学习这个专业的初衷，如果能够让学生保持这样的学习兴趣与互动的热情，将会是学习的莫大动力。只有在互动课堂教学中，让学生带着对课堂的期望，带着专业学习的各种各样的问题，也带着对将来就业所需知识的挑战来到课堂，课堂才会充满求知欲和表现欲，这才是推动酒店管理专业课堂教学发展的内在动力。

(二) 提高学习效果

在互动的教学过程中，教师不以权威型和命令型的角色出现，不把自己置于完全支配的中心地位，师生之间是良好的合作关系，或者说是酒店工作中常说的"师徒关系"。教师是学生学习的启发者和合作者，学生是教学的参与者和促进者。教师尊重、关心学生，允许学生出错与质疑，多进行鼓励与表扬，而学生则爱戴、信任教师，乐于交流。由此，宽松、民主、和谐的教学氛围得以形成。能否创设好这一课堂氛围，使教师在互动交往中教，学生在互动交往中学，是决定教学效果和课堂整体功能发挥的一个关键问题。

酒店管理专业教学是一门实践性极强的课程，如果学生没有投入到教师的课堂中去，那课程的教学效果将是非常糟糕的，而且没有办法在课后通过学习书本上的知识进行补缺补漏，这对于学生的知识吸收而言，是悲剧性的。通过优化"教学互动"的方式，即通过调节师生关系及其相互作用，形成和谐的师生互动、生生互动、学习个体与教学中介的互动，强化人与环境的交互影响，以产生教学共振，达到提高教学效果的目的。

(三) 教学相长

教学的目的在于教学相长，它强调逻辑思维和创造性思维的培养，强调能力的提高与个性的绽放，促使教学双方素质得到全面的提升。对于学生而言，教学目的是酒店专业技能的熟练掌握，能够在将来的酒店工作中遇到各式问题而游刃有余；而对老师而言教学目的是教学技巧的更加优化，更多地了解各类型学生的学习特点。课堂教学互动正是实现这些目标的重要途径。在师生互动、生生互动中，教师要经常面对各种问题，接受各种挑战，这激励他们不断地补充知识，提高教学水平，特别是在情景教学和实践教学中，教师只有扩宽酒店专业知识面,更新时时发展的酒店行业的知识和观念,才能适应不断变化的社会对专业的要求。课堂教学互动旨在使教学双方主动地发挥自身能动性并激发对方能动性,从而达到相互促进、教学相长,这是促进教学创新的重要手段。

在课堂互动教学中,通过广泛交流实现师生互动,相互沟通,相互影响,相互补充,使学习过程更多地成为学生发现问题、提出问题、解决问题的过程,构建和谐的、民主的、平等的师生关系,师生互教互学,形成一个真正的"师徒学习共同体",创设师生交往、共同发展的互动教学关系,已成为课堂教学的新模式。

二、酒店管理专业课堂教学互动症结所在

(一)互动局面沉闷,缺乏活力

酒店专业课堂教学最怕的就是内容理论多、实践少,过于抽象。学生不能参与动手或者过少地参与动手。严重影响了学习兴趣及学习效果。我国高校由于各种因素的限制,课堂教学一直存在弊端,尤其是文科类专业往往重理论轻实践,学生不能亲自参与或动手。加上学生缺乏实际工作经验,导致课堂教学互动内容过于抽象,严重地挫伤了学生的学习积极性,教学效果不太理想。酒店管理是一个特别强调动手能力的专业,光坐在教室里听教师讲授,是不可能知道酒店实际情况的,课堂的互动有些难以实现情境的模拟化,如客房应如何整理和检查、前厅接待应如何进行等,提高服务技巧更是空谈,这样一来,只会使互动局面沉闷,缺乏活力。他们在学校三年里学的专业知识也由于未与实际相结合而几乎遗忘大半。有的学生在三年的"纯理论知识学习"+"假模拟课堂"后甚至开始出现倦怠情绪。对酒店职业产生质疑,以至毕业后选择了从事其他行业。凡此种种,都是课堂教学脱离实际、教学互动并没有真正打开局面所导致的。

(二)学生配合性差

课堂互动要想有成效,除了老师的正确方法外学生的配合也是成功的关键因素。教师要做到师生平等,应转变自己的角色。以前,教师以知识权威自居,轻视学生的智慧,漠视学生的人格尊严,无视学生的创造力。学生在教师的威压下丧失了主体意识,成为一个只会装知识的圆桶,其结果是可悲的。如此一来,师生间的心理距离越来越远,师生的互动交流就会存有障碍,学生的配合性就很差。不平等的师生关系是课堂互动的绊脚石,学生不能配合老师真正地互动起来,这样互动的有效性就没有了可靠的保障。

同时,也存在有些学生并没有学习这门专业的主动性,或者是家长强迫其进行学习,在课堂上对于教师的互动较为冷漠。学生一旦没有学习酒店管理专业的热情或者是没有从事这一职业的规划就很容易自我放弃,在课堂互动上表现

出不配合、不主动、不积极的学习态度。只有学生在自愿的基础上打开紧闭的心扉，消除原有的消极心理，或者是畏惧教师的心理，这样才能在互动方面更加主动地配合老师，真正达到有成效的课堂互动，学生学习的积极性和创造性才能得到充分的发挥。

（三）教师互动引导有所欠缺

当前，酒店管理专业课堂教学的很大问题在于缺乏能够具备真正的酒店实际管理经验的老师。不少老师不清楚酒店的运转过程与职业特点，虽然具备丰富的理论知识，但是对于实际工作并没有帮助。在酒店管理专业这样动手操作多的专业课堂上，师生互动是有效的教学形式。许多教师教学时会采取这种形式，力图在课堂教学中师生能够“动起来”。但有些教师缺乏经验与成熟的课堂设计，在课堂中设置许多无关痛痒的问题，学生成了回答问题的机器，一堂课下来，似乎师生互动频繁，实则局面沉闷，缺乏活力；还有一些教师对学生的回答一律持肯定和赞扬的态度，学生学得很愉快，精神也得到了很大的满足，但并没有掌握真正的知识或者专业技能，而只是完成了老师的提问。这样的课堂，师生是动起来了，可是这样的互动是有效的吗？我们对此提出几个问题：有没有突破预设问题产生新问题？学生的个性思维有没有得到发展？学生的发言有没有对教师产生促进作用？一律的肯定是不是学生就真的全是正确的？这样一问，就可见上述的师生互动是表面的、浅层的，不是有效的师生互动。目前，这种假的师生互动仍很流行，看似互动往来，其实并没有围绕酒店专业的技能或知识问题进行，因此，学生很容易一下课就把老师刚刚的问题抛在脑后。

三、酒店管理专业课堂教学互动症结的解决

在酒店管理专业，课堂教学互动是促进课堂教学效率的有效方法，也是提高学生对知识学习兴趣的有效途径，对于上述症结教师应进行反思与改进，以真正提高酒店管理专业课堂教学互动的成效。为此，教师必须要进行统筹安排，以促进师生互动的效果。比如在课堂教学中，对“问题”的有效利用，好的“问题”能够为课堂教学打开新的视野，也能够让学生对课堂教学产生积极的学习兴趣，为此，必须结合教材进行“问题”情境的设置，从问题中既可以考察学生的思维能力，又能够让学生从问题中感受到知识的价值，学会思考的习惯。

（一）有效的互动离不开教师有效的提问

提问是一种手段，是实现师生互动的平台；提问是一种交流，是师生传递信息的一种渠道；提问是一门艺术，是激活学生思维的一种有效方式。在教学过程

中,教师应通过有目的地提出系列的不同类型的问题和任务,引导学生主动发现、积极探索、实践体验、解决问题,以便深层理解并掌握和运用基本知识,有效地解决问题,成为具有创造精神的学习者。关键之处智慧的一问,确实能让人豁然开朗,实现教学的有效性。

要让学生不再是被动的知识接受者,而是主动地参与教学活动,成为学会思考、学会学习的主体。整个教学过程要动静交替、有强有弱,在民主和谐的氛围中激励学生自己发现和解决问题,促使学生更多地独立思考和进行创造性活动。

互动教学中的问题必须是师生互动的结果,问题不仅由教师提出,引起学生的思考,而且要求学生自己能够提出问题,并极力去解决问题。因此,课堂教学中,教师要注重提问的水平,要以自己的一两个问题,引出学生的多个问题,从而培养学生的问题意识,使学生养成勤于动脑的习惯。高质量的问题包含以下几个方面:

1. 问题要有价值

所谓的有价值,就是所提的问题能够开启学生的思维,有利于思维的创新,必须是经过认真思考与反复的探讨才能解决的问题;而问题的解决对丰富学生的情感和充实学生的认知结构必然有一定的好处。课堂对话中,学生的答案可能不一样,只要能自圆其说、言之有理就可,教师切不可搞所谓的"标准答案",酒店管理专业是一门以服务为主的专业学科,讲究在工作中灵活处理服务关系与服务内容,因此切忌标准答案至上的教学理念。

设计大问题和发散性问题,扩大互动空间。所谓大问题,即粗线条式的问题。这种问题有很大的包容性和可选择性,它可以使学生对解决问题的方案作策略的选择、思路的选择,而不仅仅是对某一具体操作方法的选择;它可以让学生对解决问题的设计做多种假设与猜测,而不仅仅是按照既定的程序做一蹴而就的答复和验证。当教师把"大问题"和发散性问题抛给学生时,就如把学生投掷于一个偌大的陌生领域,学生可以放开手脚,大胆思考。追求求异思维,扩大互动的空间,满足互动的需求。

2. 提问要有针对性

所谓针对性,是指问题的提出要依据教学的目的,有一定的方向性。在课堂教学互动中,主要是针对教材的实际程度不同和学生的发展水平来选择问题。一方面要利于教材精髓的挖掘,另一方面要有利于学生疑难问题的解决。

在课程"酒店服务礼仪"第一章第三节的个人卫生与制服的教学中,老师就可以进行情境设置:当你走近富丽堂皇的金茂大厦,迎面而来一位漂亮的迎宾小姐,然后设置提问:你希望她以怎样的面貌出现在你面前?然后引导学生回答。让同学畅所欲言的同时教师把握答题的方向,并将学生提供的答案列在黑板上,请同学根据已列要求互查个人卫生。

3. 提问要有一定的梯度

所谓的"一定的梯度",是指教师的问题是拾级而上的,由易到难,由浅到深,由简单到复杂。以"酒店服务礼仪"中的制服礼仪为例,我设置了四个问题:你喜欢见到服务员穿着什么样的制服,什么样的岗位应该搭配什么样的制服,图片展示的制服着装是否存在问题,将来你走上工作岗位时的制服着装应注意哪些问题。这四个问题环环相扣,由易到难,其涵盖面越来越广,也越来越深刻。学生在解决这些问题的过程中对制服礼仪的理解就很全面。

(二)有效的互动离不开教师教学的有效引导

学生在课堂上互动的兴趣很大程度上依赖于教师的教学法。应该鼓励教师在教学中多采用启发式、体验式教学方法。在课程中设置与酒店相关的情景来引导学生思考并主动解决问题。在"饭店服务技巧"、"饭店服务案例分析与处理"、"饭店服务心理学"、"餐饮服务与管理"和"前厅服务与管理"等专业技术课程中,教师都可以不同程度地采用此类教学法。除了充分利用多媒体等现代教育技术,锻炼学生的思维能力,提高他们的演绎、归纳等能力,提高学习效率外,还按照以学生为中心的教学原则,可以将课堂互动分解成让学生完成各项任务。让学生在分组完成任务过程中自己进行知识汇总和知识体系构建。此外,还可适时地在课程中引进 PBL 教学法——以问题为导向的教学方法(problem based learning)、情景模拟教学法等。鉴于酒店管理从业人员必须具有较强的随机应变、解决问题能力,应在酒店管理专业教学中加以强调。众多酒店的服务与管理问题并非千篇一律,解决办法也应因人而异、因情而异,没有"包治百病"的唯一解决办法。可以采用 PBL 教学法引导学生以组为单位思考、解决问题。充分调动他们的主观能动性,提高他们的学习参与性,集思广益、互相借鉴。真正保证他们实现从被动接受知识向主动探索问题的角色转变。针对如何处理酒店服务管理中可能遇到的问题,应适时地采取情景模拟教学法。即由任课教师提前将下次课程的部分授课案例交由学生。学生接受任务后,分组进行模拟练习。教师讲解到相关知识点时即由相关小组学生模拟表演,教师观摩后向其他学生提问,最终求得解决问题的方法及结论。这一方法能很好地活跃课堂气氛,提高课堂教学互动,同时学生的参与积极性也很高。

在前厅服务管理课堂教学互动中,不仅要注重理论知识的讲解,更要从实践案例中促进学生实践能力的提升。比如在课堂上可以尝试情境教学法,对学生进行分组并赋予一定的角色定位,从电话接待、礼宾服务、入住登记、问询等环节进行综合的情境演练,帮助学生对各个环节的把握和观察,教师要充分发挥学生的自主意识,从课堂教学互动实践中促进学生自身礼仪能力、语言能力、思维能力、应急能力等综合提升。

除此之外,教师还应加强有利于互动的教学设计。

1. 设计带有启发性的、较难层次的互动内容,增加互动的深度

目前课堂教学中普遍存在的是浅层次的互动,而缺乏深层次的互动。这对学生的发展,对学生加深对课文内容的理解都是不利的。

2. 设计多向合作的学习活动,拓宽互动途径

我们在设计互动合作的学习活动时,应根据学生的年龄、特点和位置来设计互动活动。低年级学生组织能力、自控能力较差,适宜于设计同桌间、前后桌之间的两人合作学习活动。如:酒店工作中的协作操作活动,角色游戏活动,互说思考过程活动,互查作业、互提问题。这些活动都有利于学生个体间发生互动,增进彼此间的了解、学习、模仿和感情,提供相互借鉴的机会。高年级学生适宜于设计多人小组学习活动,增大互动领域和空间。在设计多人合作学习活动时,要兼顾组与组之间的互动影响,教师与小组的影响,小组对成员个人的影响,以此开发多种互动渠道。

3. 设计生活化、情境化、信息化的教学环境,丰富互动内容

酒店行业是一个一日千里、日新月异的行业,需要学生保持时时更新、与时俱进的能力。在生动多样的教学环境中,学生可交流的话题增多,情感体验丰富,思路打得开,彼此间容易发生相互影响,产生触类旁通之感或触一发而动全身之现象,感情上也容易发生沟通。所以,在课堂上除了老师准备丰富的材料,设计生动、丰富的教学情境外,还应引导学生广泛收集各种信息资料。并让学生把它带到课堂上来。使课堂上的每个人都成为信息发布源,让学生在充满信息交流的环境中接受多方刺激和信息,发生互动,增加互动内容。

同时,担任酒店管理专业课程的教师应该针对学生实际情况,采用多元化教学方式,激发学生对专业的学习兴趣,通过积极尝试多种教学方式的灵活应用,如讨论法、案例分析法、情景模拟法、角色扮演法、项目教学法、实践教学法等,充分激活课堂互动,调动学生学习的主动性和积极性,提高学生自主获取知识和技能的能力。比如,在酒店管理专业"酒店服务礼仪"与"商务礼仪"的课程教学中,教师可根据学生实际,创设相关教学情境,顾客、服务生、经理等各种不同角色,让学生尝试不同的体验,感受礼仪的魅力,在体验的过程中,可以让学生展开讨论,从初步感知到深入理解,真正体会到礼仪在专业中不可或缺的作用。在实践教学中,教师可不断探索切实可行的教学方法,帮助学生在课堂互动中完成专业课程的深化学习。

(三)有效的互动离不开学生参与的主动性与积极性

教师应鼓励学生积极主动地参与课堂生活。皮亚杰主张学习是主动的意义

建构,而不是被动的领受,并提出了同化与顺应的概念。这意味着在课堂教学中学习是个体建构自己知识的过程,学习者要对外部信息进行主动的选择与加工。外部信息本身并不具有意义,意义是学习者通过新旧知识间反复的、双向的相互作用过程而建构的。新知识只有通过学生大脑中认知结构的加工改造后才能被学生所真正认识和掌握。学习者学习的有效性主要体现在是否在进行积极主动的建构。因此,在有效的课堂互动里真正的学习者会对知识表现出很深的投入和很高的批判性,而不是让他们感到无所谓、无动于衷。

鉴于此,教师就要想方设法给学生提供体验的机会,在课堂教学互动的各环节促使学生主动学习,积极思考,这是保证学生主动建构知识的前提。要营造民主的课堂氛围,赋予学习者解决问题的自主权。在课堂互动中,检查学生对知识掌握状况时,教师不应只是简单地、表面地问学生:"你知道客房服务中的开夜床服务吗?说说他的内容。"而应进一步提出"你知道客房服务中有哪些内容吗?如果现在你是一家五星级酒店的客房服务员,你要如何进行开夜床服务呢?说说你的思路。"等类似的问题。

如果学生不能很好地说出他自己的思路,则说明他并没有真正学会。有效的学习需要学习者积极地参与,然而根据皮亚杰的观点,需进一步澄清的是认知方面的积极参与,儿童仅仅是表面上摆弄某种材料并不意味着就是参与;儿童在没有摆弄物体的情况下,可能在心理上积极参与。因此,在实际的课堂教学互动中,我们不能被课堂表面的活跃气氛所迷惑,而应该把教学的目标锁定在学习者是否在进行主动的心理建构活动上,是否在进行积极主动的思维。教师要善于做一个倾听者,给学生留有说和做的机会与时间,这不仅仅为了确定对与错,更重要的是了解学生正在思考什么,是怎样思考的,其假设是什么,这样才能有针对性地引导学生主动地参与课堂生活,课堂互动才能焕发出亮色。

酒店管理专业的课堂教学互动还应以"必须、够用"为原则,强化实践教学环节,注重学生能力培养。在课堂教学互动中,始终坚持以专业应用能力和基本素质培养为主线,建立酒店管理专业人才的知识、能力和素质结构,通过采用项目教学法或者情景教学法等互动较强的教学法,努力达成理论与实践一体化,着力提升学生的专业技能,使学生真正具有一技之长,实现毕业与就业的零过渡。

本章小结

本章主要介绍课堂教学引入、课堂氛围营造,以及如何进行课堂教学互动,并有针对性地提出相关问题的解决方法。

思考与练习

1. 课堂教学导入的原则是什么？
2. 课堂氛围营造的方法有哪些？
3. 教学互动有什么重要意义？

第八章　酒店管理专业教学媒体应用

本章导入

基于现代教育技术下的教学环境中，媒体是酒店管理专业教学中不可缺少的信息载体与手段。随着现代科学技术与教育理论的发展，媒体在教学中有了很大的发展，现阶段形成了教育媒体的集成化、网络化。“媒体”一词来源于拉丁语“Medium”，音译为媒介，意为两者之间。它是指信息在传递过程中，从信息源到受信者之间承载并传递信息的载体或工具。也可以把媒体看作实现信息从信息源传递到受信者的一切技术手段。媒体有两层含义：一是承载信息的载体；二是指存储和传递信息的实体。

目前，在酒店管理专业课程中大量使用各类多媒体辅助教学，应根据课件的类型、课程的内容、应用的对象等具体因素的不同，在多媒体素材的选择上有所侧重和区别，在教学中恰当使用文字、图形、图像、声音、视频和动画等素材。

学习重点

1. 理解掌握媒体、教育媒体的基本知识
2. 了解微格教室、多媒体教室、网络教学平台等设施及其教学应用

第一节　教育媒体的基本知识

酒店管理专业教学中使用的媒体素材包括：文字、图形、图像、声音、视频和动画等。这些素材都有不同的类型和各自的特性。

一、文字素材

文字是用来记录语言的符号系统，是知识信息的一种重要的载体，通过文字这种高效的信息传播载体，极大提高了教学信息传播速度和效率。

目前常用的数字化文本格式有：txt、doc、docx、pdf等。

（一）txt格式

txt文件是微软在操作系统上附带的一种文本格式，主要储存纯文本信息。txt格式具有体积小、存储简单方便、通用性好等优点；但txt格式不支持排版和打印控制符、不支持图文共存。

（二）doc格式

作为文本的doc格式是微软Word的一种专属文件格式，在该格式文件中可容纳多种文字格式、脚本语言、排版及打印控制等信息，支持图文混排，可做"所见即所得"的文档编辑，但此格式兼容性较低，一般只在如Word、Wps等文档编辑软件中使用。

（三）docx格式

docx是Office2007及以后的版本使用的文本文件格式。该格式是用新的基于XML的压缩文件格式取代了其早期专有的默认文件格式，并在传统的文件扩展名后面添加了字母x，因此，docx文件比doc文件所占用空间更小。docx格式文件的主要内容是保存为XML格式的，但文件并非直接保存于磁盘，而是保存在一个ZIP文件中，因此该文件本质上是一个ZIP文件，然后取扩展名为docx。

（四）pdf格式

pdf(Portable Document Format)文件格式是Adobe公司开发的数字文本格式。这种文件格式与操作系统平台无关，即不依赖操作系统的语言和字体及显示设备，不管是在windows、Unix，还是在Mac OS操作系统中都可以通用，这一特点使它成为在Internet上进行电子文档发行和数字化信息传播的理想文档格式。pdf文件格式可以在Adobe的Acrobat reader中编辑，该格式文件将文字、字形、格式、颜色及独立于设备和分辨率的图形图像等封装在一个文件中，还可以包含超文本链接、声音和动态影像等电子信息，支持特长文件，集成度和安全可靠性都较高。pdf 文件包含一个或多个“页”，可以单独处理各页，适合多处理器系统的工作。

二、图像素材

“图”是物体反射的电磁波的分布，是客观存在的；“像”是人的视觉系统对可视的客观世界在人脑中的印象或反映。因此，图像是“图”和“像”的结合，是人对客观世界的一种感知形式。所谓“百闻不如一见”，图像可以直接反映出所要表示的物体的许多特征，是对客观存在的物体的一个生动的描述形式，这是其他许多媒体形式不能替代的。数字图像，是对图像数字化以后，存储在如磁盘等存储介质上的数字文件。数字图像可以较为逼真地还原图像，并且可以进行复制、粘贴、剪切等一系列的编辑操作。

（一）图像数字化

图像数字化是指将实物景象或者模拟图像转变为数字图像文件，经采样、量化后，一幅模拟图像就转换成一幅适合在数字计算机上处理的数字图像。自然，采样、量化这两步过程都有大量的信息没有被采用，即被忽略掉，因此在同一幅模拟图像和数字图像之间必然会有一定的误差，即数字图像没有模拟图像精确。但是由于人眼的空间分辨率和亮度分辨率都是有限的，因此，只要适当地选取采样间隔与量化级数，上述误差是可以忽略不计的，也就是说，人眼分辨不出采样后的数字图像和模拟图像之间细微的区别。

（二）数字图像的表示形式

数字图像都是由一些排成行和列的点（像素）所构成。根据描述的方式不同，数字图像通常有矢量图（vector graphics）和位图（bit—mapped picture）两种表示形式。

1. 矢量图

矢量图是用一组绘图指令来描述图形的内容，这些指令用来描述构成该图形的所有直线、圆、圆弧、矩形、曲线等图元的位置、维数和形状。这种方法实际是用数学表达式来描述一幅图。故计算机在存储矢量图形时，实际是存储这幅图形的绘图指令和有关绘图参数。微机上常用的矢量图形文件扩展名有 dxf 和 3ds、wmf、eps 等。常见的矢量图处理软件有 Coreldraw、Autocad、Illustrator 和 Freehand 等。

2. 位图图像

像素是构成点阵图像的基本元素，由这些单个像素相结合就形成了图像。

位图图像由描述构成图像的像素点的颜色、亮度等信息的数字阵列(矩阵)构成。计算机在存储位图图像时,实际是存储这幅图像的各个像素的亮度与颜色等数据。位图适合于表现含有大量细节(如明暗变化、场景复杂和多种颜色等)的画面,并可直接、快速地在屏幕上显示出来。用来编辑和制作位图图像的软件也很多,如 Windows 中的“画笔”软件和 Photoshop 等软件。

3. 矢量图和位图的比较(见表 8-1)。

表 8-1 矢量图和位图的差别

	矢量图	位图
描述方式	计算机指令集合	带有颜色和强度信息的数字阵列
显示速度	较慢	较快
适用图像	有规律的线条构成的图形	具有丰富细节的图像
形变(缩放、旋转等)后对图形质量的影响	不影响图形质量	会损耗图像质量
获得方式	软件绘制	软件绘制,通过数码相机、扫描仪等数字化工具获得

(三)数字图像基本参数

数字图像基本参数包括图像分辨率、图像深度、图像大小和其他参数。

图像分辨率是指数字图像中单位长度内含有的像素数,常用的单位是 dpi(每英寸的像素数),图像分辨率越高则图像质量就越好。在 Photoshop 中默认的图像分辨率是 72 dpi,它表示此图像每英寸含有 72 个像素,在课件中可使用该质量的图像。若要打印照片质量的图像,一般要求图像的分辨率在 200 dpi 以上。

图像深度是指描述图像中每个像素的数据所占的二进制位数。图像中每个像素可用 1 bit 或多位字节的二进制数据来描述该像素点的颜色、亮度等信息,因此每个像素所占的数据位数越多,所对应的颜色信息也就越丰富。自然界中的图像一般至少要 256 种颜色,则对应的图像深度为 8 bit。而要达到彩色照片一级的效果,则需要图像深度达到 24 bit,即所谓真彩色。

图像颜色数是指一幅图像中所具有的最多的颜色种类。通常所称的标准 VGA 显示模式是 8 位显示模式,即在该模式下能显示 256 种颜色;而高彩色显示是 16 位显示模式,能显示 65 536 种颜色,也称 64 K 色;还有一种真彩色显示模式是 24 位显示模式,能显示 1 677 万多种颜色,也称 16M 色,在该模式下看到的真彩色图像已和高清晰度照片几乎没什么差别了。图像大小表示图像在磁盘上存储所需要的空间。

数字图像参数还包括其他参数。亮度是指图像彩色所引起的人眼睛对明暗程度的感觉。亮度为零时即为黑,最大亮度是色彩最鲜明的状态。饱和度代表色彩的纯度,为零时即为灰色。白、黑和其他灰度色彩都没有饱和度。最大饱和度时是每一色相最纯的彩色光。对于同一色调的彩色光,其饱和度越高,说明它的颜色越深,如深红比浅红的饱和度要高。高饱和度的彩色光可以因为加入白光而被冲淡,变成低饱和度的彩色光。可见饱和度下降的程度反映了彩色光被白光冲淡的程度,因此,饱和度也是某种彩色光纯度的反映。100%饱和度的某色光就代表没有混入白光的某种纯色光。色调是指光所呈现的颜色,如红、绿、黄……彩色图像的色调决定于在光照下所反射的光的颜色。色度是指色调和饱和度,表示光颜色的类别与深浅程度。对比度指图像中的明暗变化,或指亮度大小的差别。

(四)数字图像颜色模式

目前常见的颜色模式有:RGB模式、CMYK模式。

RGB模式在数字图像中,可以用红(Red)、绿(Green)、蓝(Blue)这三种颜色不同饱和度组合来模拟自然界中的颜色,这就是人们常说的三基色原理。每种颜色从0到255分成256个饱和度,因此,RGB模式可以模拟出256^3—16 777 216种颜色,在肉眼下基本分辨不出自然景观与数字图像之间的颜色差别。

CMYK模式由青(Cyan)、洋红(Magenta)、黄(Yellow)和黑(Black)四种颜色配比组成,其中黑色用K以区别RGB的蓝色(B)。此颜色模式主要用于彩色印刷,与RGB不同,这种颜色模式的创建基础不是靠增加光线,而是靠减去光线,这是因为打印纸不能像显示器那样创建光源或发射光线。只能吸收和反射光线。使用这种颜色模式,可以使数字图像在显示器与打印纸上的色彩保持一致。

此外还包括HSB模式、Lab颜色模式、位图模式、灰度模式和索引颜色模式等。

(五)数字图像格式

数字图像格式是指图像文件存储在磁盘上的方式。数字图像文件的格式有几十种之多,区别不同格式最直接的方法就是看该文件的扩展名。下面介绍几种最常见的图像格式,bmp、jpg、jpeg、gif、tif、tiff、psd及其他格式。

1. bmp

bmp是英文Bitmap(位图)的简写,是Windows较早出品的标准图形格式之一,通用性较好,大多数图像编辑软件以及多媒体著作软件都支持这种图像格式。bmp格式一般不压缩,所以采取这种格式保存的图像文件占用的磁盘空间较其他格式要大得多。即便如此,它仍得到不少人的青睐,原因是它不会丢失图像的任何细节,适合在对图像质量要求严格的情况下使用。

2. jpg、jpeg

jpeg 是 Joint Photographic Experts Group(联合图像专家组)的缩写,文件后缀名为 jpg 或 jpeg,是目前最常用的图像文件格式。jpeg 是一种有损压缩格式,但是 jpeg 压缩技术十分先进,在获得极高压缩率的同时能得到较好的图像品质。由于文件存储容量小,特别适合应用于互联网,可减少图像的传输时间,目前各类浏览器均支持 jpeg 这种图像格式。jpeg 是一种很灵活的格式,具有调节图像质量的功能,允许用不同的压缩比例对文件进行压缩,支持多种压缩级别,压缩比率通常在 10 : 1 到 40 : 1 之间,压缩比越大,品质就越低。jpeg 格式对色彩的信息保留较好,可以支持 24bit 真彩色,也普遍应用于需要连续色调的图像。

3. gif

gif(graphics interchange format)的原意是“图像互换格式”。目前几乎所有相关软件都支持它,公共领域有大量的软件在使用 gif 图像文件。gif 包括 3 种格式,均为 8 位位图,最大支持 256 种颜色,都会使真彩色的图像失真。静态的 gif 格式不支持动画格式。另外两种 gif89a 格式和 gif87a 格式支持动画,一个 gif 文件中可以存多幅彩色图像,并逐幅读出显示到屏幕上,从而构成动画。gif 格式支持动画和透明效果、图像文件容量小且使用方便,在多媒体课件和 Internet 上特别受到欢迎。相对而言,静态 gif 格式则使用得越来越少。

4. tif、tiff

tiff(tag image file format)图像文件是为桌上出版系统研制开发的一种较为通用的图像文件格式。tiff 是一种无损压缩格式(最高 2~3 倍的压缩比),文件可完全还原,能保持原有图像颜色和层次,优点是图像质量好,但占用空间大。

5. psd

psd 是图像编辑软件 Photoshop 专用的位图格式。该图像格式中可以记录图层信息,每一个图层就是一幅大小相等的图像,图像中的物体相互叠加显示,但又独立存在于所在图层,便于编辑,并且每一个图层都具有高保真度,因此,该图像格式受到很多美工、图像编辑人员的推崇。由于 psd 格式同时记录了多图层信息,所占磁盘空间相对较大。

此外还有 eps、dxf 和 wmf 等格式。

三、音频素材

数字声音作为一种重要的多媒体素材形式,在多媒体课件中被广泛使用。目前,数字音频主要包括语音、音效以及音乐三个部分。

（一）数字声音

1. 声音的基本特征

声音是由空气中分子的振动而产生的。由于自然界的声音是一个随时间而变化的连续信号,可近似地看成是一种周期性的函数,因此可以用模拟的连续波形描述声波的形状,单一频率的声波可用一条正弦波表示,如图 8-1 所示。声波的振幅表示声音信号的强弱程度,幅度越高,声音信号越强;声波的频率反映出声音的音调,频率高,声音尖锐,频率低则声音低沉。

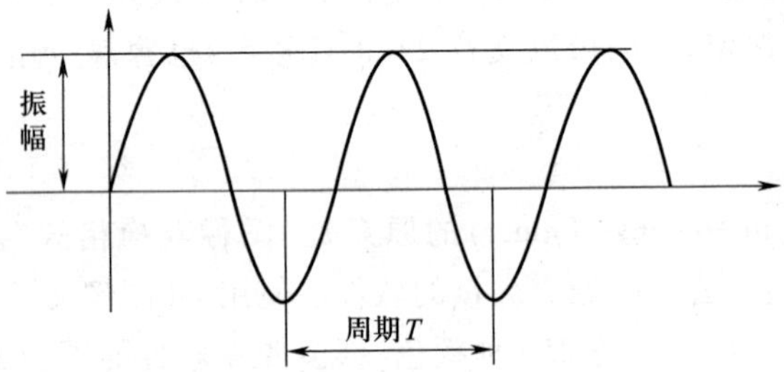

图 8-1　用周期新波表示声音

2. 声音的数字化

声音的数字化要通过二次转换,先将声音转化为模拟的电平信号,再对模拟信号数字化,转换为一组相关的二进制数据,并以文件形式保存,这个文件称之为数字声音。

模拟声音在时间上是连续的,用计算机处理这些信号时,必须先对连续信号采样,即按一定的时间间隔 T 在模拟声波上截取一组振幅值(通常为反映某一瞬间声波幅度的电压值),得到一组离散信号。这个时间间隔 T 称为采样周期,l/T 称为采样频率。

为了把采样得到的一组离散序列信号存入计算机,必须将采样值量化成有限个幅度值的集合,采样值用二进制数字表示的过程称为量化编码。声音数字化过程见图 8-2。

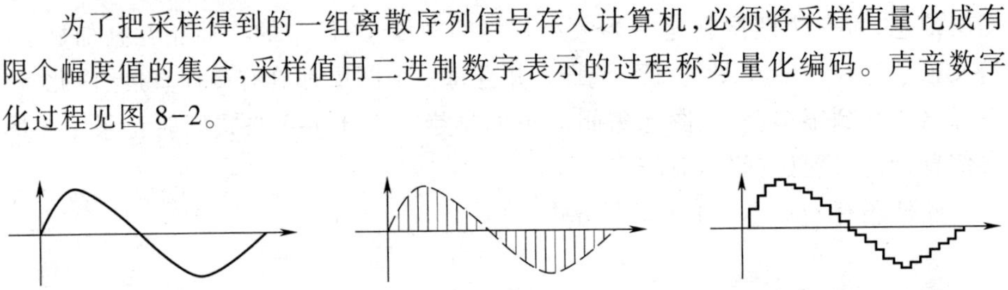

(a) 模拟音频信号　(b) 音频信号的采样　(c) 采样信号的量化

图 8-2　声音的数字化过程

（二）数字音频分类及播放原理

目前，根据计算机声音产生方式不同分为波形音频、midi 音频和 CD 音频。在多媒体课件中使用较多的是波形音频和 midi 音频。

1. 波形音频

波形音频是计算机获得数字声音较为直接和简便的方法。波形音频一般以麦克风、CD 唱机或具有音频输出的录音机作为音源，通过声卡把从外部获取的模拟音频输入信号，进行数字化，将得到的数字音频文件存储到电脑中。当需要回放波形音频时，先将这些数字音频文件通过声卡进行数模转换，还原为模拟波形，待放大后送到扬声器发声，如图 8-3 所示。

图 8-3　波形音频的播放原理图

2. midi 音频

midi 是“乐器数字接口”（musical instrument digital interface）的缩写。mid 文件与波形音频文件不同，它记录的不是音乐本身，而是将电子乐器键盘上的弹奏信息记录下来，是乐谱的一种数字式描述。当需要播放时，音序器从相应的 mid 文件中读出 mid 消息，通过合成器生成所需要的声音波形，经放大后由扬声器输出。如图 8-4 所示。

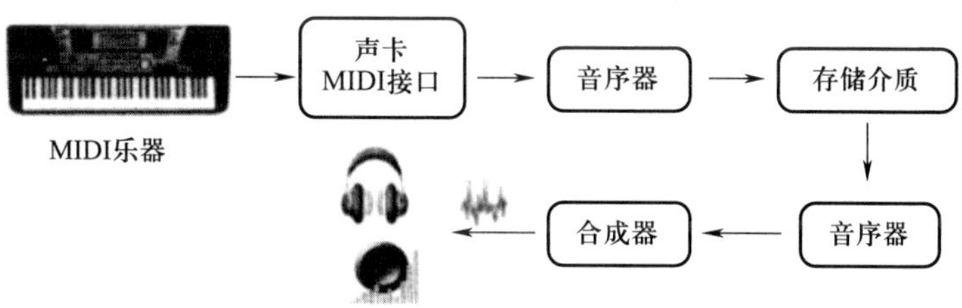

图 8-4　midi 音频播放原理图

3. CD 音频

CD 音频就是数字音频光盘（Compact Disk—Digital Audio）。是光盘的一种存储格式，专门用来记录和存储音乐。CD 唱盘也是利用数字技术（采样技术）制作的，只是 CD 唱盘上不存在数字声波文件的概念，而是利用激光将 0、1 数字位转换成微小的信息凹凸坑制作在光盘上,可通过 CD—ROM 驱动器中特殊芯片直接读出其内容,也可将读出的内容再经过数模转换,把它变成模拟信号输出播放。

（三）声音文件的格式

数字声音的编码方式非常多,不同的编码方式产生不同的数字声音文件格式,认识数字声音文件格式,熟悉其特点,对音频素材的制作与编辑是十分必要的。目前,常用的数字音频文件格式主要有以下几种:

1. wav

wav 文件是 Windows 中所使用的标准数字声音文件,又称其为波形文件,其文件扩展名为 wav。它保存的一般是波形音频,并且数据无压缩,音质较好,但所占磁盘空间也很大。故在实际应用时,要对其进行压缩处理。波形文件可以很方便地进行编辑,例如调整播放速度、混音或剪辑等,使用 Windows 中所带的“录音机”程序就可以很方便地实现这些操作。

2. mid

mid 文件是 MIDI 标准中记录声音信息的文件,后缀名用 mid。mid 文件中记录的是电子乐器键盘上的弹奏信息,包括键名、力度、时值长短等,是乐谱的一种数字式描述。与波形文件相比,mid 文件要小得多,例如,半个小时的立体声音乐,mid 文件只有 200 kB 左右,而波形文件则需要 300 MB。mid 文件可以用于音乐创作,如《作曲大师》等谱曲软件中可以生成该类文件,并可利用 mid 接口合成和回放音乐。

3. mp3

mp3 是一种音频压缩技术,以该技术压缩的音频文件的后缀名使用 mp3,就是我们所说的 mp3 音乐。mp3 可以将音乐以 1 : 10 甚至 1 : 1 2 进行有损压缩,但该压缩技术采用了一些较为先进的压缩算法,能够较好地保持原来的音质。正是因为 mp3 体积小、音质高的特点使得 mp3 受到了广大开发商和用户的支持,成为目前较为通用的音频格式。

4. VOC

Creative 公司波形音频文件格式,也是声霸卡(Sound Blaster)使用的音频文件格式,每个 VOC 文件由文件头块和音频数据块组成。文件头包含一个标识版本号和一个指向数据块起始的指针,数据块分成各种类型的子块。如声音数据静音标识 ASCII 码文件重复的结果、重复以及终止标志、扩展块等。在许多游戏软件中有 VOC 文件。VOC 文件的播放需要专门的播放软件。

5. CD

CD 唱片上存放的是一种数字化声音,一般是以 16 bit 数字化、44.1 kHz 采样率的立体声存储,可完全重现原始声音。每张 CD 唱碟可以存放 74 分钟高质量的音乐节目,保存的曲目一般有 12~14 首。但在资源管理器中显示的 CD 上如 *.cda 文件不是数字音频文件本身,而是指明对应的音频数据文件在 CD 中存储的位置、大小等信息。

6. rm(ra)

rm 格式是 Real Networks 公司所制定的音频视频压缩规范。是 Real Media 的缩写,主要包含 Real Audio、Real Video 和 Real Flash 三部分。其中 Real Audio 是网络上常见的 ra 格式音频文件,它的特点是文件小,适合用于在线播放。用户可以使用 Real Player 或 Real One Player 等对符合 Real Media 技术规范的播放软件进行实况转播,并且 Real Media 可以根据不同的网络传输速率制定出不同的压缩比率,从而实现在低速率的网络上进行影像数据实时传送和播放。

7. wma

wma(Windows Media Audio)格式是微软开发的一种音频格式文件,音质要强于 mp3 和 ra 格式。wma 采用了减少数据流量但保持音质的方法来达到高压缩率的目的,wma 的压缩率一般都可以达到 1∶18 左右。wma 的另一个优点是内容提供商可以通过 DRM(Digital Rights Management)方案加入防拷贝保护,这种内置的版权保护技术可以限制播放时间和播放次数甚至于播放的机器等。另外 wma 还支持音频流(Stream)技术,适合网络在线播放。

四、数字视频素材

视频是由一系列单独的图像组成的(一幅单独的图像称为一帧),并以一定的速率在屏幕上连续播放,从而会让我们的视觉产生画面运动的感觉。对于人眼来说,若视频的摄录速度和播放速度都保持在每秒播放 24 帧到 30 帧(fps,即帧率为 24~30)就会产生平滑和连续的画面效果。

普通的视频,如大部分电视、录像带等都是模拟的,而计算机只能处理数字信号。为了能在计算机中播放和处理视频信息,需要将模拟视频数字化。经过采集、量化等数字化处理后的视频信息,转变成文件形式存储在计算机上,即为数字视频文件,简称数字视频。

(一) 数字视频播放原理

模拟视频信号经过视频捕获及压缩处理之后得到的数字视频文件存储在计算机的存储器中。当要播放数字视频文件时,播放器或者视频卡读入数字视频文件,对文件进行解码还原成视频以及同步音频信号,分别从显示器(或监视器)和音响设备输出。

(二) 视频文件格式

随着数字视频技术的发展,目前出现了很多数字视频的编码方式以及相应的视频文件格式,下面介绍几种目前常见的视频文件格式。

1. mpeg(mpg/dat)

mpeg 是活动图像专家组(Moving Picture Experts Group)的缩写。这类格式包括了 mpeg-1、mpeg-2 和 mpeg-4 在内的多种视频格式。mpeg 实质是数字视频文件的一种压缩格式,它具有较高的压缩率、较快的帧速率和较好的图像声音质量,而且易于编辑,很多视频编辑软件都支持这种格式,因而近年来得到了广泛的应用发展。

其中 mpeg-1、mpeg-2 目前分别被应用于 VCD 和 DVD 的制作,在 VCD 中的 dat 格式文件实质上就是 mpeg-1 压缩格式。mpeg-2 的图像和声音质量远高于 mpeg-1,但文件容量也相对较大。例如:一部 120 分钟长的电影使用 mpeg-1 的压缩算法可以压缩到 1.2 GB 左右 . 而使用 mpeg-2 的压缩算法则压缩到 5~8 GB。mpeg-3 是 ISO/IEC 最初为 HDTV 开发的编码和压缩标准,但由于 mpeg-2 的高速发展,mpeg-3 的功能已被淘汰。

mpeg-4 在针对一定比特率下的视频、音频编码的同时,更加注重多媒体系统的交互性和灵活性。mpeg-4 试图达到两个目标:一是低比特率下的多媒体通信;二是多工业的多媒体通信的综合。据此目标,mpeg-4 引入 AV 对象(Audio/Visaul Objects),使得更多的交互操作成为可能。mpeg-4 的技术特点使其在网络视频、无线通信、可视电话、监控等领域得到了较好的应用。

2. avi

avi 是音频视频交错(Audio Video Interleaved)的英文缩写。avi 是由微软公司发表的视频格式,后缀名采用 avi。avi 格式视频调用方便,图像质量好,可编辑性强。但缺点就是文件体积过于庞大,压缩标准不统一。

NAVI 是 New AVI 的缩写,是一个名为 Shadow Realm 的组织发展起来的一种新视频格式,也以 avi 为后缀名。它是由 Microsoft ASF 压缩算法修改而来的,并不是上面所述的 avi 格式文件。该视频格式为追求较高的压缩率和图像质量,改善了原始的 asf 格式的一些不足,让 NAVI 可以拥有更高的帧率。实质上,NAVI 是一种去掉视频流特性的改良型 asf 格式。

3. mov

mov 是 MOVIE 的简写。mov 原来是苹果电脑中的专用视频文件格式,使用 Quick Time 驱动程序后,在 PC 机上也能播放和处理 F130V 格式的视频文件了。mov 格式文件经常被应用于一些数码照相机拍摄的视频文件。

此外还有 asf、wmv、rm、rmvb、DivX、flv 等格式。

五、数字动画素材

动画素材的使用,可以增强多媒体课件的表现力,如把一些动态过程或微观现象制作成形象生动的动画作品,有利于学生对相关知识的认知和理解。因此,动画素材在多媒体课件中占有重要的地位,动画素材制作也成为多媒体课件开发的一个重要环节。

所谓动画,通俗地说就是使静止的图像“活”起来的过程。这里我们所说的数字动画又称为计算机动画,是指采用图形与图像的处理技术,借助于程序语言或动画制作软件生成一系列的画面,并采用连续播放这些系列静止图像的方法产生物体运动的效果。

计算机动画根据其表现方式不同,分为二维动画和三维动画两类。常用的二维动画开发程序有 Animator Studio、Flash 等;三维动画制作常用的软件有 3DMAX、Cool 3D 等。

计算机动画有多种存储格式,目前常见的计算机动画文件格式主要有以下几种:

1. gif

gif 文件它不仅用于保存单帧图像,还能保存连续多帧的图像,并支持循环播放,这种动画文件格式可以实现动画的背景透明,保存的文件较小,在网页上使用较多,一般课件制作平台都支持这种格式,但这种格式的动画最多只能含有 256 种颜色,不宜制作幅面较大、对颜色要求较高的动画。

2. flc/fli

flc 格式的文件是 Autodesk 公司在 3D Studio MAX 三维动画编辑软件中采用的动画文件格式;fli 则是在该公司较早的 3D Studio 和二维动画编辑软件 Animator、Animator Pro 中使用的动画文件格式,后者的分辨率只有 320×200,颜色数也只有 256 种。flc(fli)文件为无损压缩存储,画面清晰,但不能存储同步声音。Windows 附件中的媒体播放器支持这种格式(6.0 版本除外)。

3. swf

swf(Shock Wave Flash)是动画设计软件 Flash 的专用格式,以 swf 为后缀名,是支持矢量和点阵图形的动画文件,支持 AS(Action Script)语言,被广泛应用于网页设计、动画制作、交互式多媒体产品开发等领域。

4. avi

avi 格式的文件是 Microsoft 公司在 Windows 中使用的影像文件标准,这种格式的文件将视频和音频信号混合交错地存储在一起,压缩比较高,但画面质量没有 flc 格式的好,并且大多数动画制作软件都能输出 avi 格式的动画文件。

第二节 教育媒介

基于现代教育技术下的教学环境中,教学媒体是酒店管理专业教学中不可缺少的信息载体与手段。随着科学技术与教育理论的发展,媒体也有了很大的发展,而且形成了集成化与网络化。教育媒体是在教育过程中携带和传递教育信息的物质载体和工具。教学媒体可以从不同角度进行分类。国际电话电报咨询委员会(Consuhative Committee on International Telephone and Telegraph,CCITT,国际电信联盟 ITU 的一个分会)把媒体分成以下 5 类。

(1) 感觉媒体(Perception Medium),是指直接作用于人的感觉器官,使人产生直接感觉的媒体。如引起听觉反应的声音,引起视觉反应的图像等。

(2) 表示媒体(Representation Medium),是指传输感觉媒体的中介媒体,即用于数据交换的编码。如图像编码(JPEG、MPEG 等)、文本编码(ASCII 码、GB2312 等)和声音编码等。

(3) 表现媒体(Presentation Medium),是指进行信息输入和输出的媒体。如键盘、鼠标、扫描仪、话筒、摄像机等为输入媒体;显示器、打印机、音箱等为输出媒体。

(4) 存储媒体(Storage Medium),是指用于存储表示媒体的物理介质。如硬盘、软盘、磁盘、光盘、ROM 及 RAM 等。

(5) 传输媒体(Transmission Medium),是指传输表示媒体的物理介质。如电缆、光缆等。

人们通常所说的"媒体(Media)"包括两个含义:一是指信息的物理载体(即存储和传递信息的实体),如手册、磁盘、光盘、磁带以及相关的播放设备等;二是指承载信息的载体,即信息的表现形式(或者说传播形式),如文字、声音、图像、动画、视频等。

一、传统教育媒体

教育媒体是指可直接介入教育活动,用于传递教育信息的物质工具。根据媒体的发展,教育媒体又分为传统教育媒体和现代教育媒体两大类。

(一) 传统教育媒体

传统教育媒体包括:

(1) 书本教材:教科书、讲义、学习指导书、教学指导书、习题集、实验(实习)指南等文本形式。

(2) 辅助教学媒体:黑板(粉笔)、实物、标本、模型等。

(二) 传统教育媒体的特点

传统教育媒体教科书、粉笔与黑板是迄今为止最早也是常用的教学工具与手段。传统教育媒体具有其自身的特点,即使是今天也是最常用的教育媒体。其特点主要有:

(1) 便捷性。传统教育媒体中教科书、黑板与粉笔等使用方便,对教学环境没有严格的要求。

(2) 经济性。它们方便耐用、价格低廉,因此普及率高且具有强大的生命力。

(3) 易学性。传统教育媒体易学、易操作,不需要较复杂的技术。

二、现代教育媒体

(一) 现代教育媒体

现代教育媒体包括:

1. 硬件媒体

硬件是指各种教学机器,如幻灯机、投影器、录音机、电影机、录像机、电视机、计算机以及微格教学系统、语言实验室、计算机辅助教学系统、多媒体组合教学系统和多媒体计算机技术系统等。

2. 软件媒体

软件是指已录制的载有教育信息的幻灯片、投影片、录音带、电影片、录像带、计算机课件以及其他的教学软件等。

除了硬件媒体与软件媒体分类之外,根据教学媒体作用的感觉通道,将教学媒体分为三类:① 视觉表现媒体,如幻灯机、投影器以及视频展示仪等。其对应的视觉表示媒体,如位图图像、矢量图形、图表、符号、视频、动画等。② 听觉表现媒体,主要包括录音带与录音机、唱片与唱机、CD 碟片与 CD 碟片机以及广播、收音机和扩音设备等。其对应的听觉表示媒体如语音、音乐等。③ 视听表现媒体,它是将视、听功能结合形成的一种新媒体,如电影、电视、视听型语言实验室等。其对应的视听表示媒体如视频编码 AVI、MPEG 等。不同的教学媒体有不同的特点。幻灯机、投影器以静态的方式表现事物,让学生详细地观察放大的清晰图像或事物的细节;电影、电视则以动态的画面、鲜艳的色彩、动听的旋律呈现出事物变化的过程;计算机辅助教学软件能模拟逼真的现场、事物发生的进程,且动静结合,表现力强。

(二)现代教育媒体的特点

与传统教育媒体相比,现代教育媒体主要具有综合性、再现性、高效性与交互性等特点。

1. 综合性

综合性是指媒体具有视听等多种感觉刺激的形声相结合、静态与动态相结合、平面与立体相结合等特点。在教学中充分利用现代教育媒体的综合性特点,可使人在身临其境的情境中进行学习。这即增加信息的输入量,又有利于加强知识的理解与掌握。

2. 再现性

现代教育媒体能根据教学需要,将教学内容中涉及的事物、现象、过程绘声绘色地在课堂或在学习过程中再现。这种再现性能根据教学需要,将所要表现的对象化大为小、化小为大、化远为近,从而突破空间限制,又可以改变事物再现时的节奏,使所反映过程由快变慢,或由慢变快,从而突破时间的限制,还可将事物的本质要素突出地展现在学生面前。引导人们由局部到整体或由整体到局部地观察,有助于突出重点化解难点。

3. 高效性

高效性是指在单位教学时间内传递更多的教学信息,学生掌握更多的知识与技能。教学的对象是人,信息传输的接收终端是学生,要取得好的教学效果,关键是要提高信息输出速率以及终端对信息的接受速率。现代教育媒体在这方面与传统教育媒体相比,有着明显的优势。运用现代教育媒体传输教育信息可以在同样的教学时间内扩大信息的传输量,以及提高信息接受者对所接受的信息记忆、理解与知识的构建效果,因而有效地提高了教学信息的传输效率以及扩大了信息传输的范围。

4. 交互性

交互性是多媒体有别于传统信息传播媒体的主要特点之一。它可以根据需要,人为地改变信息的表现结构,实现人对信息的主动选择和控制并得到及时反馈,为学生自主学习创造了条件。

三、教育媒体使用选择原则

(一)教育媒体选择的原则

1. 发展性原则

选择教育媒体时应考虑它能在多大程度上发挥教育作用,促进学生身心发展。教育媒体一方面是教师应用于教学的手段，另一方面也是学生将来进一步学习的工具。所以媒体的选择与使用对学生具有示范性。教师应根据教育媒体的特点合理运用教育媒体。应正确使用教育媒体，避免因使用不当而影响学生的身心健康发展。例如，如果学生沉迷于计算机网络上的不良信息和游戏，将影响正常学习，妨碍身心发展。

2. 实用性原则

一方面，要按照学科课程标准所规定的教学目标、教学范围、教学内容的广度和深度选择教育媒体；另一方面，要从教学对象出发，考虑学生的需要、年龄特征和接受水平。传媒符码越是与学生思考时所用的符码一致或接近，学生就越能有效接收，引起共鸣。这样才能有助于提高学生学习的主动性和积极性，激发学习兴趣，实现教学目标，体现媒体的使用价值。

3. 最小代价原则

选择教育媒体，应力求以最小的代价得到最大的效能。效能主要是媒体在内容上能否满足教和学的需要，能否有助于提高教和学的效率。代价主要指设计和制作媒体需要花费的人力、物力、财力，媒体使用是否方便。选择教育媒体应力求代价小、效能大。

可以从以下几方面考虑：① 效能不变，降低代价；② 代价不变，提高效能；③ 降低代价，提高效能；④ 代价略有提高，更大提高效能；⑤ 效能略有下降，代价大幅度下降。

4. 综合性原则

选用教育媒体时尽量避免单一，应综合使用，互为补充。一方面，教育媒体的使用追求多方面的期望。教师期望能在知识与技能、过程与方法、情感、态度和价值观等方面给学生施加积极的影响，使学生积极主动地学习，并营造轻松愉悦的教学气氛等等。综合运用教育媒体有助于实现多方面的教学追求。另一方面，各种教育媒体都有各自的优点和缺点，任何一种教育媒体都无法解决所有的教学问题，综合选用教育媒体可以取长补短，充分发挥教育媒体的整体功能。

（二）教育媒体的选择流程

流程图是辅助教育媒体选择的很好工具。它可以为教师选择教育媒体提供指导。这种方法是把选择过程分解成一系列有序排列的步骤，每一个步骤就是一个问题。教师用“是”或“否”回答一个又一个问题之后，被引导到不同的选择分支，最终完成对媒体的选择。在实际工作中，教师可以使用他人的选择流程图，或根据需要自行设计。根据英国著名教育技术专家罗密斯佐斯基提出的“视觉媒体”选择流程图，结合多媒体辅助教学环境的实际情况，制定视觉媒体选择流程如图 8-5 所示。

类似地,多媒体教学的听觉媒体选择流程如图 8-6 所示:

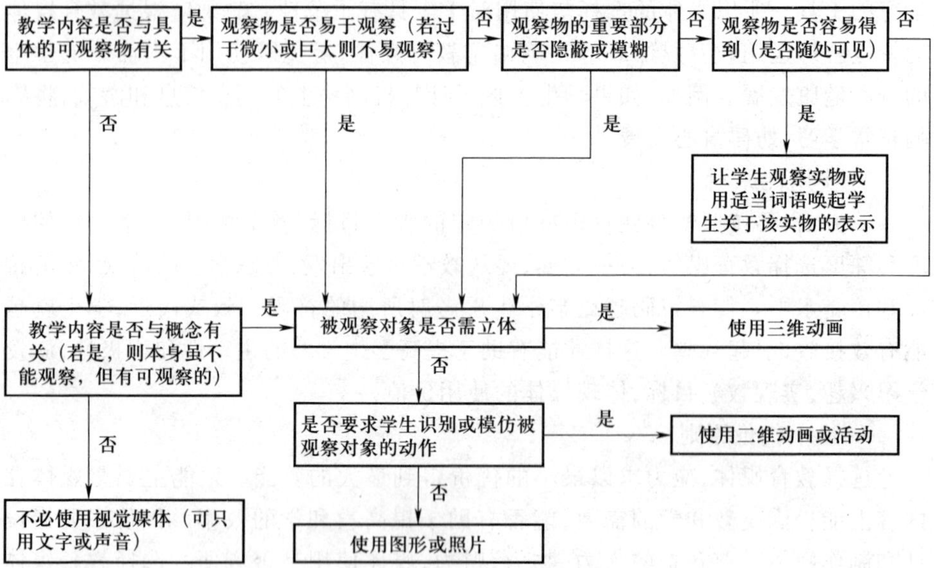

图 8-5 视觉媒体选择流程

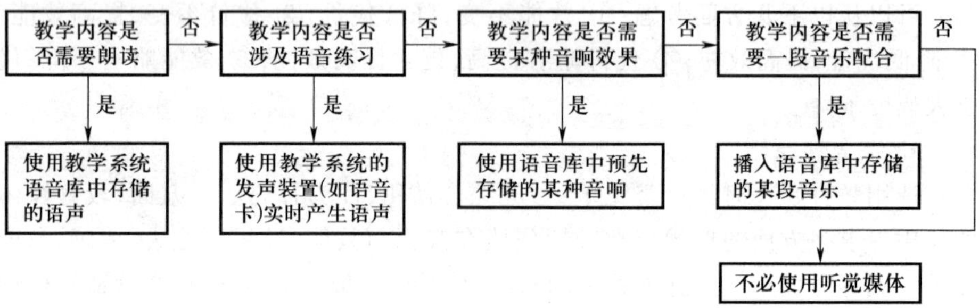

图 8-6 听觉媒体选择流程

第三节 综合媒体教学应用环境的基本使用

一、微格教室

微格教学是建立在现代教学理论和现代教育技术基础上,依据反馈原理和教学评价理论，系统培训师范生和在职教师基本技能的教学方法。原名为"Micro Teaching"，我国统一译为"微格教学"。具体地讲，"微"是指教学活动的"小步子"，时间短、规模小；"格"可以理解为"规格"、"规范"、"定格"，意指微格教学强调训练过程的科学性和规范性。微格教学区别于一般的教学技能训练。一方面，微格教学必须借助于现代教育设备（如计算机、监视、监听设备等）对整个训练过程进行监视、监听以及录像记录；另一方面，微格教学的规模比较小。是一种小型化的教学技能训练活动。

微格教学产生于20世纪60年代美国的教育改革运动，80年代传入我国。爱伦（W. Alen）博士是美国斯坦福大学微格教学的创始人之一，他对微格教学是这样定义的："微格教学是一个缩小了的、可控制的教学环境，它使准备成为教师或已是教师的人有可能集中掌握某一特定的教学技能和教学内容。"

（一）微格教室的基本组成

微格教学系统是为微格教学的开展而设置的一种完全真实的教学环境。通常由多间微格教室、微格示范教室、观摩室、主控室组成，如图8-7所示。

<table>
<tr><td>微格教室 1</td><td>微格教室 3</td><td rowspan="2">主
控
室</td><td>观摩室</td></tr>
<tr><td>微格教室 2</td><td>微格教室 4</td><td>微格示范教室</td></tr>
</table>

图8-7　微格教学系统分布图

1. 微格教室

微格教室是学生进行角色扮演的场所，室内装有白板、讲台、学生桌椅等，面积一般为20 m^2左右，能容纳10～15名学生。此外，微格教室内还配备有计算机、录像机、电视机、摄像机、话筒等设备。为了便于操作，采用计算机对室内所有设备进行集中控制，在主控室的授权下，使用者可以通过专门的计算机控制软件控制本室甚至其他教室内每台设备的主要功能，如更换电视频道、控制摄像机的方位等。学生在微格教室内进行微格教学训练时，整个训练情况通过监视监听系统送至主控室供教师观看。

2. 微格示范教室、观摩室

微格示范教室是参与训练的师生开展示范教学以及进行课后重放录像、反馈评价的场所，面积与普通教室的大小相近。在微格示范教室内同样设有相应的微格教学设备，为方便示范教学活动的开展，一般还配有各种多媒体教学设备,如大屏幕投影机、视频展示台、音响设备等。在进行微格教学之前,教师可组织学生在微格示范教室观看教学示范录像或现场观摩示范课;在微格教学训练之后,则可在此重放实况录像,进行点评与反馈。

观摩室主要用于现场观摩。为了方便听课而又不影响微格示范教室内的教学活动,一般采用单反射玻璃将观摩室与微格示范教室隔开,在观摩室内配有电视机和扬声器,用于监视、监听微格示范教室内的教学。

3. 主控室

主控室内装有大量的微格教学设备,主控室、示范教室以及微格教室中的所有设备相互连通,构成一个完整的微格教学系统。它包括双向闭路监视监听系统、计算机网络系统、计算机控制系统等,整个系统的结构如图 8-8 所示。在主控室内配有一台主控计算机,通过主控计算机,教师可以控制、操作整个微格教学系统中的任何一台设备。教师还可以在主控室内通过电视屏幕对每个微格教室的训练情况进行实时监视监听及录像记录,并可随时对参与训练的学生进行现场指导。

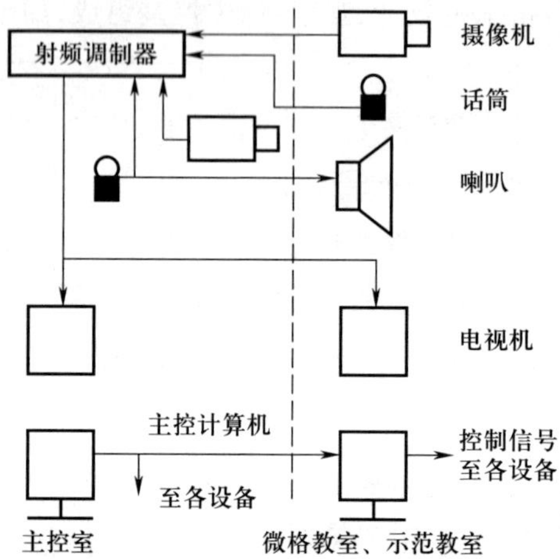

图 8-8 微格教室系统

（二）微格教室的功能

1. 教学功能

（1）教学模拟。微格教室可以同时开展一组或多组微格教学活动,同时对一个或多个学生进行模拟教学或其他技能的训练。教师课堂教学基本技能包括导入教学技能、应变教学技能、讲解教学技能、板书板画教学技能、媒体演示操作教学技能、提问教学技能、反馈强化教学技能、归纳总结教学技能及课堂组织教学技能等。微格教室具备训练这些技能的功能。

（2）示范观摩。利用示范观摩室（也可兼作模拟教室使用）可以让全班学生集中观摩教师的教学示范。在学生模拟教学之前，指导教师在示范观摩室通过示范讲解，分析典型课例，组织学生观看优秀教师课堂教学录像等，给接受培训学生或教师提供示范，以便仿效。

2. 管理功能

（1）实况录像与播放。微格教室具有实况录像与播放功能，在中心控制室可以对各个模拟教室进行教学实况录像，并重播录像节目供各模拟教室观看，各室可以播放同一节目内容，也可以根据需要，播放不同节目内容。

（2）教学传播。微格教室具有传播功能，在中心控制室可以转播任一模拟教学现场供其他模拟教室或示范观摩室的师生观看。

（3）监视。微格教室具有全方位的监视功能，在控制室的监视器中，可监视各模拟教室的教学活动实况。

（4）控制。在控制室中，利用云台控制器可以控制各模拟教室的摄像头上下、左右移动和摄像头的调焦、变焦及光圈大小；利用矩阵切换器和录像播放系统，可以实现各路视频、音频信号的切换、转播和录像等功能。所有的控制操作均可以在控制台上完成。

（5）对讲。在控制室，教师可以与任一模拟教室进行双向对讲，以便于学生遇到问题时教师能提供及时的指导。

3. 反馈评价功能

（1）反馈及时、准确。在微格教室中，教师借助摄像监控系统可以实时掌握每一组学生的训练状况；学生在模拟教学训练后，通过及时重播录像，也可了解自己训练的情况。

（2）评价客观、全面。在微格教学训练过程中，具有多种形成性评价方式：可以是“教师”角色扮演者通过重播自己训练的录像，肯定成绩，分析问题，进行自我纠正和评价；也可以是同组训练的“学生”角色扮演者通过听课、一起观看重播录像，对“教师”角色扮演者的模拟教学情况进行讨论、分析和评价；此外，指导教师也要对“教师”角色扮演者的模拟教学情况进行全面的分析、评价，并指出改进意见。通过这些评价方式，可以及时有效地帮助“教师”角色扮演者提高教学技能。

（三）微格教学的开展

在正式进行微格教学训练之前，指导教师要向学生介绍微格教学的基本理论，微格教学的概念、特点、目的、作用以及微格教学设备的使用方法，各种课堂教学技能的特点及运用方法等，让学生心中有数、目的明确。然后再对学生进行相应的教学技能训练。

微格教学的开展一般要经历如图 8-9 所示的几个步骤。

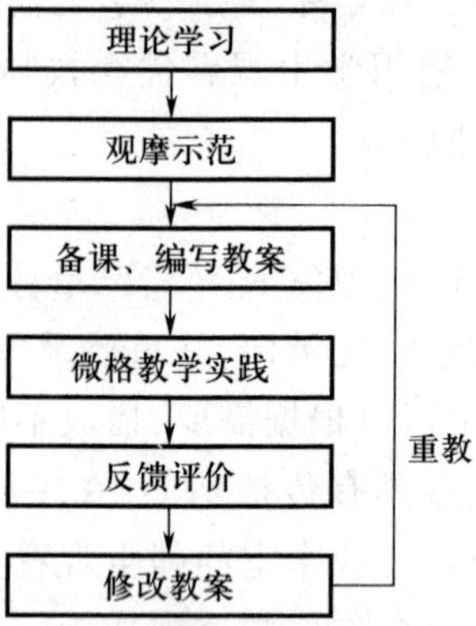

图 8-9 微格教学步骤

1. 理论学习

在训练前,指导教师必须组织学生学习某一教学技能的理论知识,使学生对该项技能有一个全面的了解,包括该技能的特点、作用、分类、构成要素、具体运用方法等。然后教师可指定或由学生自己选定某一教学内容,布置针对该项技能的训练任务。

2. 观摩示范

教师针对该项技能选择不同角度、水平的教学示范录像带让学生观摩,或是组织教师或学生进行实地上课示范。示范可以是正面的,也可以是反面的;示范的内容可以是一堂课的全过程。也可以是课堂教学的某一片段。示范要突出重点,内容要多样化;所有的示范都要体现同一个教学技能。在观摩示范的同时,教师要做好评论与点评工作。

3. 备课、编写教案

学生结合指定教材或自选内容,针对该项教学技能的应用进行备课。所备的课一般为 5~10 分钟的一个教学片段。备课时应重点考虑教学技能的运用,因为教学内容主要是为教学技能的运用提供一个载体,因而不应成为学生关注的焦点。但如果对教材理解片面或错误,则必然会影响教学技能的运用。因此在开展微格教学训练时,应与教育学、教材教法课的教学结合起来,指导教师要帮助学生理解、分析教材,使学生熟练掌握教学内容,以有利于教学技能的运用。

4. 微格教学实践

参加训练的学生被分成几组,每组约 5~10 人,进入相应的微格教室组成一个微型课堂,分别扮演教师和学生角色(学生角色可同时兼任教学评价人员),指导教师则在主控室内操作微格教学设备,担任教学评价和指导工作。

微格教学的中心环节是角色扮演。在微型课堂上，扮演“教师”角色的学生根据课前的准备开展教学，一般为某一个教学片段或某一种技能的具体运用，时间为5~15分钟。为保证训练效果，参与训练的学生必须迅速地进入相应的角色。

在进行角色扮演时，可利用微格教室内的录像设备将“教师”角色和“学生”角色的行为准确地记录下来，以便反馈给学生。在录像记录的同时，兼任教学评价人员的学生以及指导教师也可以用文字的形式加以记录。

5. 反馈评价

角色扮演结束之后，教师、学生要一起观看录像，进行评价和反馈。观看录像可以在微格教室或微格示范教室内进行。录像观看之后，一般由扮演“教师”角色的学生先进行自我分析和自我评价，检查是否达到了自己事先设定的目标，存在哪些不足之处或问题，再由其他学生和指导教师进行评价。指导教师在评价时既要正面肯定，又要指出存在的不足之处，并提出解决办法或改进意见，督促学生及时改进。

6. 修改教案

根据反馈评价的结果，学生对教案进行相应的修改，并准备重新试教，进入下一个循环，直至达到训练目标。

二、教学视频录制系统

随着计算机多媒体技术、网络技术、信息高速公路等为代表的新技术不断更新，推动了教学手段现代化进程，在实际的教学中越来越多地采用计算机辅助教学，多媒体课件在教学过程中的应用也日益广泛。另外，示范课录制、教学观摩、远程教学和学生自主学习等，都希望采取一定形式把课堂教学过程、讲义、视频图像录制下来，作为一种教学资源。因此，组建一个教学视频录制系统是很有必要的。

教学录制系统是利用影音记录与传输技术完整记录课堂的教学活动的系统，自动生成教学视频案例，实现网上直播和课后点播。在现代教学过程中，课堂实录除了需要录制教学过程中教师的影像和声音以外，还需要同步录制多媒体课件的内容，并且方便快捷地生成课件。

（一）教学录制系统组成

教学录制系统可以由多个子模块组成，一般包括多媒体教室模块（如讲台、中控、展台、笔记本、投影机等等）、教室场景摄像机采集模块、VGA采集模块、自动跟踪探测模块、拾音系统、扩音系统、网络实时直播模块、B/S架构点播模块、录播系统资源管理模块以及外部装修条件(灯光系统、吸音处理)等,如图 8-10 所示。

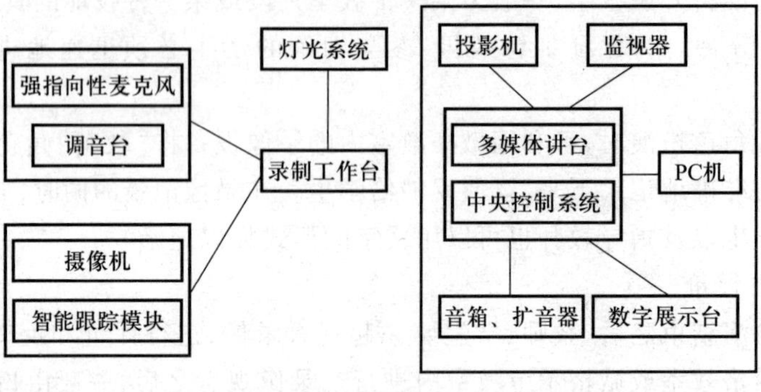

图 8-10 教学录制系统基本组成

(二) 音、视频技术基本设备

1. 摄像机

数字摄像机最少必须保证 3 台,有条件的单位或学校可以使用四台。每台摄像机配备三脚架。三脚架必须要有一定的支撑力,三脚架的云台必须灵活。

2. 音视频特技切换台(特技台)

特技切换台的作用是让多路音视频信号汇集于特技切换台后,由特技切换台根据节目要求将图像进行选择性输出(电子编辑),再由录像机将选择后的图像信号记录下来。音视频特技切换台(特技台)最好有 4 路以上的输入输出端口。两路的总输出端口,以保证能够对各路图像信号的输入进行监视。

3. 话筒

话筒的作用是将教学现场的一切声音吸收下来,以声音信号(电信号)的方式进入调音台,由调音台对各路声音信号进行处理。

话筒的质量将决定教学节目声音信号的质量。教学现场使用的话筒应该考虑到教师讲课及各个方位学生发言的声音。① 建议教师发言使用双发双收无线领夹麦克风。② 对于学生的发言,为了实现常态化教学及保证录制效果,系统应采用分区域的专业定向话筒,在天花板上吊装 6~8 支专业强指向性枪式录音话筒。能自动识别主讲人,只拾取有效声音信号加以放大,同时保证录制声音的清晰度。

4. 调音台

调音台的作用是将收集来的课堂内教师讲课的声音、学生发言的声音以及多媒体音频信号等整个教学现场的声音信号进行处理,再将处理后的声音信号供给录像机进行记录。教学现场的一切声音必须经过处理后才能够保证教学节目的声音质量。

5. 彩色监视器

彩色监视器的作用是监视各路输入输出的图像信号。在没有条件的情况下,声音信号和图像信号可利用 14 英寸彩色电视机作为声音与图像监视器。

6. 音视频连接线

教学现场使用的音频线必须具有屏蔽作用的音频线(话筒线),音频线的长度比该支话筒固定的位置到编辑人员操作的音视频特技切换台的位置略长。

三、多媒体教室

多媒体教室是一种装备了包括多媒体计算机在内的各种现代化教学设备的专门教室。多媒体教室的出现,把教师从传统的"黑板+粉笔"的教学模式中解放出来,避免了大量的黑板板书,避免了教室里的粉尘污染,减轻了教师上课的劳动强度,使教师能够从容、轻松地教学。同时．多媒体教室使教师能够方便地运用各种现代教学媒体展示不同的教学内容,灵活地开展多种形式的多媒体组合教学,使得教学过程更形象、直观,更符合学生的认识、理解和记忆规律,从而提高教学效果和效率。

(一) 多媒体教室的基本功能

多媒体教室一般具有以下基本功能:

(1) 连接校园网络和 Internet,使教师能方便地调用丰富的网络资源,实现网络联机教学。

(2) 连接闭路电视系统,充分发挥电视媒体在教学中的作用。

(3) 运行各种教学软件,演示各类多媒体教学课件,开展计算机辅助教学。

(4) 播放录像带、投影片、VCD、DVD 等视频教学资料。

(5) 利用视频展示台可以方便地展示实物、模型、图片、文字等资料,进行现场实物讲解,也可以对图像进行局部的放大展示、反转等处理。

(6) 能以高清晰、大屏幕投影仪显示计算机信息和各种视频信号。

(7) 配有高保真音响系统,可以播放各种媒体播放设备产生的声音,同时利用话筒可以随时插入教师的讲解。

(8) 具有集中控制功能,可利用计算机软件、红外线遥控器以及控制面板对系统中任一媒体的主要功能进行集中控制。操作方便。

(9) 环境控制功能,如可以对灯光、银幕、窗帘等实行统一控制。

(二) 多媒体教室的基本组成

一般情况下,一个多媒体教室是由中央控制系统、多媒体计算机、液晶投影仪、视频展示台、屏幕、电子白板等设备组成,其主要设备通过集成控制系统控制,由控制面板统一操控并可接入校园计算机网络。

1. 中央控制系统

整个多媒体教室中的全部媒体设备都由中央控制系统集中管理控制。该系统采用单片机多机通信技术和系统集成技术,将被控设备的各种操作功能按照用户实际操作要求进行组合处理,然后将其具体对每一件设备的操作过程集成一体。

目前,中央控制系统管理下的多媒体教室设备大都采用“一键开/关”机,操作方便。上课时,教师只需将讲台打开,系统就能自动将所有设备电源打开,教师可以直接进行上课;上课后,关上讲台即可离开,系统将自动遥控关闭投影仪、使电动屏幕升上、将功放电源关闭、延时设定时间后关闭设备电源以及延时几分钟后关闭投影机电源,最后关闭系统主机电源。

2. 多媒体计算机

多媒体计算机是多功能教室的核心设备,它的使用频率高,运行的软件多,很容易发生故障。上课时,如果出现计算机响应速度慢、无故死机、无法正确识别外接设备(如U盘等)、计算机病毒入侵等问题,课堂秩序就会大受影响。多媒体计算机的良好整机性和稳定性是多媒体教学顺利开展的前提与保证,因此,在选购时就应该优先考虑稳定性和兼容性俱佳的品牌电脑。

3. 液晶投影机

液晶投影机是目前市场上的主流产品,一般吊装于多媒体教室内,能将多媒体画面投射到大屏幕上。液晶投影机体积小、重量轻、亮度高,可以一机多用。当与计算机连接时可以同步显示计算机显示器的内容;当与视频展示台连接时,可以显示视频展示台上的文字、图片等;当输入视频信号(AV)后,可以播放电视录像或视频光盘。

4. 视频展示台

视频展示台主要用于展示手稿、书籍、实物、幻灯片、底片等,有时还可以连接显微镜。视频展示台主要由上方的摄像头和底部的平面展示台两部分组成,摄像头实时地采集平面展示台上的图像信息,并把信息传递给液晶投影机,由投影机投射到大屏幕上供学生观看。教师还可以放一张透明胶片或纸片在平面展示台上,在上面书写上课相关的内容,来代替黑板板书。

5. 屏幕

屏幕是投影画面的载体。目前的多功能教室大都使用电动升降的玻璃珠屏幕,屏幕的大小要保证后排的学生能清晰地看到画面和文字。屏幕的位置可安装在黑板的一侧或遮住半边黑板,为教师讲课留下较大的板书空间,这样,教师在上课时既可使用黑板,又可以展示投影画面。

6. 电子白板

电子白板产生于20世纪90年代后期,它是建立在大小接近黑板的普通白色书写板上的电子设备,操作者能在其界面上像使用粉笔在黑板上板书一样使用鼠标笔或普通笔进行书写。电子白板与普通白板和黑板不同的是,电子白板通过该界面或附在界面上的感应器,将书写笔的位置与运动相关信息传送至计算机或独立的处理器中,将书写笔的轨迹转化成图形数据,把板书内容存储并打印出来,这就是电子白板的基本功能。电子白板还可以实现与计算机的交互操作,如将板书保存成特定格式的计算机文件,并可以联网用电子邮件发送等,此外,有的白板产品还配有摄像头和录音设备,能将教师讲课的情况录制下来。

(三)多媒体教室的教学应用

多媒体教室具有强大的多种媒体演播功能、集成控制功能和网络接入功能,可以广泛应用于课堂演播教学、培训、远程网络教学、会议报告和各种演示等方面。

多媒体教室用于课堂教学,可通过文字、图形、图像、实物、电视、录像和动画等多媒体方式来展示事实、模拟过程、创设情境,开展多种模式的教学。

这类多媒体教室往往能容纳的人数较多(可达两三百人甚至更多),投资相对较少,而收益广,并且与传统的课堂教学能很好地衔接,因此成为学校开展多媒体教学的重要设施。

四、网络教室

多媒体网络教室简称网络教室,它是在普通单机机房或计算机网络教室(一般拥有20~50台计算机)的基础上,增加音视频传输卡和控制网络,将学生机和教师机相连而共同构成的一种多媒体教学网络。通过这一网络。教师机和学生机可实现声音、图像的实时交互传输并同时具有多种教学管理的功能。

网络教室的组成比较简单,用多个集线器(Hub)或交换机(Switch)和网线把教室里的所有计算机连接在一起。可以选择一台配置较好的计算机做服务器,用来存放教学资源库,供各个客户机共享资源使用及进行用户管理等。服务器也可以兼做教师机使用。典型的多媒体网络教室组成如图8-11所示。

(一)多媒体网络教室的功能

1. 广播功能

通过教师机可将各种媒体播放设备(如录像机、VCD机、计算机等)的信号发送到指定的或全部的学生机上,进行个别化或全班性的教学演示。

2. 监视、监听功能

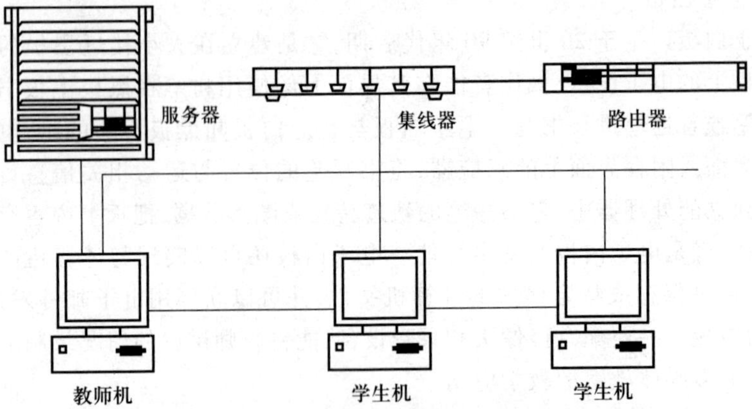

图 8-11 多媒体网络教室

为随时了解学生的学习情况，教师可以监视、监听任何一台学生机的屏幕画面及声音，并可根据需要设定间隔时间，在教师机上轮流监视、监听多台甚至所有学生机的情况。

3. 控制功能

在教师机上可以实现对任何一台学生机的操作，控制该计算机的一切功能，以实现个别辅导与教学管理。

4. 电子举手

学生可以随时利用热键“举手”，等教师机响应后即可与教师进行对话，提出或回答问题。

5. 双向对讲功能

教师机可与任何一台学生机进行双向语音信息传输，进行交互对话。

6. 学生示范功能

在学生提出或回答问题时，教师可利用此功能将该学生的屏幕画面及声音信号切换到所有其他的学生机上。

7. 电子点名与警告

可在教师机上扫描学生机的开机及上网情况，必要时教师还可以对部分或个别学生使用黑屏等手段以示警告。

（二）多媒体网络教室的教学应用

1. 多媒体课堂教学

在网络教室中，可以方便地将多媒体教学信息集成在一起，开展多媒体课堂教学。在教学过程中，通过文本、声音、动画、图像和视频等多媒体信息表达教学信息，可以激发学生的学习兴趣，提高教学效率和质量。甚至可以把其他学校的直播课堂或网上学习资源引入课堂，极大地丰富教学的资源，同时还有利于教师对学生进行个别辅导，开展因材施教。

2. 电子备课

教师开发电子课件经常遇到相关资料不足和文件较大不容易移动等问题，如果在网络教室备课这些问题就可以解决：网络教室中资源库可以为教师提供丰富的资源，教师还可以把做好的课件存入资源库供上课时调用，解决了磁盘装不下，不便于移动的问题。在网络教室备课还有一个好处就是可以实现资源的共享，例如学校购买的教学资源可以存入服务器或教师机，同时供多个教师使用。

3. 利用网络教室资源进行自学

学生可以利用网络教室服务器提供的学习资源进行自学，如知识库查询、视频点播、浏览图书馆服务器上的信息，这时的网络教室相当于电子阅览室。如果网络教室连入互联网或校园网，还可为学生自学提供一个更加开放的、资源共享的学习环境。

4. 网络练习和测试

多媒体网络教学系统的同步通信功能，使得教学课件的网络化设计能够更好地实现即时反馈。教师可以通过网络教室为学生提供课堂练习或进行考试，既避免了打印、发放试卷的麻烦，又可以及时了解学生答题情况，甚至可以当场完成试卷评判，提高教学效率。

本章小结

本章主要介绍教育媒体的基本知识，介绍一些有代表性的综合媒体教学应用环境。

思考与练习

1. 数字图像格式有哪些？
2. 现代教育媒体的特点是什么？
3. 简述网络教室的功能。

第九章　教学评价基础

本章导入

教学评价是依据教学目标对教学过程及结果进行价值判断并为教学决策服务的活动，是对教学活动现实的或潜在的价值做出判断的过程。教学评价是研究教师的教和学生的学的价值的过程。教学评价一般包括对教学过程中教师、学生、教学内容、教学方法手段、教学环境、教学管理诸因素的评价，但主要是对学生学习效果的评价和教师教学工作过程的评价。

学习重点

1. 课堂教学评价
2. 教学评价内容

第一节　课堂教学评价概述

一、教学评价意义、类型与特征

（一）教学评价的意义

1. 教学评价概念

教学评价是以教学目标为依据，运用可操作的科学手段，通过系统地收集和处理教学设计与教学实施过程中的有关信息，对教学活动的过程和结果做出价值判断，进而改进教学，提高教学质量的过程。它是对教学工作质量所做的测量、分析和评定。包括对学生学业成绩的评价和对教师教学质量和课程的评价。

2. 教学评价内涵

教学评价的内涵是对教师教学工作（教学设计、组织、实施等）的评价——教师教学评估（课堂、课外）、对学生学习效果的评价——即考试与测验。评价的方法主要有量化评价和质性评价。

教学评价要求明确多次评价的目的和对象，以解决评价的方向性问题；明确每次评价的内容，评价的具体目标；明确为评价而准备的条件，对评价资料进行客观、科学的判断。

对教师教学工作（教学设计、组织、实施等）的评价——教师教学评估（课堂、课外）、对学生学习效果的评价——即考试与测验。评价的方法主要有量化评价和质性评价。

教学评价要求明确多次评价的目的和评价对象，以解决评价的方向性问题。明确每次评价的内容，评价的具体目标。明确为评价而准备的条件。对评价资料进行客观、科学的判断。

3. 教学评价的意义

教学评价的意义，它可以促使发现和调整自己的不足，以利于教学水平的提高。

（1）探讨课堂教学规律，提高课堂教学水平。课堂是一个由教师、学生与周围的物理和心理环境共同组成的复杂的综合体，内在的要素和影响它运行的外在要素纵横交织在一起，它们之间的不同形态，会使课堂教学显示出不同的特点。只有认识到课堂教学中内在与外在要素以及它们之间的关系，才能清楚地认识课堂教学的特点规律，并在此基础上开展课堂评价。初登讲台，很难一下子把握课堂教学规律，但却可以通过课堂评价慢慢地认识教学规律，进而提高自己的教学水平。

（2）促进教师树立正确的教学观念，形成正确的教学行为。教师是课堂教学的主要参与者，教师所具有的教学观念和相应的教学行为直接影响课堂质量。课堂教学评价正是以科学的评价标准为依据，通过评价这一手段促使教师反思自己的课堂教学，并在反思中形成正确的课堂教学行为。教师还可以借助他人的评价树立正确的教学观念，形成正确的教学行为。

（3）促进学生的发展。在课堂教学的评价中，不仅要关注学生的成绩，还要发现和发展学生多方面的潜能，帮助学生树立自信心，学会学习。课堂教学评价的最终目的是促进学生的发展，在课堂教学过程中直接对学生进行评价，及时反馈其学习情况，将收到事半功倍的效果。课堂教学评价还可以促进学生的自我认识,学生可以通过评价来评判自己的成绩,监控自己的发展。

(二) 教学评价的类型

根据评价在教学活动中发挥作用的不同,可把教学评价分为诊断型评价、形成型评价和总结型评价三种类型。

1. 诊断型评价

诊断型评价是指在教学活动开始前,对评价对象的学习准备程度做出鉴定,以便采取相应措施使教学计划顺利、有效实施而进行的评价。诊断型评价的实施时间,一般在课程、学期、学年开始或教学过程中需要的时候。其作用主要有二:一是,确定学生的学习准备程度;二是,适当安置学生。

2. 形成型评价

形成型评价是在教学过程中,为调节和完善教学活动,保证教学目标得以实现而进行的确定学生学习成果的评价。形成性评价的主要目的是改进、完善教学过程,步骤是:① 确定形成型学习单元的目标和内容,分析其包含要点和各要点的层次关系。② 实施形成型测试。测试包括所测单元的所有重点,测试进行后教师要及时分析结果,同学生一起改进、巩固教学。

3. 总结型评价

总结型评价是以预先设定的教学目标为基准,对评价对象达成目标的程度即教学效果做出评价。总结型评价注重考查学生掌握某门学科的整体程度,概括水平较高,测验内容范围较广,常在学期中或学期末进行,次数较少。

(三) 教学评价的特征

1. 评价目标多元性

在教学中,评价应建立多元化的目标,既要关注学生在知识技能方面的掌握情况,也要关注学生在个性、潜能等方面的发展。至少应包括以下几个方面的功能。

(1) 反映学生学习的成就和进步,激励学生的学习;

(2) 诊断学生在学习中存在的困难,及时调整和改善教学过程;

(3) 全面了解学生学习的历程,帮助学生认识自己在解题策略、思维方法或学习习惯上的长处和不足;

(4) 使学生形成正确的学习预期目标,形成对学习的积极态度、情感和价值观,帮助学生认识自我,树立信心。

2. 评价内容多维性

所谓评价内容的多维性,指教学评价的具体内容应围绕知识与技能、过程与方法、情感态度和价值观而展开,形成多维度、全面性的评价内容体系。

3. 评价手段、方式方法多样性

在新课程推进中,主张教学评价手段和形式多样化,而且以过程性评价为主，涉及评价学生的进步，调节教师的教学以及为家长们提供他们孩子在校学习的情况等几个方面，既可以用书面考试、口试、活动报告等方式，也可用课堂观察、课后访谈、作业分析、建立学生成长记录袋等。

4. 评价主体多元性

现代教育评价主张，评价既可以让学生开展自评和互评，也可以让家长和社区有关人员参与评价过程，强调评价过程中教师、学生、家长和教育管理者的多主体的选择、沟通和协商。加强自评、互评等形式的评价，使评价成为师生共同参与、共同发展的过程。

5. 评价结果处理科学性

首先，强调结论的全面解释与慎重处理。其次，对科学的收集信息要比对其数值给予更大的关注。

二、教学评价的功能与原则

（一）教学评价的功能

1. 导向功能

按照教育方针，课程计划规定的学校培养目标，各科教学大纲规定的教学目的、任务、内容，是教学评价的基本依据，它们是通过教师的教和学生的学的具体活动实现的。在评价过程中，把师生的活动分解成若干部分，并制定出评价标准。根据这些标准判定师生的活动是否偏离了正确的教学轨道、教育方针和教学目标，有无全面完成各科教学大纲规定的目的和任务，从而保证教学始终沿着正确的方向发展。教学评价有利于各级各类学校端正教学指导思想和办学方向。

2. 鉴别功能

教学评价可以了解教师教学的效果和水平、优点、缺点、矛盾和问题，以便对教师考察和鉴别。这有助于学校和教育行政领导决定教师的聘用和晋升，有助于在了解教师状况的基础上，安排教师的进修与提高。教学评价能对学生在知识掌握和能力发展上的程度作出区分，从而分出等级，为升留级、选择课程、指导学职业定向提供依据，为选拔、分配、使用人才提供参考。同时，也是向家长、社会、有关部门报告和阐释学生学习状况的依据。

3. 反馈功能

教学评价能使教师和学生知道教学过程的结果，及时地提供反馈信息。反馈信息在教学中具有重要的调节作用。信息工程学表明，只有通过反馈信息来调节行为，才有可能达到一定的目标。教师获得评价的反馈信息，能及时地调节自己的教学工作，能使教师了解自己的教学方法和教学过程组织中的某些不足，诊断出学生在学习上存在的问题与困难；可使教师明确教学目标的实现程度，明确教学活动中所采取的形式和方法是否有利于促进教学目标的实现，从而为改进教学提供依据。学生获得反馈信息，能加深对自己当前学习状况的了解，确定适合自己的学习目标，从而调整自己的学习。此外，还能起到激发学生学习动机的作用。研究表明，经常对学生进行记录成绩的测验，并加以适当的评定，可以有效地激发并调动学生的学习兴趣，推动课堂学习。

4. 改革功能

科学的教学评价是教学工作改革的基础。只有对教学工作有全面和准确的了解，才能做出正确的改革。例如，1981 年美国教育部组织了一次历时 18 个月的教育评价活动。在教学方面的评价，明确指出：由于学校课程平淡，学生学习时间短，鼓励学生学习的措施减少，教学质量下降，培养出越来越多的庸才。对教学工作的这个评价结果，在美国引起了强烈反响，有 50 个州对学校教学进行了改革，采取了以下措施：提高教学要求，延长学生学习时间，改革课程设置、教学内容和方法，有计划地培训教师，提高教师水平。教学改革实践表明，任何科学的教学改革都是建立在教学评价提供的具有说服力的评价结果基础上的。

5. 强化功能

教学评价可以调动教师教学工作的积极性，激起学生学习的内部动因，维持教学过程中师生适度的紧张状态，可以使教师和学生把注意力集中在教学任务中的重要部分。实验证明，适时地、客观地对教师教学工作做出评价，可使教师明确教学中取得的成就和需要努力的方向，可促使教师进一步地研究教学内容、教学方法，以提高自己的教学水平。对于学生来说，教师的表扬、鼓励、学习成绩测验等，可以提高学习的积极性和学习效果。同时，评价能促进学生根据外部获得的经验，学会独立地评价自己的学习结果，即自我评价。自我评价有助于学生成绩的提高。

6. 竞争功能

教学评价尽管不要求排名次等级，但其结果的类比性是客观存在的。通过学生的学习成果评价，就能引起任课教师之间、学生之间、班级之间、学科之间的横向比较，从而了解教师、学生、本班、本学科的优势和劣势，看到差距，认识到自己在总体中的相对地位，客观上能起到竞争的作用。

（二）教学评价的原则

1. 客观性原则

客观性原则是指在进行教学评价时，从测量的标准和方法到评价者所持有的态度，特别是最终的评价结果，都应该符合客观实际，不能主观臆断或掺有个人情感。因为教学评价的目的在于给学生的学和教师的教以客观的价值判断，如果缺乏客观性就失去了意义,因此而导致教学的错误。

2. 整体性原则

整体性原则是指在进行教学评价时,要对组成教学活动的各方面做多角度、全方位的评价,而不能以点代面,一概而论。由于教学系统的复杂性和教学任务的多样化,使得教学质量往往从不同的侧面反映出来,表现为一个由多因素组成的综合体。因此,为了反映真实的教学效果,必须把定性评价和定量评价综合起来,使其相互参照,以求全面准确地判断评价客体的实际效果,但同时要把握主次,区分轻重,抓住主要的矛盾,再决定教学质量的主导因素。

3. 指导性原则

指导性原则是指在进行教学评价时,不能就事论事,而是要把评价和指导结合起来,要对评价的结果进行认真分析,从不同的角度找出因果关系,确认产生的原因,并通过及时的、具体的、启发性的信息反馈,使被评价者明确今后的努力方向。

这条原则是指在进行教学评价时,要从教与学相统一的角度出发,以教学目标体系为依据,确定合理的统一的评价标准,认真编制、预试、修订评价工具;在此基础上,使用先进的测量手段和统计方法,依据科学的评价程序和方法,对获得的各种数据进行严格的处理,而不是依靠经验和直觉进行主观判断。

第二节 教学评价内容

一、教学评价方法

教学评价方法主要包括标准对照评价法、横向对比评价法和纵向对比评价法。

(一) 标准对照评价法

标准对照评价法是在被评价对象的集合以外确定一个客观标准,将评价对象与这一客观标准相比较,以判断其达到程度的评价方法。考察教学目标是否达成,可以促使学生有的放矢,主动学习,并根据评价结果及时发现差距,调整自我,具有明显的教育意义。

(二) 横向对比评价法

横向对比评价法是从多个评价对象中选取一个或若干个对象作为基准进行比较,排出名次、比较优劣的评价法,便于在相互比较中判断自己的位置,激发竞争意识。

（三）纵向对比评价法

纵向对比评价法是以评价对象自身状况为基准，对评价对象进行价值判断的评价方法。在这种方法中，评价对象只与自身状况进行比较，包括自身现在成绩同过去成绩的比较，以及自身不同侧面的比较（如将学业测验结果与智能测验结果相比较，根据二者的相关程度确定学生的努力程度等）。比较充分地照顾到学生的个性差异，力图减轻评价对象的压力。但是，它只是使评价对象与自身状况进行比较，既不是按照一定客观标准进行评价，也无评价对象间的相互衡量，容易导致信度降低，产生自我满足，因此常与其他评价法结合使用。

二、教学评价方案特性

通常教学评价方案具有以下两方面的特性。

（一）以评价标准为核心

这个评价标准一般包含评价的指标体系及其评定标准。评价标准编制的科学性和有效性决定了评价结果的信度和效度。通常在编制评价标准时，要以相应的调查为基础，通过严格论证、专家评判、实验修正，最大限度地提高评价标准的质量。

（二）以评价工作的科学性、规范性和可操作性为根本

评价工作的科学性、规范性和可操作性是指评价活动的指导理论以及评价过程中所采用的方法一定要科学，评价运行程序要规范，要按照预先设计好的程序进行，不得随意改变，而且整个评价程序具有可操作性，要能得出明确的结论。

三、教学评价标准与评价对象

传统的课堂教学评价以教师为中心，关注点在教师的教上，但是不可以忽略学生的学，即关注学生在课堂教学中的学习表现，这应成为课堂教学评价的主要内容。应从现代教学观念和课堂教学的基本特点出发，根据不同学科、不同类型的课堂教学，有针对性地确定具体的课堂教学评价标准。

（一）教学评价标准

课堂教学评价标准应包括学生的自主学习、教师的教学设计、课堂中的师生互动等等，其主要体现在以下两点。

1. 学生参与性

学生的参与性是指学生是否主动、积极地参与学习过程。根据有效教学的

分析,学生的参与性主要包括:学生参与的时间和广度;学生参与和他人的合作;学生参与高水平的认知活动,在解决问题中学习;学生参与过程中有情感因素的投入,学生被学习内容和学习过程所吸引。

2. 学生创造性

素质教育以培养学生的创新精神和实践能力为重点,要培养学生的科学精神和创新思维习惯与之相适应,课堂教学评价的核心就是对学生创造性如何的评价。教师对学生创造力的培养和学生创造性表现可以从以下两个方面加以衡量:一是看教师有没有贯彻创造性思维教学的基本原则;二是看学生回答问题以及学生自己的提问有没有独创性。这可以从以下问题来考虑:教师提出了几个开放性问题;学生提出了几种答案,教师提供了几种答案;学生回答问题有创意的人次是多少;学生主动提出问题的次数是多少;课堂教学中有多少时间用于集体自由讨论;课堂教学中有多少时间用于学生独立思考、独立学习或研究;教师提出一个问题后,容许学生思考的平均时间是多少,教师批评学生或否定学生的次数是多少。

(二)教学评价对象

过去的课堂教学评价过于强调学生知识的获得和能力的培养,很容易把学生学业成绩的评价等同于课堂教学评价。它所考虑的主要是单位时间内教师教学任务的完成,学生掌握知识的数量多少及程度等。忽视作为主体的学生的情感、意志、兴趣等非理性因素存在。因此,教师要摒弃旧的评价观念,正确把握课堂评价内容,实施课堂评价。我们认为,课堂教学评价内容主要是对教师教学工作和学生学习质量的价值判断。

1. 对教师教学质量的评价

教师是课堂教学的参与主体之一,教师评价是课堂教学评价的一个重要内容。合理地确定评价内容,有利于激发教师不断提高自身素质,不断改进课程与教学。评价教师授课质量要从教与学两方面入手,以课程标准为评价的重要依据,这样,才能保证教师的教学达到国家要求的水平。在评价标准中,既要考察教师在传授知识、促进学生智力发展上所做的努力,又要看是否有利于学生形成良好的品格结构。教学质量的评价内容和要求概括如下:

(1) 教学态度。备课充分,施教认真;改革课堂教学;指导学生自学;关心学生的全面成长。

(2) 教学目标。符合课程标准要求,完成课程标准规定任务;教学目标切合学生实际;教学目标明确、可行。

(3) 课堂效果。教学内容充实,重点突出;讲解清晰,语言准确;教学方法生动有效;注意培养学生独立思考和解决问题的能力;教学气氛生动活泼,学生学习积极性高;教学时间分配合理,教学结构紧凑。

2. 对学生学习质量的评价

良好的课堂教学应该促进学生素质的全面提高,它不仅仅包括知识的掌握、能力的培养,更重要的是通过丰富的课堂教学发展学生的主体性和培养其适应社会的基本技能。因此,新课程评价强调不仅关注学生的知识和技能的获得情况,更关注学生学习的过程、方法,以及相应的情感态度和价值观等方面的发展。

就课堂教学评价而言,学生评价包括以下三方面:

(1) 学习能力。有学习愿望与兴趣,能承担起学习的责任;能积极思考并回答教师的问题;能运用学习策略提高学习水平,能对自己的学习过程和学习结果进行反思;能把不同的学科知识联系起来,运用已有的知识和技能分析、解决问题;具有初步的探究与创新精神等。

(2) 交流合作。能与他人一起确立目标并努力去实现目标,尊重并理解他人的处境和观点,能评价和约束自己的行为;综合运用交流和沟通的方法进行合作等。

(3) 个性情感。积极参与学习活动,有强烈的好奇心与求知欲;在学习过程中获得成功的体验;锻炼克服困难的意志;对生活、学习有着积极的情感体验,自尊和自信;能理性对待挫折与困难;表现出勤奋、独立、自律、宽容和自强不息等优秀的个性品质。

本章小结

本章主要介绍教学评价的类型、特征与评价内容。

思考与练习

1. 教学评价的类型有哪些?
2. 教学评价的内容有哪些?

第十章 教学评价过程

本章导入

教学评价主要包括评价目的，评价对象，评价标准，评价方法，实施期限，评价报告完成的时间，评价报告接受的单位、部门或个人，预算等。

学习重点

1. 教学评价准备与实施
2. 教学评价的方法

第一节 教学评价准备与实施

一、教学评价准备

（一）组织与人员准备

组织准备包括成立专门的评价领导小组或评价工作小组。

人员准备主要是指组织与评价有关的人员学习评价理论和有关文件，做好评价工作的知识与技能储备，还包括评价者和被评价者在准备阶段的心理现象与调控。在评价的准备阶段,评价者和被评价者会出现诸如晕轮效应、成见效应、应付心理、焦虑心理等一系列的心理现象,这些心理现象不仅会影响评价者与被评价者之间的关系,而且还会影响评价的信度和效度,因此需要进行有效的调控。

(二) 方案与内容准备

方案准备主要是指评价的组织者根据课堂教学评价的目的,在教学评价实施前拟定有关教学评价的目的、内容、范围、方法、手段、程序和预期结果的纲领性文件。

内容准备通常包括以下内容:评价目的,评价对象,评价标准,评价方法,实施期限,评价报告完成的时间,评价报告接受的单位、部门或个人,预算等。

二、教学评价实施

(一) 评价实施阶段

实施阶段是教学评价活动的中心环节,这个阶段的主要任务是,运用各种评价方法和技术收集评价信息,并在整理评价信息的基础上做出价值判断,同时对评价者和被评价者的心理进行调控,以保证评价工作的顺利进行。

1. 收集评价信息

根据先前制订的评价方案,利用相应的评价方法、手段、工具、仪器等收集所需要的评价信息。这里的评价工具非常重要,如评价表、量表、问卷等,它的科学性直接影响信息收集的有效性。

2. 整理评价信息

对收集到的评价信息,通常需要进行审核和归类。前者是指需要对评价信息的有效性进行判断,如回答问题是不是敷衍了事或随心所欲,判断评价信息是不是被评价对象的真实反应;后者是指根据评价信息的共同点进行归纳,以减少信息的杂乱和无序。

3. 分析评价信息

在这个过程中,要注意以下问题:首先是要掌握评价标准及其具体要求;其次是评价者应该使用事先规定的计量或其他方法来处理评价信息,在评价结果中要给出明确的相应分数、等级或定性描述等评价意见;第三是在条件许可的情况下,应该对评价者的测量或观察结果进行认定、复核。

4. 做出综合评价

综合评价是将分项评定的结果汇总成综合评价的结果。它要求评价者根据汇总的评价结果,对评价对象做出准确、客观的定量或定性的评价结论,形成评价意见。必要时,可对评价对象做出优良程度的区分,或做出是否达到应有标准的结论。

（二）评价处理阶段

评价结果的处理和反馈通常包括以下几方面的内容。

1. 评价结果检验

评价结果的检验一方面要检查评价程序的每个步骤，看其是否全面、准确地实施了评价方案；另一方面要运用统计检验方法，对评价结果进行统计检验。

2. 分析诊断问题

评价的目的不是简单地对被评价者进行等级分类，而是为了有效地促进课堂中的教与学，因此需要对所收集的资料进行细致分析，并对被评价者的优劣状况进行系统评论，帮助被评价对象找出存在的问题以及问题的症结所在。

3. 撰写评价报告

评价报告一般包括三大部分，即封面、正文和附件。

封面应提供下列信息：评价方案的题目、评价者的姓名、评价报告接受者的姓名、评价方案实施和完成的时间、完成报告的日期。

正文包括五部分：(1) 概要。指对评价报告进行简要综述，解释为什么要进行评价，并且列举出主要结论和建议。(2) 评价方案的背景信息。指介绍评价方案是如何产生的，重点叙述评价标准的编制过程及其理论依据。(3) 评价方案实施过程的描述。主要叙述评价过程，即收集信息和处理信息的过程。(4) 结果及结果分析。介绍各种收集到的与评价有关的信息，包括数据和记录的事件、证据等，以及处理这些信息所得到的结果。(5) 结论与建议。包括对评价结果进行推断，得出结论，提出建议。

4. 反馈评价结果

反馈评价结果是指把评价结果返回给被评价对象或上级主管部门，以引导、激励评价对象不断改进、完善自己，同时为教师或教育管理机构提供决策依据。反馈评价结果的方式有多种，如个别交谈、汇报会、座谈会和书面报告等。

第二节　教学评价的方法

课堂教学评价的方法很多，主要有以下几个。

一、随堂听课

这是获取课堂教学信息的重要途径。采用随堂听课这种方法，通常要做好以下几个方面的事情。

（一）事先准备

事先准备一方面是评价者与被评价者之间就时间、地点、方式、观察重点等事项进行事先约定；另一方面，评价者需要在听课之前了解所听课的教学内容、教学目标和教学设计等，合理确定听课的重点。此外，事先的沟通也有助于消除被评价者的焦虑，让其能够尽量保持教学的自然状态，减少人为表演的成分。

（二）课堂观察

在课堂观察中可以进行全过程观察和有重点观察。前者是指评价者全方位地观察课堂教学过程。在观察过程中，评价者应不放过任何一个细节，对一些特殊行为保持高度的敏感，并对这些行为进行及时的记录和分析。通常这一类观察的难度较大，要求观察者有熟练的观察技能和丰富的观察经验。有重点观察则是指根据事先确定的观察重点，有针对性地进行观察和记录。在观察过程中，观察者往往会借助一些事先准备的观察工具。有重点观察还包括评价者事先与教师拟定评价重点，如重点学生、重点事件等，在随堂听课中有意识地围绕这些重点内容进行观察。

（三）课堂记录

课堂记录是伴随课堂观察进行的，通常有两种方式：一是利用事先选择或研制的观察工具进行记录，如弗兰德斯的相互作用分析系统等；二是描述记录法，它需要对课堂中的语言和非语言都进行记录，描述记录要求记录时尽可能把看到的和听到的所有内容都完整地记录下来，即进行课堂教学实录。当然也可以有重点地进行记录。在记录过程中还要注意对一些非预期事件的记录，这些事件及其处理往往能够更清楚地反映评价者的行为动因。

（四）课堂快速调查

常用的快速调查主要有两类：一是简单测试题，这可以了解学生的学习接受情况；二是微型问卷调查，向学生询问一些简单的问题，如“你今天上课举了几次手？”“你愿意在课堂上进行小组学习吗？”“老师讲的课都能听懂吗？”“你对这堂课满意吗？”等。

（五）评价结果的反馈

对教师的评价结果的反馈往往以课后讨论的形式出现，其主要方法就是评价面谈。一般来说，评价面谈包括下面几个步骤：(1) 明确评价面谈的目的，这有助于消除被评价者的顾虑，让其能够畅所欲言；(2) 让被评价者阐述本节课的总体安排、设想及其实现的程度，并对照评价标准进行自我评价；(3) 评价者根据听课记录指出这节课的优势和不足，依据评价标准进行初步的评价，提出改进的意见；(4) 在被评价者对评价者所做的评价和建议基础上，二者就双方存在分歧的问题展开讨论；(5) 双方达成共识后，提出对以后课堂教学的要求。

二、量表评价法

它是指通过编制评价量表来对课堂教学进行评价的方法。在课堂教学评价中使用量表评价法时，量表中的指标或指标体系是评价的基础。指标是指具体的、行为化的、可测量或可观察的评价内容，即根据可测量或可观察的要求而确定的评价内容。

(一) 评价指标体系设计的程序

指标体系设计的基本程序通常包括三个阶段。(1) 发散阶段。这一阶段的主要任务是分解教育目标，提出详尽的初拟指标。在这个阶段通常可以采用头脑风暴法和因素分解法。前者是指在专家会议中，各抒己见，即席发言，初拟评价指标。后者是指将评价指标按照评价对象本身的逻辑结构逐级进行分解，把分解出来的主要因素作为评价指标的方法，在分解的过程中需要使用统一的分解原则，而且分解出来的指标在上下层次之间应该相互照应，按照由高到低的层次逐级分解。(2) 收敛阶段，即对初拟指标体系进行适当的归并和筛选。这个过程可以采用经验法、调查统计法和模糊聚类法，同时应该遵循一些基本原则，即指标应具有重要性、独立性，指标应反映被评价对象的本质属性。(3) 实验修订，即选择适当的评价对象进行小范围的实验，并根据实验的结果，对评价的指标体系及评定标准进行修订。

(二) 指标权重的确定

权重是指根据各指标在指标体系中的重要性和作用大小，所分别赋予的不同数值。权重代表了评价指标的重要性程度。指标权重的确定可以采用关键特征调查法、两两比较法、专家评判平均法和倍数比较法。

关键特征调查法是先请被调查者从所提供的备选指标中找出最关键、最有特征的指标，对指标进行筛选并求出其权重的方法。两两比较法则是对指标进行逐对比较，并加以评分，然后分别计算各指标得分的总和。专家评判平均法则是对已经确定的指标，分别请专家评判其重要性，然后以专家评判结果的平均数为各指标的权重。倍数比较法则是对已确定的指标，以每一级指标中重要性程度最低的指标为基础，计为 1，然后将其他指标与之相比，做出重要性程度是它多少倍的判断，再经归一化处理，即可获得该级指标的权重。

三、标准化测验

这是进行学业测试的传统方式，也是一种非常有效的方式。标准化测验要经历一系列的基本程序。

（一）明确测验目标

只有明确测验目标，才能保证有向性，避免盲目性。通常测验目标就是教育目标，它是教、学、评、督、考的共同依据。前面我们已经详细描述了现代教学评价中所依据的一些主要教育目标，这里不再赘述。

（二）确定测验内容

通常这是在内容抽样和测验目标的基础上形成的。一般而言，这个过程由双向细目表来确定测验内容中所涉及的每一内容范围的相对比例、测验目标中每一层次目标的相对比重、每一测验目标层次在每一测验内容范围上的相对比重。双向细目表通常由测验目标、测验内容和权重构成。测验内容由测验材料构成，在收集测验材料的过程中要遵循以下原则：测验材料要适合测验目的；测验材料要能够代表该教材的全部内容；测验材料要有普遍性；测验材料要适合学生的程度并能鉴别学生的学习水平；测验材料要能激发学生的进取心。

（三）测验设计

测验设计主要包括以下几方面的工作：测验形式的确定，即测验采用何种形式的问题；测验题目形式的确定，主要有主观题和客观题两种类型；测验具体题型的确定与题目编制，即确定主观题和客观题的具体形式并进行相应的题目编制；测验题目的确定；测验时间的确定；测验题目的编排。

（四）测验的技术分析与鉴定

测验的技术分析与鉴定主要包括以下三个程序。(1) 编写复本与进行预测。前者是重要考试的必要步骤；后者则希望获取考生的信息，作为测验定量分析的依据。(2) 测验的质量分析，主要包括定量和定性两类分析。定量分析包括题目的难度分析、区分度分析、信度分析和效度分析。(3) 测验的标准化。在标准化测验中，不同的题型有不同的应用和设计技巧，后面有专门的叙述，这里不再重复。

四、替代性评价

替代性评价是在标准化测验的基础上发展起来的，它与传统测验有很大的不同。这种不同不仅在于评价的方式，也表现在评价对象的灵活性上，替代性评价可以用来评价那些在传统测验中表现不佳或受到限制的学生，以帮助教师做出关于这种学生的有效推论。由于替代性评价通常需要测验学生应用先前所学知识、经验解决新问题和完成特定任务的能力，因此通常也被称为表现性评价。在评价的过程中，替代性评价往往需要运用真实的生活或模拟的评价练习来引发始发行为，由高水平评价者按照一定的标准直接观察、评判，其形式主要包括建构式反应题、书面报告、作文、演说、操作、实验、资料收集和作品展示。因此可以说，替代性评价强调让学生在具体的真实或模拟生活情境中完成一定的任务，通过对学生在任务过程中的具体表现和完成任务的成果来评价学生。

表现性评价、档案袋评价法、概念图、量规等都是非常重要的替代性评价方法，在后面具体领域的评价中有详细的叙述。

五、课堂观察与调查

课堂观察是研究者带着明确的目的，凭借自身感官及有关辅助工具（观察表、录音录像设备），直接（或间接）从课堂上收集资料，并依据资料做相应研究。课堂观察是搜集资料、分析教学实施的有效性、了解教学与学习行为的基本途径。

课堂观察的内容包括：师生交往的方式；教师提问的次数和问题类型以及学生对问题的反应；教学过程的开放性和探索性；教室的空间布局、班级规模等因素对学生认知、情感、态度和行为的影响。课堂观察的技术方法和手段主要有：课堂教学录像、录音；以时间标志进行选择性课堂实录；座位表法；提问技巧水平检核表；斯语言互动分类表；学习动机问卷调查和访谈；学习效果的后测分析等。

调查也是一种非常重要的获取课堂教学评价信息的手段。调查是一类方法的总称，根据不同的标准有不同的调查方法，而不同的调查方法所适于收集的评价资料也是不同的，即不同的评价内容需要用不同的调查方法。

在实际的课堂评价中，还有其他的一些评价方法，在后面每个具体的评价领域有专门的介绍。

本章小结

本章主要介绍教学评价的实施过程。

思考与练习

1. 教学评价处理包括哪几个方面的内容？
2. 教学评价的方法有哪些？

第四篇　教育实习

第十一章　专业课堂教学实习

本章导入

教育实习，是酒店管理专业中职教师培养方案中的一项非常重要的内容，也是酒店管理专业中职教师专业人生的起点。教育实习，是中职教师在指导教师的指导下，将所学的专业基础知识、基础理论和基本技能，综合运用于中职学校的教育实践，培养从事中职教学工作能力的一门重要的实践性课程，是一项系统工程，涉及教育、教学、管理工作等各方面，对中职师资的专业发展和综合能力、素质的提高具有不可替代的特殊作用。教育实习在培养教师良好师德，巩固专业思想，以及锻炼和提高教育、教学能力等方面都是不可缺少的部分，并为酒店管理专业中职教师将来从事教学工作、教学管理工作打下坚实的基础。专业课堂教学实习，是酒店管理专业中职师资教育实习的一个重要环节，是中职教师实践教育理论，获取实际任教经验，逐步实现由受教育者向教育者角色转化的关键阶段，在教师教育尤其是职前教师教育过程中起着举足轻重的作用，享有独特的地位。

学习重点

1. 专业课堂教学实习的准备与实施
2. 专业课堂教学实习的反思

第一节 专业课堂教学实习的意义

专业课堂教学实习，是酒店管理专业中职师资教育实习的一个重要环节，是中职教师实践教育理论，获取实际任教经验，逐步实现由受教育者向教育者角色转化的关键阶段，在教师教育尤其是职前教师教育过程中起着举足轻重的作用，享有独特的地位。

一、专业课堂教学实习是实现教师专业化的重要环节

教师专业化是指教师在整个专业生涯中，依托专业组织，通过终身的教育专业训练，习得教育专业知识和技能，实现专业自主，表现专业道德，逐步提高自身从教素质，成为一个良好的教育专业工作者的专业成长的过程。教师要实现专业化，必须具备相关的专业知识，主要包括理论知识和实践知识。理论知识来源于系统的理论学习，而实践知识多来源于教师的教育教学经验，是教师在各种教育教学行动中形成的各种能力的综合体现，是其在教育教学实践中所形成的富于操作性的理性知识，主要产生于高度情景化的教育教学实践过程中。对于教师来说进行理论学习和参与教育教学实践同样重要，正如美国教育家杜威所说："对于教师合适的专业指导不是纯理论的，而是应包含一定量的实际工作"，而"理论知识须通过实践对其价值进行最终验证"。理论知识和实践知识两者相互联系、相互配合才能促进教师专业化的形成。

二、专业课堂实习提升了中职师资的综合素质

专业课堂实习为中职师资提供了接触中职学校真实教育教学环境的机会，使他们初步熟悉了中职学校工作实际，掌握了课堂教学和教育学生的一般规律和方法。在课堂教学方面，中职师资参与了备课、试讲、上课、课后辅导、作业的检查与批改等的具体教学实践，并从实习指导老师那里获得了教学实际经验和技巧的具体指导，从而不断修正自己的教学思路和提高自己的教学能力。同时，在教学一线发现教学课题，进一步培养了中职师的资科研能力，为日后独立开展科研工作奠定坚实的基础。并通过教学科研反哺教学实践，使教学能力得到进一步提升。

与此同时，中职师资在课堂教学实习过程中，经历了从学生到教师再到学生的身份的转变，从理论到实践再回归理论学习过程的循环，对于教师职业、教育理论和自身都有了全新的认识。这样，不仅使中职教师的职业认同感得到了进一步加强，职业能力得到了进一步提升；而且能够根据自身在实习中所暴露出的问题，有意识、有针对性地进行改进和完善。对于自身的认识也更加客观理性，看到了自身的优点也发现了自身的不足，自身的综合能力和素质得到全面的提升。

三、专业课堂实习积累了与学生交往的教学经验

专业课堂实习，是中职教师首次走上正式教学讲台，是第一次与学生的亲密接触。学生的不同性格、不同学习水平与特点、不同的配合程度都影响着中职教师课堂教学水平的发挥。教学，不再被看作简单的知识传递，而是如何进行知识传递，即如何更好地与学生互动，处理好教师与学生的关系。这也契合当下流行的"师生交往理论"。艾伦·汤姆在其《重新设计教师教育》一书中提出：课堂教学中的影响是双方的，学生也会影响老师。以往的教学往往忽略了教师和学生之间微妙的关系，忽略了教学行为的情境性。[①] 范梅南在他那篇著名的"认知和实践的结合"一文中写道：我想起我曾在荷兰的师范院校中所接触到的教育理论与知识，是一种在北美职前教师教育中看不到的。这些文献有一种现象学的特质，去探索成长中的孩子们的内心世界。初学教师们学习哲学或教育人类学它不是告诉你具体怎么去操作、规律、步骤，而是引导教师在具体的师生交往的情境中学习教学。它认为教师对教学的认识只能在具体的情境中产生。[②] 因此，中职教师通过课堂教学实习，积累了教学交往的丰富经验，为日后教学的开展奠定基础。

四、专业课堂实习培养了中职师资的职业道德

在专业的课堂实习中，中职师资既是一名教育者，也是一名学习者。在与学生互动教学的经验中，升华对教师行业的理解和职业道德的培养。同时，在与中职学校指导教师的听课等学习活动中，亲身体会其对教育视野的热爱和奉献精

① Tom, A.R. Redesigning Teacher Education [M]. NY: State University of New York Press, 1997. 46、112、153.

② Van Manen, M. Linking Ways of Knowing with Ways of Being Practical [J]. Curriculum Inquiry, 1977 (3): 205-228.

神，体会到作为教师教书育人的责任感与幸福感，这对于中职教师而言，是一次职业道德教育的好机会，有助于培养正确的价值观、人生观和崇高的职业道德。

第二节 专业课堂教学实习的过程

专业课堂教学实习，是一项系统性工程，在课堂教学实习目标的指导下，通过专业课堂实习准备、专业课堂实习实践和专业课堂实习反思三个过程，帮助酒店管理专业中职教师树立职业信念，培养职业品质，在实践中检验理论知识，发展教育基本能力，初步掌握课堂教学所需的实际知识和技能，为未来的教学工作打下良好基础。同时利用教育实习为高师院校检验教师培养质量提供反馈信息。

一、专业课堂教学实习准备

专业课堂教学实习是中职教师理论知识具体运用的关键环节，在实习准备时，应该充分复习学科知识；参与观摩教学，在见习中思考、提升教学技能，并充分利用各种微格训练，提升教学技巧，在指导教师帮助下，认真准备教学设计，并进行试讲。主要分为以下三个阶段：

（一）见习——观摩教学

见习，是中职师资进行教学实习的第一个环节，也是实习生向经验丰富的熟练教师或专家教师学习的好机会。在见习中，酒店管理专业中职师资可以学到丰富的教学知识和技能。第一，学习如何深刻地理解教材，并在整合知识的基础上，形成自身对教材知识的深刻理解。第二，学习如何将教材知识传递给学生。这是课堂教学至关重要的一步。初为人师，最困难的不在于知识的掌握，而是如何将掌握的知识传递给学生。在这过程中，向经验丰富的专家教师学习课堂授课技巧和与学生沟通互动。第三，学习课堂组织技巧。一节生动的课堂，离不开学生的积极参与、互动，而这往往是新教师最为缺乏的课堂教学技巧。

（二）教学设计

教学设计是以一定的教育教学理论为依托，全面地对教学活动进行规划与设计，并根据实际实施情况获得反馈信息，从而不断对教学活动进行调整的过程。

在听课学习前辈丰富的教学经验基础上，结合自身掌握的理论知识，认真备课,充分设计教学内容和环节。在教学设计阶段,可以发挥学习小组共同学习的长处,互相讨论,共同提升。也可以向高校指导教师请教,借鉴高校课堂理性化、系统性教学原则,提高教学设计的科学性。同时,应该积极向身处中职教育前线的基地指导教师请教,了解学生特点,根据中职学生学习特征,合理设计教学环节,适应中职教育特征。

值得注意的是,在教学设计环节中,要特别注意对教学内容的反复修改,教学设计的建立并非一蹴而就,是一个不断发现问题、解决问题和再发现问题的循环反复的过程。同时,中职教师在设计教学内容时,在理解知识的基础上,应充分发挥自己的独到见解,形成对知识的个性化理解。尤其是在理解知识的基础上,整合相关的学科知识。同时,能够根据学生学习特点和思维习性,正确传递给学生,即不仅理解和整合相关专业知识,并能够以一种学生可以理解的方式,科学有效地传递给学生。可见,对于教学设计而言,最重要的是两方面:一方面是如何理解、整合学科专业知识点;另一方面在了解学生思维基础上,有效地将知识传递给学生。

(三)试讲——微格训练

试讲是中职师资正式进入班级进行上课前,将所要授课的内容提前讲授给指导教师和同伴,经过大家的探讨与指导教师的点评,征求意见,反复调整。试讲通过后,方可进行正式上课。

在科学教学设计和专业见习听课基础上,应充分发挥高校微格训练长处,通过微格训练,进一步发现自身教学语言、教学内容和教学技巧的不足,在老师的指导和同学的帮助下,提升自身教学水平。

作为一种教学模式,微格教学是一种行之有效的师资培育策略。但它最大的特点是在"教学实验室"里,将复杂的变因予以控制,使教者在较简单的情境下,进行较安全的教学练习。局限性是学生是教授者的同学,讲授者无法清楚了解中学生,不知其背景知识、能力程度,再如,教学时间较短,使教学活动多呈现师生间口头问答的方式等。在今后的教学中,应该如何改进这门课的教学值得深思。可以通过观看中学课堂常规教学的录像来讨论如何驾驭和把握课堂教学环节。另外在微格教学中如何创造尽量贴近实际中学课堂环境是最关键的问题。

二、专业课堂实习实践

课堂教学是教学实习中最重要的环节。中职师资能够将所学到的教育教学理论运用到具体的课堂教学实践中,通过讲课检验自己的专业知识,提高自己的教学技能。并能在了解学生学习特征基础上,充分运用各种教学方法,以不同教学形式讲授各种不同的课程类型,如新授课、复习课、习题课、实验课等。因此,专业的课堂实习实践包含教什么、如何教和课堂控制三大内容。

(一)教什么

1. 授人以鱼、授人以渔:专业课堂教学内容主旨是什么?

著名教育家舒尔曼指出:教师应具备的知识统称为"学科教学知识",具体可分为七类:教育目的知识、教育情境知识、关于学生及其特性的知识、学科教学知识、课程知识、一般教学法知识和学科内容知识。① "学科教学知识"实际上是学科内容知识、一般教学法知识、课程知识三者的整合,它帮助教师把握某一特定的知识点如何呈现以及如何适应不同学生的需求等。② 酒店管理专业中职师资学习掌握"学科教学知识",其实是要从教学的角度、以教学为目的去认识、理解和展示自己所任教的学科内容。③ "学科教学知识"的形成和运用,不只依靠酒店管理专业中职师资整合以上三种知识的能力,还要求酒店管理专业中职师资对学生的学习有深刻的了解和敏锐的反应。从掌握学生惯用的理解模式和推理方法,以至预测他们学习的难点,都一一计算在教学和评估的设计之内,让学科的内容能有效地展现,并知道如何分析与纠正学生错误的理解。因此,"教什么"的第一要义是要在理解学生的基础上,通过学生能够理解的方式,深入浅出地、有效地传递专业知识。与此同时,还要求酒店管理专业中职师资在理解学生的基础上,能够学会欣赏与回应学生不同的学习方法与解决问题的方式,灵活运用教学策略与评估方法,尽量满足不同学生的学习需求。

因此,课程知识的教授不仅仅只停留在表面的课程知识,也不在于一堂课中传授课程知识的多少,而是能够帮助学生寻找探讨课程知识的方法,即不再强调课程知识,不仅停留在"授人以鱼",而强调学生学习方法的掌握,即"授人以渔"。总体而言,一堂课中,学生学会了多少比教师教懂了多少更重要。对于酒店管理专业中职师资而言,虽然每门课程都要根据相应的经过学院和校学术委员会讨论通过并报有关机构审批的教学大纲和教学目标组织教学活动,但是新教师必须明确,这个指导意见并不是要求教师从头至尾,每个内容、每个知识点

① Shulman, L. Knowledge and teaching: Foundations of the new reform [J].Harvard Educational Review. 1987(1):1-22.

② Shulman, L. Knowledge and teaching: Foundations of the new reform [J].Harvard Educational Review. 1987(1):1-22.

③ Grossman, P., Schoenfeld, A., & Lee, C. Teaching subject matter [A]. In Darling-Hammond, L. & Bransford, J. (Eds). Preparing teachers for a changing world: What teachers should learn and be able to do [C]. San Francisco: Jossey-Bass, 2005: 201-231.

都详细讲解、讲透。况且，中职教师也必须清醒地认识到，这对每一位学生并不现实，甚至也没有必要。因此，在课堂上，中职教师应该在第一次授课时向学生讲解教学大纲和教学目标，在以后的授课中，非常注重鼓励并且引导学生结合自己的兴趣爱好、发展方向和个人能力，学习自己感兴趣、自己发展所需要的内容，即引导学生有意识地在某一领域或方向进行有选择的、有重点的学习。中职教师还鼓励学生在该方向进行企业实习和论文写作，甚至还鼓励学生与具有该方向工作经历的教师多交流。对于新教师而言，明确课堂教授的重难点，有所讲、有所不讲，是十分关键的教学环节。

2. 问题意识、案例意识：酒店管理专业中职师资如何讲授专业课堂知识？

既然是“授人以渔”，那么在专业授课的教学技巧上，则不再是“满堂灌”或是“一言堂”，强调学生对课程知识的理解与思考。而如何引导学生的思考与学习，则要求酒店管理专业中职师资掌握一定的教学技巧与方法。与此同时，酒店管理专业是一门实践性很强的学科，要求学生掌握实操性的专业技能，这就要求酒店管理专业中职师资在掌握丰富教学方法的同时，既要锻炼学生的思考思维、分析问题、解决问题的能力，还要培养学生实际的实操技能，提高学生的动手能力。要做到这一点，与课堂的“问题意识”“案例意识”密不可分。

以问题为基础的学习法，PBL(problem based learning)，目前已成为国际上较流行的一种教学方法。PBL 是一种以学习者为中心的教学方式，充分发挥了学生学习的主动性，发展学生解决问题的能力，激发学生的学习兴趣，培养学生的自学能力、分析问题和解决问题的能力以及与他人合作的能力，深化和延伸了课堂教学。因此，在 PBL 教学模式下，一方面强调教师教学的问题意识，通过问题激发学生学习的主动性、积极性和效率性。而教师问题的设计、引导则成为课堂至关重要的一环。如在讲授中国酒店业发展史时，可以一改以往以时间为顺序的事件铺陈法，而是可以设计相关问题如“1982 年，建国饭店的成立，对于中国酒店业的发展有何特殊意义”“香港半岛酒店集团在建国饭店的成功管理经验”“中国饭店行业管理中对‘旅游饭店’的评定标准的演变”“星级评定制度对中国饭店业发展的影响”“2014 年中国酒店业全线下滑的原因”等引领学生思考中国酒店业发展的历史特征及其原因。教师在“问题意识”的引导下，正确设计教学内容，明确重难点，再辅以具体的教学方法，可以深入浅出、有所侧重地讲授核心知识，学生既能够学习掌握到核心内容，也可以培养其思考问题和解决问题的综合能力。另一方面，在 PBL 教学模式下，也强调学生的“问题意识”。学生在教师的适当引导下，明确问题，确定学习目标，接着针对学习目标自我学习，将学习所得应用于案例分析遇到的问题中，最后归纳所学的新知识,解决实际问题。使学生在学习过程中发展了自学和应用知识的能力,是一种真正意义上的主动学习。学生不仅掌握知识,更重要的是掌握寻找知识的方法,成为一个终生学习者,达到学习的最高境界。因此,以问题为主导的 PBL 教学模式,真正做到了在"问题意识"引导下,师生积极有效地参与和互动。

因此,在课堂教学实践中,为了提高学生的综合能力和素质,呼唤酒店管理专业中职师资改变以传授知识为主的教学方式和学生以单纯地被动接受教师传授知识为主的学习方式。一方面,要求酒店管理专业中职师资明确"教什么",即"教方法"还是"教知识"。要求教师从学生学习过程的"主宰者"、"传道者"角色向"促进者、组织者、指导者"转变。另一方面,要求学生从学习过程的"知识接受者"身份向学以致用的"建构者、体验者、评价者"身份转变,真正做到积极有效的课堂学习。

"案例意识",是酒店管理专业师资,课堂教授内容中不可或缺的一个重要环节。酒店管理是一门新兴的应用型学科,具有很强的实践性和综合性,要求教学能够与实践相结合。在国际知名酒店管理院校都践行着这一点,如瑞士洛桑酒店管理学院十分强调学生专业技能的锻炼,更设立"前校后店"的模式,在具体实践中提升学生的实操技能。不仅如此,还要求师资具有丰富的行业经验,不少人甚至担任过总经理等高级职务。为了使教师教学结合实际,学校一方面鼓励教师一专多能,允许教师在企业担任一定的职务,甚至学校还主动向企业推荐他们担任兼职顾问。学校还规定,教师不能持续几年一直留校,每隔三五年,要回到企业里去,以不断丰富自己的经营信息,调研国际化经营中出现的新问题,从而不断更新学校的教学内容,提高教学。这就是洛桑教师的职业运行模式——"教室—酒店或集团公司—教室"模式。这样周而复始,教师不脱离经营管理实践,教学始终与行业接轨,保证了"洛桑模式"的生命力。教师一线的行业经验,提供了课堂教学丰富的案例。在案例中,教师引导学生发现行业性的问题、分析并提供科学有效的解决方案,是学生掌握核心知识和技能的有效方法,而这点国内师资往往很难做到。原因是大部分院校教师基本出身学术领域,多有知识经验,欠缺行业经验,难以一言命中行业问题核心,多停留在理论层次。因此,对于酒店管理专业中职师资而言,要深入行业实践,积累大量的行业案例与解决方法,并将其运用于实际课堂,以提升教学水平。酒店管理专业的教学是一项实用性十分强的教学,师资队伍建设不能只简单限于单纯激励教师提升学历层次和搞学术研究,更要注重鼓励教师深入酒店企业去调研、去实践,多引进具有"双师型"素质的教师,实现由重学历向重实践能力标准的改进。让教师深入酒店第一线,了解酒店业最新发展动态,充实具体的教学内容,保证可以及时地向学生传授最新、最有价值的专业知识，这应是保证师资走在学科前沿的重要途径。

（二）如何教

对于酒店管理专业中职师资而言，在明确了“问题意识”和“案例意识”导向，在传授课堂内容和具体学科教学技能基础上，还应该注重师范生基础职业技能训练。本质上而言，酒店管理专业中职师资的培养，也是一种特殊的师范生培养，必须体现其“师范性”特征。师范性是师范院校的教学专业性和教育特征，是师范院校专业思想、职业道德、行为规范、职业素养和职业技能等方面在学校教育科学和各种活动中的集中反映，是师范院校区别于其他院校的本质属性。为培养合格的教师，要对师范生进行教育专业的教育和训练。这就要求相关院校在对师范生进行教育理论教学的同时，也应注重对其进行教育教学技能的训练，使之较好地掌握教育教学的方法、手段及相关的技巧，以便更好地进行教育教学。这是因为教育教学，既是一门科学，又是一门艺术，不懂得教育教学的规律、原则和方法，不具备一定的技能，很难胜任该项工作。因此，提高师范生对教育教学技能的掌握水平，是提高师范生从业素质、促进培养目标实现的重要举措。

1. 教学语言

在发音清晰洪亮的基础上，强调语调起伏和语言表达的生动。同时，辅以丰富的教学姿态，以生动地传递知识。

2. 板书设计

在字迹清晰工整基础上，强调版书设计的合理、美观，并能够用简约的内容表达丰富的知识，传递知识间的逻辑关系。

3. 多媒体设备的应用

在网络时代，一切离不开网络的应用。中职学生，普遍年纪小，乐于也善于接受新的教学形式，特别是在酒店管理专业案例知识的传递中，如果能熟练运用网络音频、视频以及各种软件，生动而有逻辑性地传递知识，将取得事半功倍的效果。

（三）课堂控制技巧——优化课堂教学过程

为了提升教学质量，优化课堂教学课程，必须做到良好的课堂调控，主要包括时间调控、纪律调控、课堂氛围调控、课堂讲解侧重点调控和灵活处理课堂教学中的突发问题。课堂教学中，由于学生的知识水平、兴趣爱好、性格特点各异，他们的表现必然会千差万别，加之外界环境影响，课堂教学中出现突发事件，意外情况是难免的。下面主要介绍课堂中突发事件的一般类型及处理办法。

1. 外部干扰型

课堂教学不是封闭的,它与外部环境有着千丝万缕的联系。因此,不可能完全隔断外界的干扰。如,教室内正在上课,室外一辆汽车呼啸着奔驰而过,或几只蜜蜂作为"不速之客"飞进教室,干扰学生上课等等,这些都可能是突发事件产生的原因。处理这些外部来客,教师可以利用自己的幽默和机智采取以变应变或借题发挥的方法进行巧妙地化解。比如,蜜蜂飞进教室,可以一边协助学生把蜜蜂赶出教室,一边跟学生开玩笑:"我果然是辛勤的园丁,要好好看护你们这些祖国的花朵,你看,花朵长太好了,蜜蜂都引来了。"

2. 教师失误型

这是由于教师在课堂上出现讲解错误、板书错误或实训操作失误等引起的。这种突发事件如果处理不当,会让课堂陷入尴尬的氛围,因此教师要用自己的人格魅力,化尴尬于无形,可以实话实说或将"错"借"错",通过幽默来化解。笔者就曾经遇到过这样的事。一次上课书写板书时出现书写错误,下面学生很快指了出来,还都笑了。笔者立马反应过来:"刚刚是哪位同学最先发现老师写错了?真是太感谢了,说不定老师写了二十几年的错字,今天就被你纠正过来了。要是能上来帮我改过来,下课后会有奖品奖励哦!"

3. 学习困扰型

课堂教学中常常出现这样的情形,由于有的教师口齿不清,表达能力不强;或者由于教师对某些教学内容准备不充分、讲解不到位,导致学生听不明白。于是他们就你看我、我看你,开始小声议论,这属于学习困扰型。尤其在进行某些较有难度的内容的教学时,就经常会出现上述情形。在班级内大范围出现这个问题时,那问题就是出自教师本身,因此教师自身要提高课堂设计和教学能力,充分做好课堂教学准备才会避免此类事件的发生。如果只是学生精神疲劳,无法集中精力学习时,教师可暂时停下来,让学生闭目养神休息几分钟,或做做小游戏,或唱上一支歌,或讲个幽默风趣的小故事。待学生精力恢复,注意力集中时,再讲课,效率会大大提高。课堂突发事件对每一位教师都是一个考验,但如果解决好了,这实际上是一个很好的教育契机,关键是教师要沉着冷静,运用自己的机智紧急调整教育教学策略。只要我们能根据不同的情况,因势利导,采取相应的应变方法,就一定能够处理好各类突发事件,取得良好的教学效果。

4. "课堂异动"型

(1) 分心型。由于某些学生不注意听讲;或者由于教师讲的时间过长,学生听得倦怠;或者由于学生自制能力差,教师在台上讲课,学生在下边打瞌睡,做小动作。这时教师若提问,他们往往会答非所问,甚至引得同学哄堂大笑。对于这一类型学生，可以利用巧妙暗示法、个别提醒法、重点提问法或幽默调侃法等。当突发事件发生时，教师可视情况用语言、眼神、手势等作暗示。如果暗示不起作用，教师可换用个别提醒法，可以边讲课边走到该生身边，或亲切地摸摸他的头，或轻轻地敲敲他的书本和课桌。如果以上两种方法都不见效，还可以尝试重点提问法，通过个别提问，强迫学生把注意力转移过来。在多年的教学实践中，笔者发现在课堂上适度地进行幽默调侃，也是唤起学生注意，避免学生分心的有效方法。如发现有学生打瞌睡，教师随即说了句："春风吹得书生醉，莫把课堂当睡堂。"同学们一笑，那位同学睡意全无；再如对于个别开小差的学生，可提醒道："唯物辩证法告诉我们，任何事物都是一分为二的，但唯有一心不可二用，上课时一定要集中精力。"

（2）爱出风头或恶作剧型。一个班学生几十人，难免有几个爱出风头的或爱搞恶作剧的。如果平时这个班纪律性一直不强，那么这几个爱出风头或爱搞恶作剧的人往往会向教师发难。他们或在教师讲课时，故意提出一些不该提的问题，有意为难教师；或在回答问题时，离题万里不着边际；或者与同学打闹、嬉戏。课堂上，对于那些好出风头或恶作剧的学生，在对他们进行批评教育时，要注意给他们台阶下，千万不能闹对立，避免把矛盾扩大，对偶尔犯错误的同学更应如此。另外，还可以采取爱心感化法。这类突发事件经常发生在一些学困生身上，他们自尊心强，同时自卑心理也较重，他们十分渴望得到教师的信任和尊重，即使有了差错，也希望得到谅解。作为教师，应坚信每个学生都是可以教育好的。在处理突发事件时，注意把严肃、善意的批评与信任、鼓励结合起来，把"尽量多的要求"与"尽可能多的尊重"结合起来，切不可感情用事，用训斥甚至是体罚或变相体罚等方法简单粗暴地处理，以免激起师生之间的矛盾，造成师生之间对立情绪的扩大。这正如苏霍姆林斯基所说："教育，这首先是关怀备至地、深思熟虑地、小心翼翼地触及年轻的心灵。在这里，谁更有细致和耐心，谁就能获得成功。"

（3）纠纷型。中职的课堂教学中常常出现这样的情形，教师正在认真上课，下边的同学也大多在专心听课，突然同座位或相邻的两个同学争执起来，轻者发生口角，重者你推我拉，互不相让，甚至大打出手，这就属于纠纷型。处理纠纷型事件，可以多采取冷处理的方法，就是对教室中发生的突发事件，采取淡化的方法，暂时"搁置"起来；或是稍作处理，留待以后再从容处理的方法。这种方法多用在学生与学生之间、学生与教师之间发生了争执对立，或课堂教学中个别学生发生了一些较严重的违纪事件时。因为发生突发事件后，学生多半头脑发热，情绪不稳，很难心平气和地接受教育，有时甚至会产生严重的逆反情绪，使局面难以收拾；而教师也容易心理失衡，缺乏充分的心理准备和冷静的分析，如果贸然进行“热处理”,难免发生失误或难以取得最佳的教育效果。例如,一位教师上课时,刚走进教室就看见同座位的小王和小张在打架,你推我拉,互不相让。这位教师没有慌张,也没有大声训斥学生,而是微笑着说:“怎么啦,你们俩,都已经是高中生了,有了小矛盾还不会处理? 双方冷静一下,相信你们能够自己解决。好,我们开始上课。”随着教师的话语,同学们松了一口气,小王和小张也松开了手,不好意思地低下了头。一场“龙虎斗”平息了下来。这种方法既避免了事态的激化,又没有浪费教学时间,更主要的是让学生自己解决纠纷,体现了这位教师的现代教育意识。

总之,在课堂突发事件发生时,教学语言幽默是教师应发挥的。诙谐幽默的语言可以活跃课堂气氛,启迪学生心智,激发学生的学习热情。教学语言的幽默并不同于简单地说笑话讲故事,而是通过挖掘教材内在的趣味性材料,加上生动形象的比喻,化深奥为浅显,化平淡为有趣,从而取得良好的教学效果。

三、专业课堂教学实习的反思

教学反思是对已经完成的教学活动进行深入的思考,将获得的教学经验重新进行建构,获取新知的过程。教学反思对酒店管理专业中职师资而言,同样是一个重要的学习过程。近年来,反思能力一直被认作是促进教师专业化成长的重要因素。因此,反思型教师的培养受到了国内外教师教育越来越多的重视。“反思性实践者”的培养也已经成为各国教师教育改革的方向。教师教育者和研究者都认为反思对教师学习有着积极的促进作用。

总体来说,酒店管理专业中职师资经过专业课堂实习之后的反思主要包括三个显著的主题:对教学实践的反思、对大学课程影响的反思和对教师作为一门职业的反思。这三个主题是互相渗透的,环环相扣,体现了酒店管理专业中职师资对自身发展、环境背景的关注点:师范生对教学实践的反思着重关注对自身教态、教学方法以及上课过程中与学生的互动等方面。酒店管理专业中职师资通过反思积累教学方法、总结教学技巧,为日后教学提供启示;对大学课程的反思主要关注所接受的有关教学理论及方法,通过师范生的教学实践进行“检验”,思考大学课程设置的合理性;对教师作为一门职业的反思主要是思考教师职业的现状和自己在其中的位置。

作为教师教育起点的专业课堂实习则是其中的一个重要阶段,它对于教师专业化的成长乃至教师今后的整个教学生涯的影响都很大。它是教学进行持续不断的试验和反思的过程。反思对学习教学的作用主要有两方面:一是养成良好的学习习惯,二是有助于形成学习共同体。因此,专业课堂实习之后的交流、总结和反思十分必要,这是实习生经过一段时间实践之后,对于教育理论和实践的再认识过程,也是促进师范生对于教育教学观念和教育实践活动进行反思的机会,有利于促进师范生的成长。因为反思是实习生在毕业实习期间获得实践性知识、增强教育教学能力、形成自身教育智慧的有效途径。教育实习期间定期的交流和总结,实现了"实践—理论—实践"的学习过程,这种学习过程符合"从生动的直观到抽象的思维,并从抽象的思维到实践"的人类认识过程一般规律,使理论与实践鲜活起来,既维护了理论的核心地位,也凸显了实践的动因作用。教育实习期间定期的交流和总结,实现了在实践中思考、在思考中实践,有利于实习生将实践经验和理论知识联系起来,培养自身的认知和分析能力。

拓展案例

现代酒店管理教案

教学目标:理解和掌握高品质的服务和高成效的管理,服务质量新视点——期望管理。达到对客服务的标准性、规范性、灵活性和超值性。增强学生的服务意识,提升学生的服务水平和能力。

教学重点:理解和掌握高品质的服务和高成效的管理,服务质量新视点——期望管理。

教学难点:理解和掌握高品质的服务和高成效的管理,服务质量新视点——期望管理。

教学方式:讲授,案例分析,设问互动。

教学时速:2 课时

教学参考资料:酒店案例分析 100 例

教学过程:

第一讲　高品质的服务和高成效的管理

下面我们从一个案例中来分析和诠释这个题目——何谓高品质的服务和高成效的管理

案例一:记住客人的姓名

一位常住的外国客人从饭店外面回来,当他走到服务台时,还没有等他开口,问讯员就主动微笑着把钥匙递上,并轻声称呼他的名字,这位客人大为吃惊,由于饭店对他留有印象,使他产生一种强烈的亲切感,旧地重游如回家一样。还有一位客人在服务台高峰时进店,服务员问讯小姐突然准确地叫出:“××先生,服务台有您一个电话。”这位客人又惊又喜,感到自己受到了重视,受到了特殊的待遇,不禁添了一份自豪感。另外一位外国客人第一次前往住店,前台接待员从登记卡上看到客人的名字,迅速称呼他以表欢迎,客人先是一惊,而后作客他乡的陌生感顿时消失,显出非常高兴的样子。简单的词汇迅速缩短了彼此间的距离。此外,一位 VIP 随陪同人员来到前台登记,服务人员通过接机人员的暗示,得悉其身份,马上称呼客人的名字,并递上打印好的登记卡请他签字,使客人感到自己的地位不同,由于受到超凡的尊重而感到格外的开心。

[评析]

学者马斯洛的需求层次理论认为,人们最高的需求是得到社会的尊重。当自己的名字为他人所知晓就是对这种需求的一种很好的满足。

在饭店及其他服务性行业的工作中,主动热情地称呼客人的名字是一种服务的艺术,也是一种艺术的服务。通过饭店服务台人员尽力记住客人的房号、姓名和特征,借助敏锐的观察力和良好的记忆力,做出细心周到的服务,给客人留下深刻的印象,客人今后在不同的场合会提起该饭店如何如何,等于是饭店的义务宣传员。目前国内著名的饭店规定:在为客人办理入住登记时至少要称呼客人名字三次。前台员工要熟记 VIP 的名字,尽可能多地了解他们的资料,争取在他们来店报家门之前就称呼他们的名字,当再次见到他们时能直称其名,以此作为一个合格服务员最基本的条件,同时,还可以使用计算机系统,为所有到来的客人做出历史档案记录(从市场营销学可以知道开发一个新客户是维系一个老客户所花费用的 3 倍)。对客人做出超水准、高档次的优质服务,把每一位客人都看成是 VIP(旅游政策与法规中旅游从业人员道德对我们旅游工作者提出六个一样,即中外一样,东西一样,新老一样,黑白一样,高低一样,先后一样),使客人从心眼里感到饭店永远不会忘记他们。

从以上的案例我们可以得知,首先,客人入住酒店,其需求是非常高的——提供“超值服务”。所谓超值服务就是在客人没有想到之前我们服务人员就已经做到了。简单地说,就是不断在服务和质量方面超越客人的需求。在整个酒店业管理方面的基本理念是以客人的需求为中心。其中,服务态度是非常重要的,我们用精神态度接触客人的心灵。对客人的要求,我们永不说“不”,没有不可能。“客人永远是对的”。哪怕我们为满足他们的需求已耗尽全力,我们也要为客人提供更多的选择以达到他们的期望。因为服务是酒店业的根本和生命。客人对酒店最直接的体验就是通过服务,提供优质的服务,才能体现出我们五星级酒店的价值。

其次,酒店的员工必须都具备正确的工作态度——爱岗敬业做好本职工作。我们不断激励员工更加热爱自己的工作,加倍投入到自己的工作岗位上。通过各种员工培训计划,提高员工的服务水平和工作效率,使人人都成为楷模。热忱而且智慧、勤劳而且精诚团结。客人对酒店最直接的感觉就是服务,提供优质的服务才能体现出价值。高品质的服务,最终的目的是要超出我们对客人所承诺的范畴。例如,我们能牢记并称呼客人的姓名,记住他们喜爱的房型、口味以及个人爱好等等。

下面我们来看一个案例,然后我请同学起来回答一下这个案例给你什么感受和启发?

案例二:转怒为喜的客人

正值秋日旅游旺季,有两位外籍专家出现在上海某大宾馆的总台。当总台服务员小刘(一位新手)查阅了订房登记簿之后,简单化地向客人说:“客房已定了 708 号房间,你们只住一天就走吧。”客人们听了以后就很不高兴地说:“接待我们的工厂有关人员答应为我们联系预订客房时,曾问过我们住几天,我们说打算住三天,怎么会变成一天了呢?”小刘机械呆板地用没有丝毫变通的语气说:“我们没有错,你们有意见可以向厂方人员提出。”客人此时更加火了:“我们要解决住宿问题,我们根本没有兴趣也没有必要去追究预订客房的差错问题。”正当形成僵局之际,前厅值班经理闻声而来,首先向客人表明他是代表宾馆总经理来听取客人意见的,他先让客人慢慢地把意见说完,然后以抱歉的口吻说:“你们所提的意见是对的,眼下追究接待单位的责任看来不是主要的。这几天正当旅游旺季,双人间客房连日客满,我想为你们安排一处套房,请你们明后天继续在我们宾馆作客,房金虽然要高一些,但设备条件还是不错的,我们可以给你们九折优惠。”客人们觉得值班经理的表现还是诚恳、符合实际的,于是应允照办了。过了没几天,住在该宾馆的另一位外籍散客要去南京办事几天,然后仍旧要回上海出境归国。在离店时要求保留房间。总台的另外一位服务员小吴在回答客人时也不够灵活变通,小吴的话是:“客人要求保留房间,过去没有先例可循,这几天住房紧张,您就是自付几天房金而不来住,我们也无法满足你的要求!”客人碰壁以后很不高兴地准备离店,此时值班经理闻声前来对客人说:"我理解您的心情,我们无时无刻不在希望您重返我宾馆做客。我看您把房间退掉,过几天您回上海后先打个电话给我,我一定优先照顾您入住我们宾馆,否则我也一定答应为您设法改住他处。"数日后客人回上海,得知值班经理替他安排了一间楼层和方向比原先还要好的客房。当他进入客房时,看见特意为他摆放的鲜花,不由得翘起了大拇指。

(以上这个案例只是最典型的例子,大家可以思考一下我提出的问题)

[评析]

第一,饭店是中外宾客之家,使之满意而归是店方应尽义务,大型饭店为了及时处理客人的投诉,设置大厅值班经理是可行的。

第二,当客人在心理上产生不快和愤怒时,店方主管人员要首先稳定客人情绪、倾听客人意见,以高姿态的致歉语气,婉转地加以解释,用协商的方式求得问题的解决。

第三,要理解投诉客人希望得到补偿的心理,不仅在身心方面得到安慰,而且在物质利益方面也有所获取。当客人感到满意又符合情理时,饭店的服务才算得上出色成功了。

在超越客人期望之前的努力,就是我们必须满足客人的基本需求。下面举四个与客人息息相关的例子:

第一,迅速准确地登记入住。结束了长距离的旅行,准备休息养精蓄锐的客人,是不愿意等待那一系列传统的登记、取钥匙、进房等程序的,更不愿意浪费时间填写整页的登记表格。因此,我们就要急客人之所急,想客人之所想。提前填好每位客人的登记表,提前准备好整洁温馨一应俱全的房间。客人到店之后,随即两分钟之内完成一切入住程序,步入电梯,直至酒店客房。

第二,舒适甜美的睡眠。安静温馨的房间和温暖舒服的床,是舒适理想的画面。倘若客人无法拥有良好睡眠,便很可能会在醒来之后倍感烦躁和焦虑,并可能由此导致一系列随之而来的不满和抱怨。

第三,舒服清爽的沐浴。水压和水温这两点是非常重要的服务标准,一直是我们为满足客人的需求,完善客人的体验,而尤为重视的两项标准。我们要给客人以家的感觉,又使他们有种胜似家的尊贵。

第四,美味可口的早餐。甜美亲切的微笑,热情友善的迎候,一定要一如既往地献给每一位客人。不让任何客人等待,及时奉上清香浓郁的茗茶,及时提供醇厚地道的咖啡。使客人们在经过了一夜甜美的睡眠之后,神清气爽地迎来清新的一天,心旷神怡地在自助餐厅享用丰盛的早餐。

这四个方面，在用我们辛勤的劳动超越客人期望之前，必须一如既往地重视和发展下去，放眼全局。我们的使命就是在各个领域中不断努力超越，为客人提供一个更舒适、清洁、安全的环境以及友好、人性化、预见性的服务。我们要能够谦和，能够有勇气，能够竭尽全力，能够有远见，能够倾其所有，能够尽其所能。我们一定能持续超越客人的期望，持续超越自身的目标。

第二讲 服务质量新视点——期望管理

顾客期望，一般来说，客人对饭店的管理及服务人员的几个最基本的期望是：

一、要求服务人员利于接触。

二、要求服务人员有礼貌。

三、感觉到自己入住宾馆受到重视。

四、要求服务人员有同情心。

五、要求服务人员有专业性知识。

六、要求服务人员的工作与服务保持一贯性。

七、要求饭店的组织有团结协作的精神。

案例三：跟踪服务无处不在(该案例有八个画面诠释了酒店服务规范和标准)

1. 某宾馆906房间。推门而入的是远道而来的潘教授和当地接待部门的杜处长。

“纤尘不染，杜处长，看来这里的管理和服务很不错。”潘教授出于职业的习惯，随手抹了一把写字台的桌面看了一看说道。

两人刚坐下休息，一位面带微笑的服务员敲门进来。她的手上端着盘子，上有两杯刚沏好的茶，亲切地说：“先生路上辛苦了，请用茶。”话音未落，紧随其后又来了一位服务员，送上的是两块热毛巾。“先生一定累了，请擦一下脸，再好好休息一下，有事情请吩咐。”两位小姐退出后，潘教授和杜处长一边擦脸一边不约而同地称道毛巾的香水味。

“潘教授是饭店管理专家，感谢您这次来对我们的指导。”杜处长对潘教授说。

潘教授与杜处长亲切交谈着。

2. 有两位造访者来，他们是潘教授在当地的两位老朋友。一阵寒暄未了，“先生用茶”“先生请用热毛巾”，面含笑意的服务员渐次而至。

潘教授连忙向服务员致谢，趁机询问这里的服务何以如此热情周到。服务小姐回答:“客房部强调人到,茶到,毛巾到。不仅我们对住店的客人如此,对客人的客人也是如此,对客人的客人的客人还是如此。来的都是客,我们一律提供最好的服务。”潘教授赞许地点头。

3. 客房窗外,天色渐暗。杜处长提醒大家该是用晚餐的时候了。大家起座,步出房门。楼层服务员见状已经抢先为潘教授一行按了电梯。待电梯门开后,服务员又轻声细语地关照:“请慢走,请当心。”当他们来到底楼,一阵“欢迎光临餐厅”的声音迎面而来。

4. 晚餐用毕,潘教授一行离开餐厅时,又听到先前那位小姐客气的告别词。

潘教授一行乘电梯回到了9楼,电梯门开,服务员小姐热情地说,这是9楼,对旁边手提行李的新客连忙介绍:“这是9楼,欢迎来到9楼。”对潘教授一行说:“你们回来了,请休息。”

回到客房后,潘教授对杜处长等人说:“这里的服务果真名不虚传。会不会因为有您杜处长在,或者服务员知道我是他们总经理的客人而享受特别优待呢?”潘教授决定再察看一番。

5. 潘教授独自一人乘电梯下了楼,再转身乘上电梯,从8楼起,每层停一下,但见先走出的客人脚才踏上走廊,服务小姐便一边致欢迎词,一边在前引路,为客人开门,而在10米远处,另一位服务员已捧起热水瓶在沏茶了,一切都是那么自然,那么连贯。层层楼面都一样规范。

6. 潘教授送走了客人,走到写字台旁坐下,他扭亮台灯,铺开文稿纸,若有所思,手中的笔落下。文稿上一行字迹清晰可见:论优质服务的精髓——“亲”,兼谈接待型管理在转轨中的特色保留。

7. 清晨,电话铃响,潘教授打开床头柜上的台灯,掀开被子接听电话:“先生,早上好,您不是今天一早要动身吗?我怕您睡过头,所以特意打了电话给您。”电话那头是楼层服务员小姐亲切的声音。

8. 潘教授离房告辞,楼层服务员小姐热情相送,并再三关照:“请下次再来我们宾馆,再来9楼住宿。”

(从上述案例我们可以知道,作为服务或管理人员我们自身要做好几个方面的质量规范和标准)

1. 及时:在为客人提供服务过程中包含时间。

2. 准备:在某种程度上,我们才能达到客人期望的要求。

3. 一贯性:今天如此,明天还这样。与客人接触始终保持同一水平,即使面临困难。

4. 可见性:“证据管理”客人见到的个人面貌、设备等情况。

5. 同情:在接触客人中做到照顾、尊重客人。

6. 能力:按客人的要求,服务人员所掌握的技能和知识。

7. 负责:乐于助人解决特殊需要,愿意并能承担责任。

8. 保证:承担并信守承诺,对客人输送理解并信任的信息。

9. 灵活:员工在不违背企业文化的情况下,能否根据客人需要改变程序和政策。

作业:请理论联系实际论述你是如何理解高品质的服务和高成效的管理以及服务质量新视点——期望管理。

课后总结:通过讲授和诠释让学生理解和掌握高品质的服务和高成效的管理,服务质量新视点——期望管理。使学生达到对客服务的标准性、规范性、灵活性和超值性。增强学生的服务意识,提升学生的服务水平和能力。

第三节　专业课堂教学实习的管理和评价

一、规范化管理,提升专业课堂教学实习质量

良好、健全的管理机制是成功开展专业课堂教学实习工作、顺利完成实习任务、达到实习目标的关键。实习管理工作的好坏能够直接影响专业课堂教学实习的质量和效果,因此如何科学、有效地对专业课堂教学实习工作进行管理受到重视。规范化的管理有利于合理配置专业课堂教学实习中的各种资源、发挥整体效益,也有利于协调专业课堂教学实习中的种种关系,促进有关部门的团结协作,推进相关规章制度的建设,强化相关人员的责任意识,从而实现专业课堂教学实习各项工作的有序开展,为专业课堂教学实习的实施创造积极的外部环境,为专业课堂教学实习质量的提高奠定基础。

在规范化管理,提高专业课堂教学实习质量中,除了设立专业课堂教学实习质量管理机构,健全规制和辅助措施建设以保障其外部环境之外,最重要的莫过于提升实习指导老师的指导质量以利于酒店管理专业中职师资专业课堂教学实

习的成长。这是因为指导教师的学识水平、指导经验、工作态度、责任心、组织协调能力等对酒店管理专业中职师资在专业课堂教学实习期间的成长起着至关重要的作用。可以说指导老师指导质量的高低,直接影响酒店管理专业中职师资在专业课堂教学实习期间的成长。

专业课堂实习中,对于酒店管理专业中职师资的专业课堂教学实习提供指导和帮助的人员包括:大学指导老师、中职学校指导老师、同实习组的同学、中职学校领导和非指导教师以及中职学校学生等。因此,通常选择具有丰富教育教学经验、能独立胜任专业课堂教学实习指导工作、具有讲师以上职称、有过实习指导经验的教师担任指导教师和具有丰富教育教学经验,了解中职学校学生特点和教学技巧的中职指导教师作为其指导教师,促进其教学能力的综合提升,保障专业课堂教学实习质量。

二、科学性考核和评价,保障专业课堂教学实习质量

专业课堂教学实习考核和评价是专业课堂教学实习工作中的一个重要环节,是测验理论学习、检查实习效果、督促实习工作、反馈人才信息的有效途径。

1. 评价内容及标准

评价内容包括酒店管理专业中职师资对专业课堂实习教案的掌握、专业课堂教学实习听课记录和专业课堂教学实习研究报告等。专业课堂教学实习的综合评定成绩=教学工作实习成绩×50%+课堂组织工作实习成绩×30%+教育调查与研究报告成绩×20%,百分制折合成优秀、良好、中等、及格、不及格五级制记分。

2. 评价的方式及主体

酒店管理专业中职师资专业课堂教学实习成绩评定采用的方式和主要参与评价的主体应注重多方主体共同参与的原则。一是应结合学生自评、小组评价、中职学校教学指导教师与大学指导教师评价相结合的原则。值得注意的是,实习生作为教育实习的受益者,对自己的实习情况进行自我评价,有利于提高其参与教育实习的自主性,促进其在教育实习过程中对自己的实习情况进行回顾,发现其中存在的问题,及时进行改进,促进自身进步。二是在评价内容上,应该注重各环节表现的总体评价,包含专业课堂教学实习的准备工作、课程教学实施和专业课堂教学实习的反思,以帮助酒店管理专业中职师资自我反思、自我改进。

本节拓展案例设计

职业教育教师酒店管理本科专业

专业课堂教学实习鉴定表　　　　年　月　日

姓名		专业		学号	
实习学校和班级					
自我鉴定					

注:此表装入学生档案

实习学校意见	年　　月　　日(公章)

续表

<table>
<tr><td>实习带队教师意见</td><td>

（盖章）
成绩　　　　等级　　　　签字：　　　　年　　月　　日</td></tr>
<tr><td>学生所在学校学院意见</td><td>

学院院长签字：　　　　年　　月　　日（盖章）</td></tr>
</table>

职业教育教师酒店管理本科专业专业课堂教学实习工作指导

根据《教育部关于大力推进教师教育课程改革的意见》（教师〔2011〕6号）的精神和要求，为进一步提高酒店管理本科专业中等职业学校教师教育技能，强化教育实践与体验环节，培养一名合格的师资，特提出专业课堂实习相关指导性意见，具体内容如下：

一、高度重视、统一领导

为保障有效的专业课堂实习，进一步加强教育实习的过程管理，坚持组队集中实习，加强与实习学校的沟通交流，提升实习基地建设的质量，以保证专业课堂实习工作的有序进行。

二、紧跟政策，灵活部署

根据《教师教育课程标准(试行)》关于"职前教师教育实践(教育见习、教育实习)分为观摩、参与、研究三个阶段来开展"的规定，酒店管理专业本科中职学校师资专业课堂实习拟定如下思路：

1. 教育观摩

教育观摩2~6周，即为见习准备周。酒店管理专业本科中职学校师资专业课堂实习期间进行强化训练，包括在校内观摩优秀视频课与到实习学校听课，至少需要完成12个听课记录。

2. 教育参与

教育参与8~10周，即酒店管理专业本科中职学校师资参与专业课堂实习的实际教学活动。该阶段时间必须予以保证。实习生在此期间，至少要完成6份不同教学内容的教案和8节课的实际教学活动等工作。

3. 教育研究

教育研究2~4周，即为研究总结周。可在本校内与实习学校进行。在此期间，实习生完成实习手册、总结汇报等。

三、及时总结，完善方案

总结材料内容要包括工作方案、具体做法、实际成果、三方(学院、实习基地、学生)反馈意见和经验教训等。

附件：1. 中职师资酒店管理本科专业课堂实习阶段安排与目标要求表

2. 中职师资酒店管理本科专业课堂实习手册

附件 1

专业课堂实习阶段安排与目标要求表

阶段	实习模块	基本内容	周数	要求
第一阶段	观摩	1. 结合相关课程学习,观摩中职学校课堂教学,了解课堂教学的规范与过程 2. 深入班级,了解中职学生身心特点及其群体活动的状况,获得与中职学生直接交往的体验 3. 密切联系中职学校,了解中职学校的教育与管理实践,获得对中职学校工作内容和运作过程的感性认识	2~6 周	1. 教育观摩周,即为见习准备。该阶段具体周数与学期分布可以根据具体情况与学科特点进行调整 2. 实习生在此期间进行强化训练,至少需要完成 12 个听课记录,包括在校内的优秀视频观摩课与实习学校
第二阶段	参与	1. 在有指导的情况下,根据中职学生的特点和教学目标设计与实施教学方案,经历 1~2 门课程的教学活动 2. 在有指导的情况下,参与指导学习、管理班级和组织班队活动,获得与家庭、社区联系的经历 3. 参与各种教研活动,获得与其他教师直接对话或交流的机会	8~10 周	1. 专业课堂实习参与周,即学生参与课堂教育的实际教学活动。该阶段时间必须予以保证 2. 实习生在此期间,至少要完成 6 份不同教学内容的教案和 8 节课的实际教学活动等工作
第三阶段	研究	1. 在日常学习和实践过程中积累所学所思所想,形成问题意识和一定的解决问题能力 2. 了解研究教育实践的一般方法,经历和体验制订计划、开展活动、完成报告、分享结果的过程 3. 参与各种类型的科研活动,获得科学地研究学生的经历与体验	2~4 周	1. 教育研究周,即为研究总结。可在本校内与实习学校进行。具体的周数与实际安排学期视具体情况而定 2. 在此期间,实习生完成实习手册、总结汇报等

附件 2

学号：

中职师资酒店管理本科专业

专业课堂实习手册

学　　院：________________

专　　业：________________

年　　级：________________

姓　　名：________________

实习成绩：________________

指导教师：________________

实习学校

指导教师：________________

实习学校：________________

实习时间：________________

年　　月　　日

中职师资酒店管理本科专业实习申请表

<table>
<tr><td>学号</td><td></td><td>姓名</td><td></td><td>性别</td><td></td></tr>
<tr><td>专业</td><td></td><td>联系电话</td><td></td><td>实习起止时间</td><td></td></tr>
<tr><td>实习单位全称</td><td colspan="3"></td><td>单位联系电话</td><td></td></tr>
<tr><td>实习单位指导教师姓名</td><td></td><td>职称</td><td></td><td>联系电话</td><td></td></tr>
<tr><td>校内指导教师姓名</td><td></td><td>职称</td><td></td><td>联系电话</td><td></td></tr>
<tr><td>实习单位地址</td><td colspan="5"></td></tr>
<tr><td>实习住宿地</td><td colspan="5"></td></tr>
<tr><td colspan="6">申请理由与承诺</td></tr>
<tr><td colspan="6">理由：
承诺：本人自愿参加实习，在实习期间，本人严格遵守国家法律法规和学院及实习单位的各项规章制度，按照实习计划完成实习任务；本人及本人家长承诺对本人在实习期间的人身财产安全和一切行为及其产生的后果负完全责任；实习结束后，按时返校。
学生签名：　　学生家长签名：　　年　月　日</td></tr>
<tr><td rowspan="2">实习单位意见</td><td colspan="2">指导教师签名：
年　月　日</td><td rowspan="2">学院意见</td><td colspan="2">指导教师签名：
年　月　日</td></tr>
<tr><td colspan="2">单位领导签名：　（单位盖章）
年　月　日</td><td colspan="2">主管领导签名：　（单位盖章）
年　月　日</td></tr>
</table>

注：本表原件由学院归档保管，学生本人、校外学生实习单位各执复印件一份。

专业课堂实习教案

学院____________________ 专业__________________________

实习生学号____________________ 本校指导教师____________

实习学校指导教师______________ 原任课教师______________

__________年____月____日（星期____）第____节课（本人本次实习第　　个教案）

<table>
<tr><td colspan="2">课题：</td><td>课时安排：</td></tr>
<tr><td colspan="3">课标要求：</td></tr>
<tr><td rowspan="3">三维目标</td><td colspan="2">知识与技能：</td></tr>
<tr><td colspan="2">过程与方法：</td></tr>
<tr><td colspan="2">情感、态度与价值观：</td></tr>
<tr><td colspan="3">教学重点：</td></tr>
<tr><td colspan="3">教学难点：</td></tr>
<tr><td colspan="3">教学辅助手段：</td></tr>
<tr><td colspan="3">教学过程：</td></tr>
</table>

续表

<table>
<tr><td colspan="2">板书设计：</td></tr>
<tr><td colspan="2">课后反思：</td></tr>
<tr><td>实习学校指导教师意见</td><td></td></tr>
<tr><td>学院指导教师意见</td><td></td></tr>
</table>

专业课堂实习听课记录表

班级(学校)		授课教师		教时		听课时间	
科目		课题					
教学过程				听课意见			

听课人：

中职师资酒店管理本科专业

专业课堂实习成绩鉴定表

<table>
<tr><td>学院</td><td colspan="3"></td><td>年级</td><td></td><td>专业</td><td></td></tr>
<tr><td>姓名</td><td colspan="2"></td><td>学号</td><td></td><td>实习学校</td><td colspan="2"></td></tr>
<tr><td colspan="2">实习调查
报告题目</td><td colspan="3"></td><td>实习起
止时间</td><td colspan="2"></td></tr>
<tr><td colspan="8">实习生自我总结：</td></tr>
<tr><td>本校指导教师评语</td><td colspan="7">（包括思想政治表现、教学工作、班主任工作、教育调查与研究等）

指导教师签名：
年　　月　　日</td></tr>
</table>

续表

<table>
<tr><td rowspan="3">教学工作实习评语与成绩</td><td colspan="3"></td></tr>
<tr><td>实习成绩
（百分制）</td><td></td><td>实习学校指导教师签名：　　年　月　日</td></tr>
<tr><td colspan="3">备注：教学工作实习成绩根据《福建师范大学教学工作实习成绩考核评定标准》的指标体系评定。</td></tr>
<tr><td rowspan="3">班主任工作实习评语与成绩</td><td colspan="3"></td></tr>
<tr><td>实习成绩
（百分制）</td><td></td><td>实习学校班主任签名：　　年　月　日</td></tr>
<tr><td colspan="3">备注：班主任工作实习成绩根据《福建师范大学班主任工作实习成绩考核评定标准》的指标体系评定。</td></tr>
<tr><td rowspan="3">教育调查与研究报告评语及成绩</td><td colspan="3"></td></tr>
<tr><td>成绩（百分制）</td><td></td><td>本校指导教师签名：　　年　月　日</td></tr>
<tr><td colspan="3">备注：教育调查与研究报告成绩根据《教育调查与研究报告成绩考核评定标准》的指标体系评定。</td></tr>
<tr><td>实习学校领导小组审核意见</td><td colspan="3">实习学校负责人签字（公章）
年　月　日</td></tr>
</table>

续表

学院综合评定成绩	教学工作实习成绩（百分制）	班主任工作实习成绩（百分制）	教育调查与研究报告（百分制）	实习综合评定成绩（百分制）	实习综合评定成绩（五级制）	备注：实习综合评定成绩=教学工作实习成绩×50%+班主任工作实习成绩×30%+教育调查与研究报告成绩×20%，百分制折合成五级制记分。
	学院负责人签字（公章） 年 月 日					

本章小结

本章主要介绍专业课堂教学实习的三个过程，分为准备、实践、反思。除此之外，对于实习评价进行了阐述，能够帮助师范生明确了解如何开展课堂实习。

思考与练习

1. 课堂中突发事件的一般类型与处理办法有哪些？
2. 课堂教学与实习反思的三个主题是什么？

第十二章 专业基地顶岗实习

本章导入

实习指导教师的总结

2014年9月，我将带我系酒店管理专业7名同学进行为期6个月的顶岗实习，实习之前准备工作如下：

1. 明确实习目的

顶岗实习是学校教学的一个重要组成部分。它的一个重要功能，在于运用教学成果，检验学习效果。就是看一看课堂教学与实际工作到底有多大距离，并通过综合分析，找出教学中存在的不足，以便为完善教学计划，改革教学内容与方法提供实践依据。

(1) 培养学生的实际能力，而这种实际能力的培养单靠课堂教学是远远不够的，必须从课堂走向企业。目的就在于让学生通过亲身实践，了解实际的酒店服务和管理的过程，熟悉企业管理的基本环节，实际体会一个酒店服务销售人员的基本素质要求，以培养自己的适应能力、组织能力、协调能力和分析解决实际问题的工作能力。

(2) 预演和准备就业工作。通过实习，让学生找出自身状况与社会实际需要的差距，并在以后的学习期间及时补充相关知识，为求职与正式工作做好充分的知识、能力准备，从而缩短从校园走向社会的心理转型期。

2. 实习学生具有双重角色

他们既是学校派出的学生，又是实习单位的工作人员。鉴于此，我要求学生：

（1）以正式工作人员的身份进行实习。要严格遵守实习单位的有关规章、制度和纪律，努力完成领导交办的各项任务，从小事做起，向有经验的同志虚心求教，尽快适应环境，不断寻找自身差距，拓展知识面，培养实际工作能力。

（2）以“旁观者”的身份实习。在实习过程中，学生往往被安排在某一具体的岗位，工作可能很琐碎。我要求学生自觉服从实习单位的安排，从工作全局出发，了解企业运行的基本规律、企业管理的原则等，增强适应能力。

（3）安全第一，服从管理。在实习过程中，要求学生始终坚持安全第一的理念，绝对遵守企业的规章制度，服从实习老师的统一管理。

3. 实习效果

达到了专业教学的预期目的。学生普遍感到不仅实际工作能力有所提高，进一步激发了大家对专业知识的兴趣。

学习重点

1. 酒店管理专业基地顶岗实习的准备与实施
2. 酒店管理专业基地顶岗实习的思考与推进

第一节 酒店管理专业基地顶岗实习准备

酒店管理专业基地顶岗实习是酒店专业人才培养的重要环节，是教学环节的延伸，是强化学生实践能力、就业能力、创业能力和创新能力以及全面提升职业素养的主要途径。要加强学生酒店专业基地实践顶岗实习的管理，确保学生的实习效果，让用人单位满意，为酒店与学生的双向选择奠定良好的基础。

一、酒店管理专业基地顶岗实习的目的

（一）酒店管理专业基地顶岗实习是实现学生专业化的重要环节

酒店管理专业基地顶岗实习的目的在于开阔学生的视野，使学生将所学知识及技能应用于岗位实践，熟悉自己将要从事的行业运行情况，较全面地获得本专业生产实际中最常用的技术知识、管理知识和实际操作技能；提高学生的职业素质和独立工作能力，激励学生的敬业、创业精神，为就业做好心理准备，为毕业后走向工作岗位打下扎实的基础。

（二）酒店管理专业基地顶岗实习提升了中职师资的综合素质

教师在指导学生参与实习的过程中，也完成了了解酒店、熟悉服务流程、完善知识、提高能力的转变，逐渐打造一支"双师型"的师资队伍。教师定期对酒店进行岗位调查与研究，对酒店进行工作任务与职业能力分析，剖析职业与创业典型工作任务，解构岗位专业知识，分解岗位实践技能，分析岗位职业素质，开发本专业能力标准，涉及学习能力、专业能力、就业能力和创业能力的多个能力领域和能力单元。能力标准指导教学各环节并检验其效果，解决专业教学目标与行业要求不适应问题，并以其所对应岗位应具备的职业能力为依据，紧密结合行业标准对技能的要求来确定课程教学内容，融合"教学做"。

（三）酒店管理专业基地顶岗实习完善校企联合人才培养模式

通过酒店管理专业基地顶岗实习实现校企共同育人，酒店为学生提供实习，就业保障，参与到学校的教学过程中。完善就业为导向的办学模式。工学结合，订单培养，都依托于与产业的密切合作。学校与酒店共同确定文化课和专业课的设置要求，制定出新的专业教学计划，在新计划中明确各类课程学习的任务目标要求，引进企业代表、行业专家、研究机构和社会组织人士共同对学生的文化理论、专业技能等综合素质进行评价。

二、酒店管理专业基地顶岗实习准备内容

（一）思想准备

学生实习离校前，专业和实习指导教师必须进行思想动员，实习指导教师要向学生做好深入细致的思想工作，引导学生了解实习的目的，要求他们虚心学习。并向学生介绍实习单位简况及实习注意事项，明确安全保护要求和实习纪律。同时还要认真进行安全教育、职业教育、素质教育。

要使实习生充分认识到酒店工作的特殊性，实习生一定会有各种不适应，例如工作和生活环境、工作时间与管理制度、工作劳累以及处理各种关系等等。酒店注重团队精神，实习生要懂得与人团结合作的原则，诚实、守信的人最容易被接纳。提醒同学们注意提高自己的道德修养。学会尊重别人，讲究礼貌礼仪，从小事做起，养成文明交往的良好习惯。要培养学生的心理承受能力，解决问题能力，要勇敢面对现实，要培养社会所要求的吃苦耐劳精神、敬业精神，使学生认识到角色转换的重要性。

（二）学习准备

在学生实习之前，实习指导教师将《实习手册》发放到学生手里，保证学生人手一份。学生实习返校时应提交顶岗实习鉴定考核表（一式两份）、顶岗实习

总结报告、顶岗实习小论文和完整的实习手册。指导教师依据顶岗实习鉴定考核表、顶岗实习总结报告情况综合评定顶岗实习成绩。凡不能按要求完成顶岗实习任务的,其毕业顺延至达到要求为止。

(三) 组织准备

(1) 各实习指导教师应做好实习情况记录,包括实习学生姓名、实习地点、实习时间、酒店实习指导教师等情况。

(2) 学生进行顶岗实习前,专业或指导教师要了解学生的实习地点,并对其进行必要的考察,熟悉情况,了解学生将要面对的工作环境,并会同实习单位有关人员研究顶岗实习岗位,并落实好食宿。请参看学习范例1《酒店专业顶岗实习合作单位考察表》。

(3) 各实习队要建立相互联系的公共平台,如QQ群、微信群等;顶岗实习期间,必须每半个月以电话、短信或电子邮件等方式向实习带队老师报告一次。

(4) 校内指导教师应与实习单位指导教师密切沟通,加强对学生的过程指导,帮助解决实训中存在的问题。在实训期间每1~2周到学生实训现场指导或通过电话、网络与实训学生联系一次。

三、酒店管理专业基地顶岗实习实施指导准备

(一) 制定酒店管理专业基地顶岗实习计划

为保证酒店管理专业基地顶岗实习工作安排有序,保证所有学生如期上岗并能完成实习,需制定完整的实习计划。请参考学习范例2《酒店管理专业基地顶岗实习计划》范本。

(二) 签订校企合作酒店管理专业基地顶岗实习协议

为保证学生实习权益不受侵害,保证实习工作的顺利进行,对有合作意向的酒店要签订校企合作酒店管理专业基地顶岗实习协议。此项工作由学院实习安排负责人牵头完成。请参考学习范例3《酒店管理专业基地顶岗实习协议》范本。

(三) 制定酒店管理专业基地顶岗实习生管理办法

与每一位实习生签订顶岗实习协议。为加强实习的组织管理,提高实习质量,要制定酒店管理专业基地顶岗实习生管理办法。并与实习生进行充分沟通,使每个实习生都明确实习管理规定。请参考学习范例4《酒店管理专业基地顶岗实习生管理办法》范本。

(四) 提供酒店管理专业基地顶岗实习生手册

实习生实习结束返校时应提交完整的实习手册以便存档。请参考学习范例5《酒店管理专业基地顶岗实习生手册》范本。

（五）制定实习指导教师工作规范

为确保实习教学质量，完善实习管理制度，体现规范办学、精细管理、提高质量、全面升级的要求，需要制定实习指导教师岗位职责和工作规范。请参考学习范例6《酒店管理专业基地顶岗实习指导教师工作规范》。

四、酒店管理专业基地顶岗实习学习范例

（一）《酒店管理专业基地顶岗实习合作单位考察表》范本

酒店管理专业基地顶岗实习合作单位考察表

<table>
<tr><td colspan="4">1. 酒店概况-酒店名称：____________</td></tr>
<tr><td>业主方</td><td></td><td>法人代表</td><td></td></tr>
<tr><td>管理公司</td><td></td><td>总经理</td><td></td></tr>
<tr><td>人力资源总监</td><td></td><td>人力资源经理</td><td></td></tr>
<tr><td>开业时间</td><td></td><td>总建筑面积</td><td></td></tr>
<tr><td>酒店类型</td><td colspan="3">□商务 □度假 □观光 □会议 □接待 □时尚</td></tr>
<tr><td>酒店档次</td><td colspan="3">□奢华 □精品 □豪华 □标准 □其他</td></tr>
<tr><td>客房数量</td><td></td><td>餐饮项目</td><td></td></tr>
<tr><td>休闲项目</td><td></td><td>独特项目</td><td></td></tr>
<tr><td>客源市场评价</td><td colspan="3"></td></tr>
<tr><td>品牌当地影响力评价</td><td colspan="3"></td></tr>
<tr><td>_____年经营情况评价</td><td colspan="3"></td></tr>
<tr><td>服务质量</td><td>□规范化服务
□个性化服务
□亲情化服务</td><td>员工英语
口语水平</td><td>□基本交流
□频繁使用
□规范、流利</td></tr>
<tr><td colspan="4">2. 人力资源管理</td></tr>
<tr><td>员工总数</td><td></td><td>实习生总数</td><td></td></tr>
<tr><td rowspan="4">合作院校及人数</td><td colspan="2">学校名称</td><td>人数</td></tr>
<tr><td colspan="2"></td><td></td></tr>
<tr><td colspan="2"></td><td></td></tr>
<tr><td colspan="2"></td><td></td></tr>
</table>

续表

<table>
<tr><td>年终奖</td><td></td><td colspan="2">年假方式</td><td colspan="2"></td></tr>
<tr><td rowspan="4">我校校友</td><td>姓名</td><td>年级</td><td>手机</td><td>QQ</td><td>职位</td></tr>
<tr><td></td><td></td><td></td><td></td><td></td></tr>
<tr><td></td><td></td><td></td><td></td><td></td></tr>
<tr><td></td><td></td><td></td><td></td><td></td></tr>
<tr><td>员工活动/社区活动</td><td colspan="5"></td></tr>
<tr><td rowspan="2">人力资源领导
组织影响力</td><td colspan="5">总监入职时间或方式:□开业至今 □后期入职
□集团派遣 □店内晋升 □外部空降</td></tr>
<tr><td colspan="5">与总经理和部门的沟通谈判能力:□强 □一般 □弱</td></tr>
<tr><td colspan="6">3. 实习生管理</td></tr>
<tr><td colspan="6">实习生津贴:______元/人/月,实习生月人均津贴:______元</td></tr>
<tr><td colspan="6">人力资源部是否设有专人管理实习生:□有 □无 □主管级别 □经理级别</td></tr>
<tr><td rowspan="2">住宿</td><td colspan="5">□店内住宿 □店外住宿 □地上 □地下
□空调 □电视 □专人管理 □有无浴室 □有无餐厅</td></tr>
<tr><td colspan="5">□4~8 人/间 □8~15 人/间 □15 人以上/间</td></tr>
<tr><td>交通</td><td colspan="5">□位于市区 □位于郊区 □有无班车
□宿舍距离酒店的车程距离:____分钟车程或步行____分钟</td></tr>
<tr><td>学习培训</td><td colspan="5">□完整的实习生系统培训计划 □入职培训 □仪容仪表培训
□英语培训 □交叉培训 □安全培训 □培训考核
估测半年人均培训学时:____小时 □其他培训:________</td></tr>
<tr><td>轮岗情况</td><td colspan="5">□实习半年提供换岗机会 □提供岗位交叉培训机会
□交叉培训时长________________□其他:____________</td></tr>
<tr><td>管理培训生计划</td><td colspan="5">□认同 120 小时培训档案 □目前是否已经实施
________________________岗位可在实习半年后为优秀毕业生提供“管理培训生”机会</td></tr>
</table>

续表

提供基层实习岗位	□前厅 □餐饮 □宴会 □康乐 □客房楼层服务 □PA/保安 □人力资源部 □销售 □其他:________________
提供督导实习岗位	对表现优秀的实习生提供助理督导管理的学习和锻炼机会 □是 □否
实习管理机制	□定期沟通(□月度 □季度) □请假管理 □其他管理________________
实习生表彰	□月度优秀表彰 □季度优秀表彰 □各种优秀奖励措施 □其他表彰及具体表彰方式________________
员工关怀	□生日祝福及庆祝 PARTY □部门集体活动□工作心理指导与沟通 □生病探望□表扬或表彰及具体方式________________
4. 综合评价	
对于酒店整体评价	
对于专业教研合作总体评价	
酒店对上届实习生总体评价	
其他说明	

考察方式:□实地考察□管理层访谈□员工访谈□实习生访谈

考察团队:　　　　　　　　　　相关作证资料附后:

考察日期:　　年　　月　　日

（二）《酒店管理专业基地顶岗实习计划》范本

酒店管理专业××级本科

20××—20××年度酒店专业基地顶岗实习计划

一、实习项目

酒店管理专业基地顶岗实习

二、实习班级、人数、时间

实习班级：酒店管理本科20××级××班

实习人数：58

实习时间：20××—20××学年度第×周至第××周

起止日期：20××年7月26日—20××年1月27日

三、实习目的与要求

本顶岗实习目的在于：通过此顶岗实习，使学生巩固所学酒店管理的相关理论知识，熟悉酒店管理的实际操作过程和方法，了解酒店业的管理现状，并对酒店业未来的发展有一定的展望。同时能够利用理论指导实践，锻炼和提高解决酒店实际工作中现实问题的能力。

四、实习组织管理

1. 实习工作由分管实习负责人进行统一领导和协调并由教学部具体负责实施。学院成立实习指导小组，会同实习酒店负责各专业实习的具体管理组织，小组成员由分管实习负责人、酒店有关人员、实习指导教师及班主任共同组成。实习带队教师负责具体日常管理事宜。

2. 学院或企业安排技术或管理人员担任实习指导教师负责学生实习期间的教育、管理和技能训练等工作，保证每名学生有人负责。实习指导教师需定期检查实习情况，处理实习中出现的有关问题，确保学生实习工作的正常秩序。

3. 顶岗实习在保证实习要求与质量的同时，必须保证学生实习安全。学校与实习单位就有关问题进行协商确认，明确双方的责任，维护学生的合法权益。企业须为学生提供安全健康的实习劳动环境，确保学生在实习期间的人身安全和身心健康。

4. 顶岗实习前，学校、实习单位和学生本人或家长签订统一制定的实习协议书一式三份，学校、实习单位、学生本人各一份，学校一份交教学部统一保存留档。同时，学校或实习企业为实习学生统一购买意外伤害保险等相关保险，实习期间学生人身伤害事故的赔偿，依据有关法律法规及规定进行处理。

5. 实习前，认真组织动员，进行思想政治教育和职业道德教育，让学生明确实习目的，端正实习态度、严于律己。实习指导教师要加强对学生的劳动纪律、生产安全、职业礼仪、心理健康和就业指导等方面的教育。

6. 学生实习期间遇到问题或发生重大事件，由企业或实习学生及时与学校带队老师联系，由学院与实习单位协商解决。

五、实习任务

酒店专业实习要求学生在实习期间了解所在实习单位各职能部门运作的情况，结合理论知识之所学，获得相关方面的实际操作技能，并查阅相关管理方面的资料，分析目前实习单位在服务与管理方面存在的问题，并提出相对可行的解决方案。同时，结合实习单位所在地区的酒店业特征，研究任务各有侧重，并形成实习论文：

××地区实习队重点研究文化对不同品牌国际商务酒店运营模式的影响（比较研究）；

××地区实习队重点研究中国酒店集团的发展方向及模式；

××地区实习队重点研究国际度假酒店运营；

××地区实习队重点研究国际商务酒店运营；

××地区实习队重点研究国际品牌酒店持续经营。

六、酒店实习内容

1. 前厅部

（1）前厅部的主要任务、地位和作用；

（2）前厅部的组织机构及人事架构；

（3）前厅实习岗位及相关岗位的具体工作内容及操作规范；

（4）销售技巧及谈话技巧；

（5）前厅服务质量常见问题及其处理；

（6）前厅各级管理人员的工作方法；

（7）前厅对员工的管理情况；

（8）前厅与相关部门的配合与沟通情况。

2. 餐饮部

（1）餐饮部的主要任务、地位和作用；

（2）餐饮部的组织机构及人事架构；

（3）餐饮部员工工作班次的安排及各班次的主要工作内容和操作规范；

（4）餐厅营业的工作流程；

（5）餐饮部服务质量常见问题及其处理；

（6）餐饮部各级管理人员的工作方法；

（7）餐饮部对员工的管理情况。

3. 客房部

(1) 客房部的主要任务、地位和作用;

(2) 客房部的组织机构及人事架构;

(3) 客房部员工工作班次的安排及各班次的主要工作内容和操作规范;

(4) 客房的布置与摆设;

(5) 房务中心的中心调控作用;

(6) 客房部服务质量常见问题及其处理;

(7) 客房部各级管理人员的工作方法;

(8) 客房部对员工的管理情况。

4. 其他的实习部门及岗位的实习内容可参照以上内容。

(三)《酒店管理专业基地顶岗实习协议书》范本

酒店管理专业基地顶岗实习协议书

甲方: ××酒店

乙方: ××学院

经××酒店(以下简称甲方)与××学院(以下简称乙方)友好协商,就甲方接受乙方学生实习事宜,达成如下协议:

一、实习开始时间:20××年×月×日。

二、实习结束时间:20××年×月××日。

三、实习人数:乙方学校实习生共计×人(具体名单及专业附后)

四、甲方权利与义务

1. 成立专业实习指导小组负责安排甲方学生实习的有关事宜,指定人员负责指导甲方实习生进行各项专业实习活动,加强对实习工作的统一领导。

2. 经常了解、检查、研究甲方实习工作的进展情况,定期召开会议或业务培训,及时处理解决实习过程中出现的问题。

3. 甲方接受乙方实习生,负责对实习生进行上岗前培训及办理实习生在实习地所需的相关手续和证件,实习生到岗后,由甲方负责安排身体检查,费用先由乙方承担,待乙方实习生实习期满并提供相关体检费用票据后由甲方给予报销。体检不合格的同学,甲方将不接受该学生实习并不承担其交通费用。

4. 甲方根据酒店运作需要,在学生专业学习的基础上结合学生的特长,合理、合法地安排实习岗位和任务,并保证所有实习岗位是乙方正常、合法、安全的业务岗位。在条件允许的情况下甲方应尽可能地安排学生进行轮岗见习。

5. 实习生上岗前与甲方签署书面实习协议,实习期间内,甲方给予丙方实习补贴的标准为:实习期的第1至3个月内,实习补贴标准每人每月人民币××元(小写:¥××元);实习期的第4至6个月内,实习补贴标准每人每月人民币××元(小写:¥××元)。不足一个月时可以按实习日数按比例发放,实习生因故没有在岗实习的,实习津贴相应减少。除本协议另有约定外,实习生不享受奖金、提成和津贴等其他福利。

6. 甲方为实习生提供免费工作服和其他劳动保护用品,执行第____种方式确定乙方的工作时间:

(1) 标准工时制,每日工作不超过8小时,每周工作不超过40小时。

(2) 经劳动保障行政部门批准,乙方所在岗位实行不定时工作制。

(3) 经劳动保障行政部门批准,乙方所在岗位实行综合计算工时工作制。

如遇甲方经营需要等特殊情况确需超时工作或加班的,需给予实习生相应的补休或报酬。

7. 甲方重视安全和保卫工作。实习期间,甲方为乙方实习生办理意外伤害保险,如乙方实习生在工作中及工作外发生任何伤害,均按此保险赔偿办法处理。因实习生故意行为造成伤害事故,甲方不承担赔偿责任。

8. 甲方为实习满3个月的实习生报销单程火车(动车)硬座车票或长途汽车票,为圆满完成实习任务的实习生报销往返火车(动车)硬座车票或长途汽车票。

9. 甲方为乙方送学生的带队老师(2人次),报销从学校到酒店的往返火车硬座车票或长途汽车票(动车)费用,并为老师提供住宿及工作用餐。在实习期间乙方实习指导老师如需到酒店实地指导,甲方负责乙方指导老师往返经济车票(动车)的费用及指导期间的酒店食宿接待。

10. 实习生应严格遵守甲方所有相关规章和制度,若实习生违反了甲方的有关规定须做辞退处理的,甲方应事先书面通知乙方,双方达成共识后即予终止实习,实习中不合格被退回学校的学生,甲方不予承担本条第8款约定的车票费用。

11. 实习生因学籍问题需要临时返校的,甲方在能够妥善安排好工作的情况下应给予积极支持,往返费用由学生自理。

12. 实习期间,甲方为实习生免费提供住宿(含水电费、床上用品)和工作餐(三餐/日;包括双休日)。学生宿舍应具有良好的通风条件和防暑保暖设备,以保证学生的身体健康。

13. 实习结束时甲方为实习生提供书面实习鉴定(学院统一文本)和实习(培训)证书(酒店文本)。酒店同时提供实习生的工作表现评估,作为乙方对实习生进行奖惩的依据。

五、乙方权利与义务

1. 成立专业实习领导小组,对实习生进行规章制度、安全纪律教育。

2. 根据双方约定,乙方如期如数将实习生送到甲方指定地点参加实习。

3. 乙方派送的实习生皆经过甲方面试,相貌端庄,身体健康,无传染性疾病,并提供学校所在城市医院健康证明。

4. 实习期间,实习生因事、因病、因公原因请假,必须按照甲方提供的请假制度和审批程序办理。

5. 若出现实习生个人单方面违约,乙方有责任提供其他替代实习生,供甲方挑选。

6. 实习生应严格遵守甲方的《员工手册》、《员工宿舍规章制度》、消防安全管理制度、廉洁管理制度及业务操作规程等,如因实习生人为原因造成甲方任何物品的损坏,由该实习生负责赔偿。

7. 实习期间,乙方指定专人负责与甲方联系,积极联络甲方,及时了解实习生情况和协商有关管理问题,积极支持并配合甲方管理实习生,定期或不定期检查实习生的生活和工作情况。

8. 在人才培养、毕业生分配等方面在政策允许的情况下给予甲方优先支持。

六、双方确认,实习生在甲方处实习并不表明其是甲方任何意义上的雇员;本协议的任何约定及对实习生的任何要求均不视为甲方与实习生之间建立了劳动关系,也不能视为甲方或甲方关联公司将来有义务与实习生建立前述劳动关系。甲方无义务为实习生缴纳社会保险,甲方也不承担劳动法上用人单位的义务。学生实习期满,根据双向选择原则,甲方择优录用。

七、本协议的续定、变更、解除和终止,甲乙双方应提前一个月通知对方。

八、本协议未尽事宜,由甲乙双方协商解决,并签订补充协议。补充协议作为本协议的有效组成部分,与本协议具有同等法律效力。

九、为便于双方及时协调沟通工作,双方确定日常工作联络负责人,

甲方: ××× 电话: ×××

乙方: ××× 电话: ×××

十、因签订、履行本协议而产生纠纷的,双方友好协商处理,协商不成的,诉请酒店所在(即协议履行地)有管辖权的人民法院解决。

十一、本协议经双方盖章后生效,一式五份,甲方执三份,乙方执二份,各份具有同等法律效力。

甲方:(盖章) 乙方:(盖章)

授权代表: 授权代表:

签约日期: 年 月 日

（四）《酒店管理专业基地顶岗实习管理办法》范本

酒店管理专业基地顶岗实习管理办法

第一部分　总　则

第一条 学生实习，旨在遵循职业教育规律，培养学生职业道德和职业技能，促进学生全面发展和就业，提高教育教学质量。为了进一步加强对实习教学环节的组织和管理，更好地保护实习学生的合法权益，根据《中华人民共和国教育法》、《中华人民共和国劳动法》、《中华人民共和国职业教育法》等文件精神，结合我校学生管理相关规定，制定本管理办法。

第二条 酒店管理专业基地顶岗实习是指学校按照专业培养目标要求和教学计划安排学生到相关企业等单位进行岗位实习，是实践教学的重要环节，是专业学生形成综合职业能力的必经阶段，是教学计划规定的必修课。

第二部分　实习学生的职责

第三条

1. 实习期间，学生必须遵纪守法，严格遵守企业和学校的规章制度，维护学校、实习单位声誉，服从企业和学校的安排和管理；要尊重企业的实习指导教师和其他员工，虚心学习；要有高度的安全防范意识，时刻注意安全。

2. 实习学生应按照实习计划、工作任务和岗位特点，巩固已学理论知识，培养劳动观念，掌握基本的专业实践知识和实际操作技能，完成规定的实习内容，按时按质完成各项工作任务。

3. 学生在实习期间，对实习单位或学校提供的资料、工具、用品等要妥善保管，不得遗失。对在实习期间所获知的实习单位的商业机密、内部信息负有保密责任，不得对第三方泄露。

4. 学生在实习过程中，不得无故迟到或早退，不得旷课；不得任意离岗，不得嬉闹，不得抽烟，违反者视情节按校规处理。未经批准，不得擅自离开实习单位，不得自行在外联系住宿；违反实习纪律的学生，应接受指导教师、学校和实习单位的批评教育，情节严重的，学校将暂停或取消其实习资格。

5. 学生在实习期间，因违反安全操作规程或擅自动用设备造成设备损坏事故者，酌情给予纪律处分和承担经济赔偿。因实习学生违反操作规程造成的伤亡事故，由实习学生本人负责，包括因此发生的各种医疗费用。

6. 顶岗实习的学生定期须按要求返校，以便学校了解学生的实习情况，对实习学生进行必要的教育，学生不可缺席。如有推荐、面试、重修、毕业教育等活动，须听从学校安排。

7. 认真及时填写实习手册、阶段小结和实习报告，实习结束时上交学校实习指导教师。

第三部分 考勤、考核与评价

第四条 实习生考勤

1. 学生在实习期间，病假须有学校医务室或医院证明，如无病假证明缺课，作旷课处理。

2. 事假须事先办理请假手续，经同意后方准请事假。事后补假须有确凿理由，否则作旷课处理。

3. 事假在一天以内者，由实习指导老师批准；三天以内者，由教学部批准；三天以上者由分管实习负责人批准；补假批准权限与请假手续同。

4. 公假须有学院有关部门出具证明，经分管实习负责人批准后方始有效。

第五条 考核和评价

1. 顶岗实习作为一门重要的实践性课程需单独考核，单独计成绩。

2. 实习成绩采用等第制，按优、良、中、及格、不及格五等级评定。

3. 实习成绩的评定，由学校实习指导教师根据学生的职业道德、业务水平，动手能力和实习态度，综合实习单位，学校指导老师和班主任三方面的意见进行评定。学生考核合格者获得规定学分。

4. 有以下情况之一者，实习成绩按不及格处理：

(1) 实习期间迟到、早退，满10次或旷课3天；

(2) 病、事假累计达三分之一天数；

(3) 未经批准，擅自决定、改变实习方式或实习单位的；

(4) 因违反工作纪律等被实习单位退回，中止实习。

(五)《酒店管理专业基地顶岗实习手册》范本

顶岗实习手册

学　　院：____________________

专　　业：____________________

年　　级：____________________

姓　　名：____________________

实习报告

成　　绩：____________________

实习成绩：____________________

指导教师：____________________

职　　称：____________________

实习单位：____________________

实习时间：____________________

年　　月　　日

实习计划

<table>
<tr><td>实习计划</td></tr>
<tr><td>一、实习时间：
二、实习单位：
三、实习部门：
四、实习地点：
五、实习任务：
六、实习安排：

七、实习纪律</td></tr>
<tr><td>指导教师意见：

指导教师签名：
年　　月　　日</td></tr>
</table>

顶岗实习单位联系表

感谢贵单位对我校学生实习教育的支持。务请您在百忙之中，抽时间填写表内各项，以便加强联系与合作。

<table>
<tr><td>学生姓名</td><td colspan="2"></td><td>性别</td><td></td><td colspan="2">学号</td><td colspan="2"></td><td>联系电话</td><td colspan="3"></td></tr>
<tr><td>学院</td><td colspan="6"></td><td>专业</td><td colspan="5"></td></tr>
<tr><td>实习单位（全称）</td><td colspan="8"></td><td>联系电话</td><td colspan="3"></td></tr>
<tr><td>详细地址</td><td colspan="8"></td><td>邮编</td><td colspan="3"></td></tr>
<tr><td>单位负责人</td><td></td><td>部门负责人</td><td colspan="3"></td><td colspan="2">联系人</td><td colspan="3"></td><td>单位休息时间</td><td></td></tr>
</table>

续表

<table>
<tr><td rowspan="4">指导教师情况</td><td>姓名</td><td>性别</td><td>年龄</td><td>学历</td><td>职务</td><td>职称</td><td>从事专业时间</td><td>备 注</td></tr>
<tr><td></td><td></td><td></td><td></td><td></td><td></td><td></td><td></td></tr>
<tr><td></td><td></td><td></td><td></td><td></td><td></td><td></td><td></td></tr>
<tr><td></td><td></td><td></td><td></td><td></td><td></td><td></td><td></td></tr>
<tr><td colspan="9">实习单位简介：</td></tr>
<tr><td colspan="9">接收单位意见：

单位公章：
年 月 日</td></tr>
</table>

注：实习学生落实实习单位后，应将本表寄送学校指导教师，实习结束后由学校指导教师粘贴于学生毕业实习手册。

实习记录表

<table>
<tr><td>实习记录 1</td></tr>
<tr><td>主要工作内容：

心得

时 间： 年 月 日</td></tr>
</table>

<table>
<tr><td>实习记录 2</td></tr>
<tr><td>主要工作内容：

心得

时 间： 年 月 日</td></tr>
</table>

实 习 总 结

实习总结

顶岗实习生实习成绩评定表

学院			年级		专业	
姓名		学号		实习单位		
实习报告题目				实习起止时间		
实习单位鉴定:(实习期间表现、主要完成任务、工作态度、专业水平、工作能力等方面评价)						
指导教师评语:						

各项成绩 两次打分	解决实际问题能力(百分制)	尊敬师长团结协作(百分制)	出勤情况纪律表现(百分制)	实习日记作业总结(百分制)	实习报告(百分制)	实习综合评定成绩(百分制)	实习综合评定成绩(五级制)
初评成绩							

续表

<table>
<tr><td>复评成绩</td><td></td><td></td><td></td><td></td><td></td><td></td><td></td></tr>
<tr><td colspan="5">单位指导教师(签名)

实习单位(盖章)

年 月 日</td><td colspan="3">本校指导教师(签名)

学院(盖章)

年 月 日</td></tr>
</table>

备注:1. 实习综合评定成绩=解决实际问题能力成绩*40%+尊敬师长、团结协作成绩*10%+出勤情况、纪律表现成绩*10%+实习日记、作业、总结成绩*20%+实习报告成绩*20%,百分制折合成五级制记分。

2. 本表一式二份,一份学院存档,一份存入学生档案。

(六)《酒店管理专业基地顶岗实习指导教师工作规范》范本

实习指导教师工作规范

1. 认真履行教师的职责,遵守教师职业道德规范,树立为教学服务的思想,坚持把培养高素质、高技能、创新型的酒店人才作为工作目标。

2. 认真做好实习教学的各项准备工作(如实习计划、实习材料等),了解学生所实习岗位的内容和要求。

3. 实训前必须对学生进行实习安全教育,认真讲解实习规程,坚持认真指导,监督学生严格遵守工作规程,发现问题及时解决。

4. 时刻教育、督促学生。正确引导学生的心理建设。

5. 教育学生遵守酒店员工规程,爱护工作设备。

6. 认真听取其他实习指导教师、酒店指导教师、学生们的意见,对实习中存在的问题要及时向相关领导汇报,并研究解决问题的方案,采取措施及时解决,不断提高实习质量。

7. 以身作则,为人师表,协助酒店相关部门做好实习生管理。

8. 负责实习生的实习成绩的考核,并做到公正、准确、及时。

9. 根据学校发展情况,应经常性地对专业设置、实训基地建设等方面提出合理化的建议,并能够认真地完成学校领导交办的其他各项工作。

10. 严格按照学校师德考核管理办法要求,认真做到有功必奖,有过必惩,择优评先。

拓展案例

顶岗实习生的权益保障

在实习期间学生能否得到合理报酬,人身安全能否得到保障等现实问题客观存在,影响甚至阻碍了校企合作的顺利开展。一方面,学生进入酒店实习增大了酒店工作安全管理难度。由于学生经验少,对于操作规程和酒店的具体情况没有全面了解,增加了安全隐患。因此,在实习前应安排学校和酒店管理人员从交通安全、人身安全、操作安全、劳动纪律等不同角度对学生、管理人员、实习指导教师进行安全教育。明确学生必须遵守和服从酒店的纪律及管理,遵守一切的安全操作规程。提高相关人员认识。帮助相关人员熟悉工作防护设施,对相关人员进行劳动纪律、生产安全、自救自护和心理健康等方面的教育,提高相关人员的自我保护能力和自我保护意识,避免学生在操作过程中受到身心伤害,杜绝安全事故的发生。

从健全相关法律法规、政府加强监管力度、学校加强学生权益维护工作、学生提高自我维权意识四个角度进一步维护学生的正当合法权益,主要体现在以下两方面。

(1) 加强教育立法,完善顶岗实习的法律保障体系。积极制定与顶岗实习相配套的法律法规,以法律形式明确顶岗实习中政府、企业、学校、学生各主体的法律地位与权利义务。而在具体的义务设定中,又必须强化企业在促进职业教育中的义务承担,并制定相应的奖惩规章或办法,从而与现有教育法律及其他相关法律一起,形成相对完善而健全的顶岗实习教育法律保障体系。

(2) 完善劳动法规,拓展学生权利救济途径。实习期间的学生,一旦出现学生权益受损的事件,用人单位认为实习生不是单位正式员工,不能做工伤保险赔偿,司法系统因为没有相关的劳动协议保障难以受理,劳动部门因为没有相关的明文规定而无法界定,学校认为工伤、医疗等事故应该由保险公司赔偿。学生的实习合法权益没有从制度上得到有效保障。

第二节　酒店管理专业基地顶岗实习组织与管理

为了保证实习生在顶岗实习期间的安全性与规范性,并使顶岗实习达到预期目标，实习指导教师必须对学生实习过程进行严格管理。实习指导教师全面负责实习期间对学生的实习指导、管理以及对学生的安全教育，以及汇报学生实习情况、实习突发事件，协调有关部门和实习单位，共同做好实习管理工作。在管理同时，还要对相关实习数据进行汇总、整理分析与总结，见表12-1。

一、酒店管理专业基地顶岗实习管理职责

（一）校方应与实习酒店密切合作，实现共建共管模式

在顶岗实习中，学生不仅要接受岗位技能的训练，还要接受和学习实习单位管理制度、企业文化、行业标准，接受实习单位和学校双重制度管理。校方要与实习酒店建立长效机制，建立共同管理模式。实习期间产生的矛盾，遇到的问题由校方、酒店方积极主动协商解决，落实“以人为本、服务学生”的理念。

（二）指导教师应与实习酒店密切配合，及时解决实习中的有关问题

在实习期间，实习指导教师对参加实习的学生负全面管理的责任，指导教师应与实习酒店密切配合，及时解决实习中的有关问题。实习指导教师既要对学生严格要求，加强指导，组织好各种教学活动，又要关心学生的思想、学习、生活、健康和安全，还要处理好各种突发事件，并及时向学校报告，保证学生的职业规范化实习顺利完成。

二、酒店管理专业基地顶岗实习管理内容

（一）工作纪律管理

工作纪律管理是指实习生在实习过程中要遵守《酒店管理专业基地顶岗实习生管理办法》、《酒店员工管理制度》等规定，是确保实习生完成顶岗实习任务的必要手段之一，保证实习生在实习过程中，遵守工作时间、遵循工作流程，保证工作安全。学院实习管理部门在实习动员会上要强调和学习《酒店管理专业基地顶岗实习生管理办法》等相关管理办法。酒店负责实习生的日常出勤考核统计，班主任与实习带队老师定期到酒店走访。

（二）工作任务管理

工作任务管理是执行《酒店管理专业基地顶岗实习计划》的情况管理。在实习计划的基础上，指导教师定期经常性地与学生沟通，了解学生的工作状态，及时解决学生遇到的困难，准确对学生进行工作指导，保证学生圆满完成顶岗实习任务。使学生在实习过程中充分体现理论知识与生产实践的深度融合，实现学生的综合素质的全面提升。

表 12-1　酒店管理专业基地顶岗实习工作任务流程

项目任务	责任单位（人）	作业文件
实习资格确认	学院/学生本人	证明文件
分组、确定校内指导教师	相关教研组	分组名单
制定实习实施方案	学院	实习实施方案
签署实习协议	学院/实习单位/学生	协议书
聘任实习单位指导教师	学校/学院	聘书
全过程实习指导	实习单位指导教师	实习报告实习记录
每周联系学生并指导实习	校内指导教师	指导记录
每月现场指导	校内指导教师	指导记录
实习内容记录	学生	实习周记
实习总结	学生	实习总结报告
实习鉴定	指导教师/实习单位	实习报告鉴定部分
成绩评定	指导教师	成绩表

(三) 酒店管理专业基地顶岗实习异常管理

异常管理是指对实习工作中发生的突发情况,严重违背《酒店管理专业基地顶岗实习计划》等规定情况的处理,在实习中确保学校、学生、酒店三方利益的有效保护。在实习期间,实习指导教师对违纪学生有临时处理决定权,处理后,应及时汇报有关领导。对于异常情况要学校、酒店、家长共同协商解决,解决结果要三方签字,形成书面材料。

(四) 酒店管理专业基地顶岗实习工作评价管理

实习期间,指导教师要主动向学生所在实习单位有关领导沟通学生实习情况,以求得他们的支持与配合,主动搞好校企关系,同时做好专业调研,见表 12-2。

表 12-2 酒店管理专业实习/见习带队教师首次到店工作备忘录

编号	项目	完成情况	备注
1	教研合作单位专业禀赋评价		带队教师按表格要求现场对照评价
2	学生实习岗位分配情况		人力资源部反馈函
3	教研合作单位实习指导教师名单		人力资源部反馈函
4	学生岗前体检情况		
5	学生实习津贴银行卡办理情况		
6	学生岗前培训安排情况		人力资源部反馈函
7	实习合同正式签订		带回
8	酒店品牌视频资料		带回
9	合影: A/师生与 HRM 合影 1 张 B/基地指导教师(HRM)工作照 1 张 C/带队老师与 GM(或 HRD)及 HRM 合影 1 张		带回
抵店及离店日期			
合作双方指导教师签名			

拓展案例

酒店管理专业教师酒店顶岗实习小结

2013 年 9 月 1 日到 9 月 15 日，本人在××大酒店客房部进行顶岗实践与学习。通过中式铺床技能训练、楼层顶岗实践以及客房部理论知识学习，本人对客房部各岗位设置及人员配备情况有了较清晰的了解；对中式铺床的细节处理有了较大的提升，这对我今后指导学生参加技能竞赛很有帮助；比较系统地学习了客房部基本理论知识；并熟练地掌握了客房部基本技能技巧。这些知识和技能对我从事教学与指导学生参加技能大赛都打下坚实基础。

在酒店顶岗实践工作中，通过观摩学习、广泛调研、亲身体会，我获得了第一手关于校企合作办学，以行业为需求、以就业为导向的资料，加深了学校教学和企业实际联系的理解，对专业课程的设置、教学方法的改进、教育教学研究的进行都有很重要的参考价值。收获之余，更多的是思考。

酒店管理专业教师通过顶岗实习，能更好地认识社会、了解酒店行业，认清当前学生就业形势、调整学生就业心态、转变学生就业观念，使学生就业更有针对性；能增强酒店管理专业教师职业意识和岗位责任感，指导学生尽快实现从“学生”到“员工”的角色转换，缩短就业链条，节约就业成本，提高就业竞争能力和创业能力；能积累丰富的实践经历，用工作体会以及切实案例作为以后教学的基本铺垫和宝贵资源，提高专业教师自身业务素质。

第三节　酒店专业基地实践顶岗实习考评

一、酒店专业基地实践顶岗实习考评任务导论

系统正确地考核合作的酒店与实习生，有利于促进、巩固教学效果和总结实习经验，提高实习教学质量。实习指导教师与实习生同时对实习酒店进行考评，

能促进校企合作的深入融合。实习指导教师(校方与酒店)对实习生进行实习考评,能够促进学生按要求完成实习,并能够发现学生实习过程中存在问题,分析促进学生实习过程的改进。

二、酒店专业基地实践顶岗实习考评内容与方式

(一) 酒店专业基地实践顶岗实习考评内容

1. 针对实习过程中实习生的具体表现,从职业态度、职业能力和实习作业、报告等方面进行实习考评。学生的顶岗实习成绩由两部分综合评定:一是实习单位鉴定;二是指导教师评鉴。成绩分设优秀、良好、中等、及格、不及格五个等级,实习成绩由指导教师予以评定,见表 12-3。

表 12-3 实习生实习成绩评定

各项成绩/两次打分	解决实际问题能力(百分制)	尊敬师长团结协作(百分制)	出勤情况纪律表现(百分制)	实习日记作业总结(百分制)	实习报告(百分制)	实习综合评定成绩(百分制)	实习综合评定成绩(五级制)
初评成绩							
复评成绩							

(1) 实习单位评定(实习鉴定表)占总成绩的 60%。

(2) 实习综合评定成绩=解决实际问题能力成绩×40%+尊敬师长、团结协作成绩×10%+出勤情况、纪律表现成绩×10%+实习日记、作业、总结成绩×20%+实习报告成绩×20%,百分制折合成五级制记分。

(3) 实习报告(实习日记)占 40%,实习结束后,学生要写出不少于 1500 字的实习报告,实习报告要如实反映实习的内容、收获、建议和存在的不足。由指导教师审阅批改,评定成绩。

2. 实习生对实习酒店与实习指导教师进行考评

为了了解酒店实习项目的满意程度,请实习生根据自己在酒店的实习经历和真实感受参与本次问卷调查,所填结果没有对错之分。本次考评所得信息用于进一步完善校企协作,提高酒店管理专业人才培养质量。请参看学习范例 1《酒店管理专业学生实习满意度调查问卷》。

(二) 酒店专业基地实践顶岗实习考评方式

1. 实习前考评:学校指导教师对合作酒店进行目标性考评,以此保证实习项目的顺利进行。(请参看学习范例 2《星级酒店人才能力需求调研问卷》)

2. 酒店岗位考评:由酒店指导教师对实习生工作完成任务情况进行的一种综合性考评。

3. 学校终期考评:学校指导教师在实习结束后对实习生进行的指标性考评。

（三）酒店专业基地实践顶岗实习考评数据分析

1. 星级酒店人才能力需求调研分析(请参看学习范例 2《星级酒店人才能力需求调研问卷》)

酒店管理专业的教学如何适应酒店行业的发展需求,使得培养出来的毕业生拥有扎实的专业技能和良好的理论基础是酒店服务与管理专业课程改革的主要落脚点。为使酒店管理教育更加贴近企业、服务于企业,为酒店培养更多的实用性人才,需要从酒店角度研究酒店职业岗位技能要求。希望能够客观、准确地了解酒店对于酒店管理课程设置的评价、现代星级酒店需要的是何种类型的人才,哪些职业素质和能力又是其中最重要的,也对星级酒店的经营模式、员工培训模式、校企合作模式、内部设备设施等进行全方位的调研。冀望通过调查厘清酒店管理专业教育的侧重点,并以此为基础对酒店管理专业的课程改革进行探讨,并找对有效校企合作的最好模式。

此调研主要是调查实习生在星级酒店的实际工作中的具体能力和知识需求。调查结果显示,现在酒店企业对实习生的综合素质要求越来越高,包括文化素质、心理素质、业务素质、能力素质等。经统计后,比较注重的员工素质按比重大小分别有业务技能、服务意识和职业道德及责任感,其次是沟通能力和团队精神,再次是心理素质和仪容仪表。星级酒店对行业从业者的职业道德素质和团队精神有着更严格的要求。另外,创新能力、积极的心态、应变能力、良好的心理抗压及承受能力、良好的身体素质及对酒店行业的认知能力也成为现在酒店从业者的必备素质修养。这对学校在酒店人才培养的专业素养上提出了更高的要求。从以上的调查研究中可以发现,学校酒店管理专业可以构建“关键能力+管理知识+专业素养”的三位一体课程体系。

2. “校企合作调查问卷”分析(请参看学习范例 3《校企合作调查问卷》)

调查中几乎所有酒店都愿意参加校企合作,也都认为校企合作很重要,而且 60% 以上的企业已经有校企合作的经历,但是合作方式的选择却各不相同,见表 12-4。

表 12-4　校企合作意愿表

企业意愿 / 合作形式	非常愿意	愿意	不愿意	已做	暂时没意向
参与人才培养方案的设计与实施	7 家	8 家		2 家	
委托院校进行员工培训	5 家	9 家			5 家

续表

企业意愿 合作形式	非常愿意	愿意	不愿意	已做	暂时没意向
委托院校进行员工学历提升	4家	5家		3家	7家
与学校签订订单培养协议	5家	5家		1家	8家
共建实验室	5家	5家			9家
为学生提供实习机会、实习基地	15家	3家			1家
为教师提供实践机会	8家	11家			
设备仪器资源使用	5家	6家			8家
为学校提供兼职教师	5家	8家			6家
为学生开设专题讲座(报告)	9家	5家		2家	3家
捐资助学	4家	2家			13家
参加院校举办的招聘会	11家	8家			

三、酒店管理专业基地顶岗实习学习范例

(一)酒店管理专业学生实习满意度调查问卷

亲爱的同学:

你好!为了了解酒店实习的满意程度,学院诚挚地邀请你参与本次问卷调查,请你根据自己在酒店的实习经历和真实感受进行选择,所填结果没有对错之分。本次调查所得信息用于进一步完善校企协作,提高酒店管理专业人才培养质量,学院会对问卷中涉及您的相关信息严格保密。

衷心感谢你的协助!

××酒店管理系

20××.×.×

一、基本情况(请根据你的实际情况,将相应的序号填写在括号内)

学生姓名	
实习酒店名称	
实习岗位/职务	

续表

实习期间	
填表日期	

A1. 你的性别：(　　)

1. 男　　2. 女

A2. 你来自：(　　)

1. 城市　　2. 县城　　3. 农村　　4. 境外

A3. 你实习所在主要部门：(　　)

1. 前厅　　2. 客房　　3. 餐饮

4. 休闲　　5. 人力资源　　6. 其他________

A4. 你实习过程所经历的部门数：(　　)

1. 一个　　2. 二个　　3. 三个以上

A5. 你实习过程是否经历督导层及以上管理岗位：(　　)

1. 是　　2. 否

A6. 你实习期间是否受到酒店嘉奖/表彰：(　　)

1. 否　　2. 是 主要奖项：______________

A7. 实习前，你对实习的期待程度：(　　)

1. 非常期待　2. 很期待　　3. 期待　　4. 不期待

5. 很不期待

A8. 你实习的酒店属5星级的何种档次：(　　)

1. 奢华 LUXURY　　2. 精品 BOUTIQUE

3. 豪华 DELUXE　　4. 标准 STANDARD

5. 其他 OTHER

A9. 你实习的酒店属何种类型：(　　)

1. 商务　　2. 度假　　3. 观光　　4. 会议

5. 接待　　6. 时尚

A10. 你实习的酒店属于(　　)品牌。

1. 国际组合　2. 国际单一　3. 国内组合　4. 国内单一

附录：

1. 学生用表

一、对实习安排的评价调查(阅读下列陈述，选择相应的数字打√，表达你的感知程度)

	非常同意	⟶			很不认同
B1. 学院提供的实习酒店品牌多元化,有选择余地。	5	4	3	2	1
B2. 学院提供的实习地点选择多样化,有选择余地。	5	4	3	2	1
B3. 学院安排的专业实习时间专业合理。	5	4	3	2	1
B4. 学院安排的实习学期合适。	5	4	3	2	1
B5. 学院能够协调实习与考试、就业等特殊情况。	5	4	3	2	1
B6. 实习期间学院与我的沟通及时畅通。	5	4	3	2	1
B7. 学院实习成绩的考核与评定准确。	5	4	3	2	1
B8. 学院对优秀实习生的奖励公正。	5	4	3	2	1

二、对实习酒店的评价调查(阅读下列陈述,选择相应的数字打√,表达你的感知程度)

	非常同意	⟶			很不认同
C1. 作为实习生,我感觉实习津贴基本能够反映我的劳动付出。	5	4	3	2	1
C2. 我加班(如果没有补休),酒店按照国家规定发放了加班费。	5	4	3	2	1
C3. 我加班(如果没有补贴),酒店相应安排了补休。	5	4	3	2	1
C4. 我所在的酒店给实习生提供了其他福利待遇。	5	4	3	2	1
C5. 我感觉酒店提供的住宿条件能够保证我的正常休息。	5	4	3	2	1
C6. 我感觉酒店提供的员工餐能够符合我的要求。	5	4	3	2	1
C7. 我感觉酒店对员工培训重视。	5	4	3	2	1
C8. 初到酒店时,人力资源部提供的了系统的入职培训。	5	4	3	2	1
C9. 我所在的部门对员工有系统的培训。	5	4	3	2	1
C10. 我所在的酒店能够提供交叉培训。	5	4	3	2	1
C11. 我所在的酒店能够提供够用的外语培训。	5	4	3	2	1

续表

	非常同意	⟶			很不认同
C12. 我所在的酒店能够提供轮岗培训机会。	5	4	3	2	1
C13. 我所在的酒店能够安排丰富的员工活动。	5	4	3	2	1
C14. 我感觉工作时间合理。	5	4	3	2	1
C15. 我感觉我的工作环境好。	5	4	3	2	1
C16. 我对工作内容满意。	5	4	3	2	1
C17. 我感觉工作量合适。	5	4	3	2	1
C18. 我的实习工作能够发挥我的能力。	5	4	3	2	1
C19. 工作能够给我带来成就感。	5	4	3	2	1
C20. 我与直接领导的关系融洽。	5	4	3	2	1
C21. 我与老员工的关系融洽。	5	4	3	2	1
C22. 我与其他院校实习生的关系融洽。	5	4	3	2	1
C23. 我所在的实习酒店管理体制完善。	5	4	3	2	1
C24. 我所在酒店的管理者有好的管理能力。	5	4	3	2	1
C25. 我所在的酒店对实习生重视。	5	4	3	2	1
C26. 我所在的酒店对实习生的人性化关怀工作到位。	5	4	3	2	1
C27. 我所在的酒店对优秀实习生的奖励公正。	5	4	3	2	1

三、对实习指导老师评价调查(阅读下列陈述,选择相应的数字打√,表达您的感知程度)

		非常同意	⟶			很不认同
D1. 我的实习指导老师有良好的职业道德。	学院	5	4	3	2	1
	酒店	5	4	3	2	1
D2. 我的实习指导老师具有工作责任心。	学院	5	4	3	2	1
	酒店	5	4	3	2	1
D3. 我的实习指导老师对实习生重视。	学院	5	4	3	2	1
	酒店	5	4	3	2	1

续表

		非常同意	→			很不认同
D4. 我的实习指导老师对实习生能够做到人性化关怀。	学院	5	4	3	2	1
	酒店	5	4	3	2	1
D5. 我的实习指导教师工作方法得当。	学院	5	4	3	2	1
	酒店	5	4	3	2	1
D6. 我的实习指导老师的实习前培训工作效果好。	学院	5	4	3	2	1
	酒店	5	4	3	2	1
D7. 我的实习指导老师的接送站工作安排周到。	学院	5	4	3	2	1
	酒店	5	4	3	2	1
D8. 我的实习指导老师能够与同学们保持常态化沟通。	学院	5	4	3	2	1
	酒店	5	4	3	2	1
D9. 我的实习指导老师履行双月探望工作制。	学院	5	4	3	2	1
	酒店	5	4	3	2	1
D10. 我的实习指导老师及时开展安全教育。	学院	5	4	3	2	1
	酒店	5	4	3	2	1
D11. 我的实习指导老师能够及时处理突发事件。	学院	5	4	3	2	1
	酒店	5	4	3	2	1
D12. 我的实习指导老师能够对实习生岗位专业学习进行指导。	学院	5	4	3	2	1
	酒店	5	4	3	2	1
D13. 我的实习指导老师与酒店的沟通及时。	学院	5	4	3	2	1
	酒店	5	4	3	2	1

四、整体满意度及意向调查(阅读下列陈述,请真实客观地回答,以便院方能够获取真实数据,提高教学质量)

E1. 综合考虑你对学院、实习酒店及实习指导老师的感知,你对半年实习的总体评价是:

(　　)5分:非常满意(非常完美)

(　　)4分:很满意(经常超出我的期望)

（　　）3 分：满意（达到我的期望）

（　　）2 分：不满意（部分达到期望或主要测评方面未达到期望）

（　　）1 分：很不满意（完全没有达到期望）

E2. 毕业后，你会继续从事酒店工作吗？（　　）

1. 会　　2. 不一定　　3. 不会

---------问卷结束，请您检查一下是否有遗漏！--------

谢谢您的合作！

（二）星级酒店人才能力需求调研问卷

随着酒店市场的不断升温，对学校专业人才的培养也提出了更高的要求，学校需要对各星级酒店度假村的人才需求状况、就业岗位、人才培养规格、课程体系及教学内容的设置等方面进行调查，以适应酒店的用人要求。烦请各单位给予支持。谢谢！

××学校酒店管理专业

20××　　年　　月

1. 企业名称：______________________________

2. 企业性质：国有[　] 私营[　] 外资[　] 其他[　]

3. 您所在部门____________________：共有员工____人。学历所占大致比例

初中及以下[　] 中职和高中[　] 高职高专[　] 本科及以上[　]

4. 对于实习新员工，贵酒店一般安排新员工从事何种工作？

岗位名称打“√”	接待	行政人事部	前厅部	餐饮部	客房部	营销策划	其他

5. 贵企业中职人才流动状况如何？

很多[　] 比较多[　] 一般[　] 少[　] 极少[　]

6. 贵企业在招聘员工时，最看重求职者素质是？

业务技能或工作经验[　] 心理素质[　] 服务意识[　]

仪容仪表[　] 职业道德和责任感[　] 沟通交际能力[　]

团队精神[　] 其他-------

7. 贵企业目前需求人才的主要业务技能是？

外语能力[　] 计算机能力[　] 服务接待[　]

营销与公关[　] 其他--------

8. 对酒店专业毕业生文化素质要求：

掌握扎实的专业技术知识[ ] 掌握宽阔的专业知识[ ]

了解一般的人文科学知识[ ] 掌握相关学科知识[ ]

了解一般的社会科学知识[ ] 其他----------

9. 对酒店专业毕业生的业务素质：

独立工作能力[ ] 组织管理能力[ ] 实际操作能力[ ]

创新能力[ ] 获取加工和利用信息的能力[ ] 应变能力[ ]

交际能力[ ] 其他----------

10. 对酒店专业毕业生的心理素质：

易于投入、热情工作的心理[ ] 自信心[ ] 自主主动工作[ ]

追求卓越、渴望成功[ ] 开放乐观[ ] 其他----------

11. 录用酒店专业毕业生时最看重的能力因素：

专业水平[ ] 社会实践经历[ ]

反映专业能力、沟通能力、心理素质等综合能力的“面试的第一印象”[ ]

12. 酒店专业毕业生除了专业知识外，最需要掌握的其他知识：

服务知识[ ] 会计、统计和财务管理[ ]

企业管理知识、法律知识[ ] 其他一些相关知识[ ]

13. 酒店专业学生最需要进一步培养的能力是：

敬业精神[ ] 知识能力水平[ ] 文化素养[ ]

吃苦耐劳精神[ ]

以下几类中职生的技能证书，贵酒店比较看重的有哪些？

餐厅服务员证[ ] 前厅服务员证[ ] 客房服务员证[ ]

调酒师证[ ] 茶艺服务员证[ ] 普通话证[ ]

饭店英语证[ ] 其他----------

14. 如果我的专业是“酒店管理”，除了前厅、客房、康乐、酒吧服务与管理等专业技能课以及英语和酒店礼仪之外，您认为我们还需要具备以下哪些专业知识或技能才更适合贵单位的用人要求？（可多选亦可另行补充）

□旅游文化 □消费者心理 □福建旅游基础知识 □酒店营销

□会计、统计和财务管理 □食品营养和卫生 □中国饮食文化

□其他：

15. 酒店专业毕业生所需的知识结构（被选项打“√”或在其他栏内填上您的意见）

序号	知识点	重要	一般	不重要
1	思想道德修养与法律基础			
2	普通话			
3	英语			
4	体育			
5	沟通技巧			
6	职业发展与就业指导			
7	计算机应用与办公自动化			
8	公关礼仪			
9	旅游导论			
10	酒店运营与管理			
11	前厅服务与管理			
12	客房服务与管理			
13	特色餐饮服务与管理			
14	康乐服务与管理			
15	旅游文化			
16	会议接待			
您认为需要的其他知识				

16. 酒店专业毕业生所需的能力结构(被选项打"√"或在其他栏内填上您的意见)

序号	能力要求	重要	一般	不重要
1	酒店英语会话能力			
2	讲解能力			
3	酒店前厅接待能力			
4	酒店客房接待能力			
5	酒店餐饮接待能力			
6	酒店康乐设施使用与维护能力			

续表

序号	能力要求	重要	一般	不重要
7	中小型会议接待能力			
8	酒店产品设计与营销能力			
您认为需具备的其他能力				

17. 酒店管理专业毕业生所需的素质结构(被选项打"√"或在其他栏内填上您的意见)

序号	素质要求	重要	一般	不重要
1	专业知识			
2	专业技能			
3	英语运用能力			
4	计算机应用能力			
5	团队协作精神			
6	善于沟通			
7	积极的心态			
8	良好的习惯			
9	身体素质			
10	应变能力			
您认为需具备的其他素质				

18. 酒店专业毕业生上岗后最缺乏的是哪方面的素质?希望学校加强学生哪方面的能力或素质培养教育?

____

____

____

19. 贵单位对酒店专业人才培养工作的建议

____

____

____

非常感谢您在百忙中抽出宝贵时间给予我们的支持

（三）校企合作调查问卷

尊敬的酒店领导：

您好！为了了解学校酒店专业跟酒店的合作情况，请您结合贵酒店的实际情况，帮助填写问卷。您的回答对于我们的工作非常重要，非常感谢您的大力支持和配合！

××学校酒店管理系

年　　月　　日

酒店名称______________________________

您的姓名：____________________ 联系电话：____________________

企业地址____________________ 邮政编码____________________

目前员工总数____人，共有员工____人。学历所占大致比例

初中及以下[　]　　中职和高中[　]

高职高专[　]　　本科及以上[　]

企业性质为（请在选项前的方格内打“√”）：□国有 □集体 □私有 □外资 □合资

1. 贵酒店与职业院校在有关方面开展合作的意向（请在选中项前的方格内划“√”）

企业意愿 / 合作形式	非常愿意	愿意	不愿意	已做	暂时没意向
参与人才培养方案的设计与实施					
委托院校进行员工培训					
委托院校进行员工学历提升					
与学校签订订单培养协议					
共建实验室					
为学生提供实习机会、实习基地					

续表

合作形式 \ 企业意愿	非常愿意	愿意	不愿意	已做	暂时没意向
为教师提供实践机会					
设备仪器资源使用					
为学校提供兼职教师					
为学生开设专题讲座(报告)					
捐资助学					
参加院校举办的招聘会					

2. 贵酒店是否有接纳学生实习的经历?[ ]

如果有,贵酒店现有____名实习生?

(1) 贵企业是否有对实习生提供定期或不定期的职业技能培训?

酒店有一套完整的实习生培训制度[ ]

酒店定期会有员工培训,实习生可以一起参与[ ]

除了入职培训之外,其他很少培训[ ]

(2) 贵酒店对实习生的培训主要侧重于哪些方面?

企业文化[ ] 服务技能[ ] 服务意识[ ] 服务态度[ ]

其他[ ]

3. 贵酒店的旅游院校就业实习学生的流失率大概是多少?

10%—20%[ ] 20%—30%[ ] 30%—40%[ ]

40%—50%[ ] 50%以上[ ]

4. 中职生在贵企业实习期满后,与贵企业签订的正式就业协议所占实习生比例大概是多少?

10%—20%[ ] 20%—30%[ ] 30%—40%[ ]

40%—50%[ ] 50%以上[ ]

5. 贵酒店认为酒店院校实习生的流失主要原因是:

薪资太低[ ] 不适应工作岗位[ ] 工作辛苦,怕吃苦受累[ ]

专业技能不足[ ] 沟通能力欠缺[ ] 人际关系处理不好[ ]

家人不同意 [ ] 心理承受能力弱[ ] 职业目标不明确[ ]

适应不了酒店的工作作息时间[ ] 其他________________

6. 贵酒店接受实习生在实习期间的岗位调整申请吗?

□接受，根据学生的实际入职表现及学生要求做适当调整

□不接受，学生一旦确定岗位，并且接受相关专业培训，在实习期间就不再调整岗位。

7. 您认为酒店专业毕业生就业方向明确吗？

□很明确 □比较明确 □一般 □比较不明确 □很不明确

8. 对于酒店管理专业新员工，贵酒店一般安排新员工从事何种工作？

□前台接待 □餐厅服务 □客房服务 □市场营销与推广

□一般行政职员（管理） □其他

9. 目前贵酒店哪些部门比较缺人？

□业务部门的一线服务人员 □基层管理人员，如领班、主管

□中层管理人员，如部门经理 □专业技术人员，如调酒师、花艺员

10. 以下几个业务部门的一线服务人员，对员工的需求量依次排序是____。

A. 前厅部 B. 客房部 C. 餐饮部

D. 康乐部 E. 后台一般行政人员

11. 影响校企合作的主要因素统计（请在选中项前的方格内打"√"）

选项	缺乏政府相应的政策引导	企业利益得不到保证	缺乏合作机制	学校缺乏主动性	缺乏校企双方交流的平台

12. 意见和建议

简述贵酒店在校企合作方面遇到了哪些具体的困难和问题？有什么意见和建议？

____

感谢您在百忙之中填写我们的问卷，谢谢配合！

拓展案例

酒店管理专业大学生顶岗实习满意度调查与分析

根据酒店管理专业的特点以及实习的流程，分为对接情况（酒店硬件环

境如住宿、薪水等)、工作情况、人际交往情况(短期沟通、长期维系)三个方面考察。

从统计结果,在对接情况方面,学生对于酒店工作硬件的需求相对易于满足,而对于软件服务例如岗前培训的诉求相对较高,特别是当被临时突击安排到一个部门,多少会感到一些不适应。实习部门在人事安排时,更多考虑的是对接数量的充实而非人职匹配的质量。

在日常工作表现上,多数人在几天后大多能够达到任务要求。不过,对于从事的工作,特别是基础操作几乎成了实习的主要内容,大多学生还是难以上升到提高专业素养的高度,意识到与职业的相关度,只是扮演着勤杂工的角色。在人际关系的处理上,多数人表示难以真正融入部门和当地的环境,而更多是在走马观花般的参观式实习。

在被问及对所学专业的态度有何改变以及对未来择业时是否会考虑与酒店专业相关的职业时,多数人表示由于专业本身实用技能的不足,多数还是会选择尝试,以求在迅速变化的时代能够获得相对稳定的生活。

第四节 酒店管理专业基地顶岗实习总结与反思

一、酒店管理专业基地顶岗实习资料整理

学校要统计实习项目的信息,以便促进以后的实习教学。学生实习成绩和实习手册需要归入档案,以后学生工作时如需相关资料,也可以方便提取。

学生顶岗实习结束后需提交整理的资料有:

(一)酒店管理专业基地顶岗实习协议装订归档

酒店管理专业基地实践顶岗实习协议装订归档,由实习学院负责整理保管。

酒店、学校、学生三方协议装订归档,由实习学院负责整理保管。

(二)酒店管理专业基地实践顶岗实习计划备份归档

酒店管理专业基地实践顶岗实习计划装订归档,由实习学院负责整理保管。

（三）酒店专业基地实践顶岗实习管理记录装订归档

专业实习队活动资料：照片，剪报、实习队小结（说明：每个实习队交一份实习队小结，由队长总负责，具体分工由各实习队自行安排和最能反映实习队生活的照片至少20张，实习简报（原则上每4周出1期）2套，作为实习档案上交）。

学生个人实习手册：提交专业实习手册两份，其中原稿一份，复印件一份。另外实习成绩表需要原件两张，即两张成绩表都需加盖实习单位原印章。实习心得和实习报告以及实习论文按学籍名册顺序排列装订归档。

（四）酒店管理专业基地顶岗实习管理考评分析报告提交并归档

实习安排学院对顶岗实习工作进行总结，总结报告包括实习目的、实习安排情况、实习过程情况、实习存在问题及解决办法。

学院与实习生对实习酒店的考评分析装订归档。

（五）酒店管理专业基地顶岗实习生奖励、处分资料归档

根据学校实习生管理规定与酒店员工管理制度，对表现突出的实习生进行奖励，对违反规定的实习生进行处罚，形成书面材料，装订归档。

二、酒店管理专业基地顶岗实习总结与反思

酒店管理专业实习生在顶岗期间的专业认同对毕业后的择业行为具有决定性的影响力。因此，地方高校不仅要根据市场需求确定人才培养目标和教学计划，提高酒店管理专业学生的就业能力，更要在日常教学基础上，培养学生的专业信心，通过顶岗实习，引导学生树立对专业和行业的正确认识，提高酒店管理专业学生在本行业的就业率和就业质量。

通过顶岗实习不少学生的创业意识、立业意识在不断加强，这同时对地方院校酒店管理专业提出了更高要求，即地方院校酒店管理专业教育在对学生进行就业教育、培养就业人才的同时，也要让学生了解更多的创业教育和专业理论教育。

目前顶岗实习的市场机制尚未形成。实习生与用人单位达成实习协议，基本上是通过学校教务部门提供的实习信息，没有真正做到靠劳动力的价格来配置顶岗实习生资源。为此，地方高校一方面要通过人才中介，建立健全的市场价格机制，为用人单位和高校实习生提供有偿中介服务。用人单位来校招聘顶岗实业生，学校应该向用人单位收取一定费用；另一方面，学校要面向社会，建立健全的市场竞争机制。酒店管理专业的顶岗实习要通过高校自己与其他社会中介机构的工作竞争，获取更多的信息，这样才能为市场主体提供更优质的服务，实现酒店管理专业不断与时俱进的创新发展。

三、酒店专业基地实践顶岗实习资料整理学习范例

(一) 实习手册归档

1. 毕业实习手册

按照封面、个人实习计划、实习单位联系表、分散实习申请表、实习记录、实习作业、实习总结、实习报告和实习成绩鉴定表顺序装订。(原件 1 份+复印件 1 份+成绩表原件 2 张)

2. 专业实习手册

按照封面、个人实习计划、实习单位联系表、实习记录、实习作业、实习总结、实习报告和实习成绩鉴定表顺序装订。(原件 1 份+复印件 1 份+成绩表原件 2 张)

(二) 顶岗实习结束实习生上交纸质原版材料明细。

实习成绩鉴定表,原版两份,都需盖实习酒店公章,不可复印。

实习计划表 1 份,需指导教师签字。

实习单位联系表 2 份,需实习酒店公章。

实习报告与实习论文一份。

拓展案例

对酒店餐饮部静余轩会所顶岗实习的思考

2014 年,本人通过了一家国企酒店的面试,正式开始了餐饮部顶岗实习。本人希望通过酒店顶岗实习提高自身的专业技能和沟通技巧;了解酒店管理的艺术性和人力资源合理利用的重要性;学习酒店的企业文化;在实践工作中提升和锻炼自己。具体地说,希望可以在酒店餐饮部实习,通过与各样的宾客接触交流,加强与人打交道的能力,改善自身性格中怯懦的部分,更好地融入社会交际圈。

静余轩会所正式员工比例较低,具体工作的操作均以实习生为主,实习生是酒店员工的重要组成部分,酒店对此亦十分重视,对实习生的福利待遇也做得比较到位。具体地说,实习生与酒店正式员工一样,都可在节假日领取到相关的礼盒物品,加班亦有加班费补贴;此外实习生每月还有酒店发放的电影券一张,这是其他员工享受不到的福利,这些做法都切实有力地提高

了实习生的工作积极性。

在会所用得最多的是840和610的饮料杯以及350的红酒杯(此处数字均表示规格,数字越大杯子口径越大)。这几款杯子高挑漂亮也极薄透易碎:宾客夹菜时无意间碰翻、服务员洗拭时直接强水冲刷、擦拭时用力过猛等情况都会造成杯具的破损。而酒店只关心杯具的破损率,为减少损失,对服务员要求包厢责任制:包厢内所有物品损失均由包厢服务员自行承担。虽然这样做确实让大家开始关注保管包厢内的杯具物品,对包厢物件的盘点工作也有了主动性,但杯具破损的问题还是客观存在,全部损失由服务员承担也引起了员工的不满情绪,影响了服务质量。餐厅的杯具破损是普遍存在不可避免的一个问题,而让员工赔偿大量的破损会严重影响其工作积极性,这对餐厅本身也是非常不利的。酒店应通过数据核算承担合理范围内的破损,那些被客人在用餐时打碎的可以直接向客人要求赔偿,员工自己不小心弄破的便由他们自己写破损单。这样一来,酒店不会因为破损率高影响收益,员工也不用额外地为不是自己的错买单,同时还促进了他们工作的细致化。

本章小结

本章主要介绍顶岗实习如何开展,详细讲解了顶岗实习中的相关制度、表格,对专业学习有重要的实践参考作用。

思考与练习

1. 顶岗实习准备的内容有哪些?
2. 顶岗实习考评的内容及方式是什么?

第十三章　专业班主任工作实习

本章导入

职教学生专业实习是酒店管理专业教学过程中的重要组成部分，要求学生通过专业实习，使所学的酒店专业基础理论密切联系实际。不但能够掌握娴熟的技能，增强专业特长，更能全面提升自我素质。通过边工作边学习，培养职业能力与综合素质。

学习重点

1. 熟悉专业班主任岗位职责和要求
2. 掌握职校学生的专业实习规范
3. 掌握职校学生专业实习组织与管理

第一节　专业班主任岗位职责和要求

一、专业班主任条件

1. 热爱教育事业，自觉执行国家的教育方针和教育法规，作风正派，严于律己，教书育人，为人师表，能认真履行专业班主任的职责。

2. 专业班主任应由具有实践经验的教师担任，岗位指导教师应从具有丰富经验的酒店员工中聘任。

3. 有较强的管理能力和协调能力，责任心强，勤学肯干。

4. 身体健康，吃苦耐劳，能坚持在实习基地一线工作。

5. 负责一个地区或一个单位顶岗实习学生的日常管理和教学工作。

二、专业班主任岗位职责

专业班主任是学生专业实习的主导、是保证专业实习质量的基础。专业班主任在专业实习过程中处于关键的位置（如图 13-1）。其岗位职责如下：

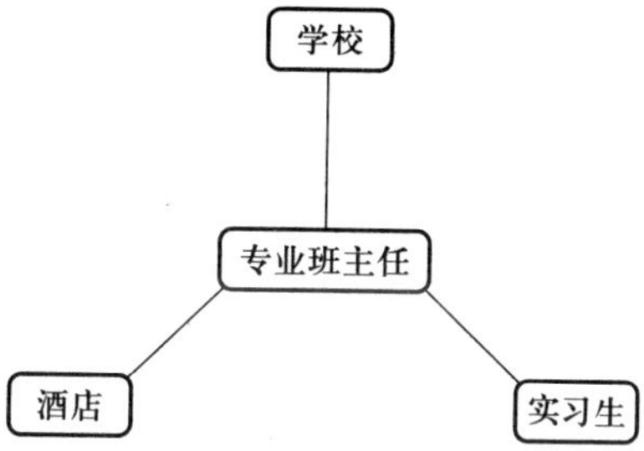

图 13-1　专业班主任的位置图

1. 根据实训处（或系办）的安排，认真完成教学实训和有关任务。

2. 专业班主任应负责在学生实习前与接受实习的单位联系，熟悉实习酒店的整体状况和管理机制。针对学生不同的实习内容、场所和条件等因素，会同实习单位拟订具体的实习计划和日程安排，做好实习前的准备工作。

3. 专业班主任是学生实习期间的第一监护人。在学生赴实习单位实习前，专业班主任要向学生做好深入细致的思想工作，引导学生了解实习的目的，要求学生虚心学习。并向学生介绍实习单位简况及实习注意事项，明确安全保护要求和实习纪律。

4. 专业班主任应经常与实习单位保持密切联系，并定期向实习单位相关管理部门汇报学生实习情况，争取实习单位的支持和帮助，并注意处理好实习单位与学校的关系。

5. 专业班主任要根据学生到实习酒店的具体情况，选定出学生实习班干部（实习联络员），并确定其职责，以保证随时掌握学生的情况。

6. 在学生实习过程,专业班主任要坚守岗位,做好学生的思想政治工作,耐心辅导,关心学生的生活和健康,做好安全教育,防止发生事故;如学生在实习时,发生了人身伤害等事故或紧急事件,专业班主任要立即向学校汇报,学校也应立即启动突发事件紧急预案。

7. 指导学生填写实习日记,督促学生坚持填写实习期间要求的表单。学生实习结束后,做好实习鉴定和撰写实习报告。

8. 专业班主任要严格学生的考勤管理,每天进行巡查、登记,及时发现和处理违反制度的现象,对违反实习纪律的学生,指导教师应及时给予批评教育。对情节严重的,指导教师应及时向学校报告,根据具体情况,停止学生的实习活动,令其返校。

9. 专业班主任在工作期间,保证通信工具的畅通。

三、专业班主任要求

1. 必须做到教书育人。在政治思想、道德品质、教学态度、工作作风以及仪表服饰、言谈举止等方面,都要严格要求自己,真正做到为人师表,在学生中树立良好形象。

2. 遵守学校和实训处(系办)的规章制度,不迟到、早退,不旷工。坚守岗位,不擅自离岗或串岗,不做与实训无关的事。

3. 学生的过程教育,对学生要严格要求,严格管理;同时又要关心爱护学生,耐心带教,对学生违纪行为要及时批评教育加以制止。

4. 努力学习专业知识,不断提高自己的业务水平和操作技能,不断改进教学方法,提高教学质量和教学效果。

5. 专业班主任要定期指导学生,检查实习进度和质量并填写《实习带队反馈表》(见表 13-1),在业务指导的同时应注重培养学生良好的职业素质。

6. 专业班主任在实习期间每周至少一次到学生实习现场指导,其他形式的指导应保证每天一次以上,平时应随时与实习学生、实习单位保持联系,能够掌控学生实习状况,并定期形成实习阶段考核意见。

7. 与企业进行联系与沟通,落实顶岗实习学生的实习岗位、顶岗实习学生轮岗等有关事项,协助企业对顶岗实习学生进行业务上的指导与生活上的管理;代表学校与企业沟通,协助校企双方处理突发事件。

8. 负责顶岗实习前的安全教育、实训中的安全检查、实训后的总结评价工作(见表 13-2)。

表 13-1　实习带队反馈表

<table>
<tr><td>系别</td><td></td><td>专业</td><td></td><td>年级</td><td></td></tr>
<tr><td>姓名</td><td></td><td>学号</td><td></td><td>半月起止日时间</td><td></td></tr>
<tr><td>实习单位名称
(单位盖章)</td><td colspan="5"></td></tr>
<tr><td>实习单位指导
教师姓名</td><td colspan="2"></td><td>实习岗位</td><td colspan="2"></td></tr>
<tr><td>本校指导教师在本半月
时间内报表检查方式</td><td colspan="2"></td><td>检查日期</td><td colspan="2"></td></tr>
<tr><td colspan="6">实习内容及主要收获:</td></tr>
<tr><td colspan="6">实习单位
指导教师意见:

签名:</td></tr>
</table>

备注:

1. 实习反馈表检查为实习过程中校内专业班主任对学生的平时表现的主要考核形式。
2. 实习反馈表实习内容及主要收获部分:字数不得少于 200 字(如实、详细填写)
   实习单位指导教师意见部分:应由单位专业班主任详细填写。
3. 实习反馈表必须有实习单位公章(或人力资源部章)。

表 13-2　实习指导总结

<table>
<tr><td>系别</td><td></td><td>专业</td><td></td><td>年级</td><td></td></tr>
<tr><td>实习生名字
及岗位</td><td colspan="5"></td></tr>
</table>

续表

<table>
<tr><td>实习单位名称
（单位盖章）</td><td></td></tr>
<tr><td colspan="2">实习工作总结：

签名：</td></tr>
</table>

第二节 职校学生专业实习规范

一、专业实习目的

酒店管理专业实习是一个全面接触酒店服务与管理实践的教学过程，实习实行完全“基地化管理”。专业实习是在学生完成专业相关课程和校内专业实训之后的校外实践教学活动。目的是为了加强学生岗位技能，巩固已学的专业理论知识，达到理论和实践的良好结合，培养和提高学生对职场适应能力、职业素养，加深对行业发展状况的了解和认识。

二、专业实习要求

1. 实习守则

(1) 遵守时间，不迟到，不早退；

(2) 严守纪律，不嬉戏，不喧哗；

(3) 注意安全，不擅动，听指导；

(4) 发生意外，要报告，快处理；

（5）认真学习，勤发问，多了解；

（6）爱护公物，慎使用，妥保养；

（7）注重礼节，尊师长，不逾矩；

（8）维持整洁，勤打扫，重维护；

（9）服装整齐，重精神，要敬业；

（10）实习规定，应遵循，重负责。

2. 实习要求

（1）学生必须按学校规定的时间参加实习，未参加实习的学生无实习成绩。学生在实习开始之前确有特殊情况不能参加实习或推延实习的，学生应向学校提出书面申请并提供相应证明材料，经学校同意方可推延实习。实习不及格的学生必须经过重新实习方能取得实习成绩，不能通过补考或补做实习报告替代实习全过程。

（2）学生对实习应有正确的认识，树立端正的实习态度，服从学校对实习工作的总体安排，按时到实习单位报到。

（3）遵守学校有关实习的规章制度和实习单位的纪律，维护学校的荣誉，具有强烈的集体荣誉感和团队精神。

（4）服从专业班主任和实习单位对日常工作的安排。对实习安排有不同意见，应通过正常渠道向实习单位领导反映，不得擅作主张，更不得不经批准擅自离岗。学校将对擅自脱离实习岗位或调换实习地点的实习生予以严肃处理。

（5）实习期间严格遵守实习单位各项规章制度及社会治安条例，违者视情节轻重给予批评教育、终止实习、校纪处分乃至开除学籍。

（6）实习期间不允许进行与实习规定内容无关的活动。不能擅自单独外出，休息时间非工作原因发生的一切事故均由实习生本人负责，同时视情节轻重给予批评教育、终止实习、校纪处分乃至开除学籍。

（7）学生实习期间因工作原因发生的安全及其他事故由学生平安保险及实习单位代购保险为主解决，特殊情况由学校、实习单位、学生三方按国家相关规定协商处理。

（8）爱护公共财物，保管好个人使用的物品，严格按操作程序进行工作。对因工作失误造成的损失，应负赔偿责任。

（9）对实习工作认真负责，一丝不苟，多动手、勤思考、多请教，努力提高专业技能。

（10）严格遵守实习工作时间，不得迟到、早退，不得擅离岗位。服从统一的食宿管理，不得擅自在外留宿。搞好个人及宿舍卫生，提高安全防范意识。

（11）实习生应认真完成各项实习任务，按要求做好实习工作记录。

(12) 通过顶岗承担一定的工作,参与实习单位的对客人服务和业务管理过程,熟悉业务流程,训练服务技能,提高综合素质。

(13) 实习结束后应认真总结经验,做好实习总结,并在一个月之前,完成实习论文的撰写,上交各专业班主任。

三、专业实习安全要求

(1) 遵守实习单位有关安全条例和规定。

(2) 工作中任何操作,如有疑问先请教专业班主任或师傅。

(3) 实习场所内不可追逐游戏。

(4) 未经许可不能使用各种设备和工具。

(5) 了解实习单位建筑结构和安全通道。

(6) 了解实习单位消防设备的位置和使用方法。

(7) 实习期间发生意外应及时报告和救治,不可擅自处理或延误救治。

(8) 注意实习环境安全检查。

(9) 上下班注意交通和人身安全。

(10) 餐厅、客房等服务应严格操作程序,注意安全。

(11) 搬运物品、爬高等操作时注意安全。

(12) 外出作业注意人员和财物安全。

(13) 患病或体力不支时应及时休息或治疗。

四、实习内容要求

酒店顶岗实习主要安置学生在星级酒店进行集中时间实习,以让学生全面了解现代酒店的运营与管理过程,以及掌握酒店服务技能与技巧。根据实习单位的具体情况,可进行轮岗实习,每个学生要全面掌握实习内容,完成实习任务。

(1) 总台服务。认真学习饭店总台服务的具体服务内容,掌握饭店总台服务程序、定价和定房服务系统等;

(2) 前厅服务。认真学习饭店前厅服务的具体内容,掌握饭店服务接待的特色和礼仪,尤其是 VIP 客人的接待规格、内容和要求等;

(3) 客房服务。认真做好客房服务,掌握客房服务和清理工作程序和技巧;掌握饭店各部门之间的联系;了解饭店客房的布局和特色,了解饭店客人的来源、特点和需求,了解客房部物资设备的管理;建立客房成本和安全理念等;

（4）餐厅服务。掌握饭店中餐、西餐零点和宴会的服务技巧和程序，掌握饭店菜肴、定价和服务特色，了解客人特点和需求，分析饭店餐饮经营的成本和利润情况，了解饭店内部管理职能、岗位职责等；

（5）饭店销售部。掌握饭店各产品的特色优势、定价和成本，了解饭店销售档案资料和客人需求心理特点、掌握销售技巧和方法等；

（6）其他。饭店人力资源部、培训部、机场代表、客户档案、文秘、电话总机、商务及商场等部门从事一定的服务和管理工作等；

（7）饭店服务标准。了解和掌握服务的态度标准；服务的行为语言标准；服务如何满足宾客个性化需要的标准；服务工作的指导方针等。

五、常见实习表单填写规范及模版

（一）专业实习回执表

1. 填写规范

（1）实习类型为：专业实习——标题填写为：专业实习回执表；

（2）回执中所有内容都必须填写，不得空格；

（3）回执填写时间为进入实习单位后的前 3 天中的任何一天；

（4）回执必须有实习单位公章。

2. 表单模版（见表 13-3）

表 13-3　______实习回执表

<table>
<tr><td>学生姓名</td><td></td><td>性别</td><td></td><td>学号</td><td></td><td>联系电话</td><td colspan="2"></td></tr>
<tr><td>学院</td><td colspan="4"></td><td>专业</td><td colspan="3"></td></tr>
<tr><td>实习单位（全称）</td><td colspan="5"></td><td>联系电话</td><td colspan="2"></td></tr>
<tr><td>详细地址</td><td colspan="5"></td><td>邮编</td><td colspan="2"></td></tr>
<tr><td>单位负责人</td><td></td><td>部门负责人</td><td></td><td>联系人</td><td></td><td colspan="3">联系电话</td></tr>
<tr><td rowspan="4">岗位专业班主任</td><td>性名</td><td>性别</td><td>年龄</td><td>学历</td><td>职务</td><td>职称</td><td>从事专业时间</td><td>备注</td></tr>
<tr><td></td><td></td><td></td><td></td><td></td><td></td><td></td><td></td></tr>
<tr><td></td><td></td><td></td><td></td><td></td><td></td><td></td><td></td></tr>
<tr><td></td><td></td><td></td><td></td><td></td><td></td><td></td><td></td></tr>
</table>

续表

实习单位意见： 同意接受____________学院____________同学到我学校____________部门实习。 单位公章 年 月 日：

注：如实习单位有更换，经过校内专业班主任及实训处同意后，在进入新单位3日之内，学生需重新填写该表格并交寄给校内专业班主任。

（二）实习日记表

1. 填写规范

（1）基本要求。每个工作日一篇且日记字数每天不宜少于300字；

（2）时间。第一天到第三天为回执盖章时间，最后一天为实习鉴定表盖章时间；

（3）内容。工作写实（包括在实习过程中的工作内容及业务收获情况；记录实习的心得体会及发现问题，提出可能的合理化建议）。

2. 表单模版（见表13-4）

（三）实习鉴定表

1. 填写规范

（1）实习鉴定表个人小结部分字数要≥500字（形式为手写）；

（2）实习鉴定表要详细填写，实习单位导师评语与实习单位鉴定需请实习单位详细填写，时间为实习最后一天；

（3）实习鉴定表一定要有实习单位盖章（不含部门公章）。

2. 表单模版（见表13-5）

表 13-4　实习日记表

<table>
<tr><td colspan="2">实习日记
时间　年　月　日　　　星期</td><td>实习单位：</td></tr>
<tr><td colspan="3">部门：　　　　　　　　岗位：</td></tr>
<tr><td>实习内容</td><td colspan="2"></td></tr>
<tr><td colspan="3">收获与体会</td></tr>
<tr><td colspan="3">其他</td></tr>
<tr><td colspan="3">签字：</td></tr>
</table>

表 13-5 专业实习鉴定表 年 月 日填

<table>
<tr><td>专业</td><td></td><td>姓名</td><td></td><td>性别</td><td></td><td>是否团员</td><td></td></tr>
<tr><td>出生年月</td><td colspan="2"></td><td>家庭住址</td><td colspan="4"></td></tr>
<tr><td>实习单位</td><td colspan="2"></td><td>实习时间</td><td colspan="4">年月日至
年 月 日</td></tr>
<tr><td>实习体会</td><td colspan="7"></td></tr>
<tr><td>实习主要内容</td><td colspan="7"></td></tr>
<tr><td>实习自我鉴定</td><td colspan="7">（以上各栏由实习生本人填写）</td></tr>
<tr><td>实习单位鉴定</td><td colspan="7"></td></tr>
<tr><td>学校意见</td><td colspan="7"></td></tr>
<tr><td>备注</td><td colspan="7"></td></tr>
</table>

（四）实习报告

1. 填写规范

（1）毕业（顶岗）实习报告由标题、摘要、报告主体组成。学生须独立完成一个完整的实习报告，报告主体部分字数不少于4 000字，摘要150~200字。

（2）标题：标题应简明突出、有概括性，不宜超过20个字，必要时可加副标题。

（3）摘要：以浓缩的形式概括毕业实习的内容。

（4）实习报告主体：实习报告主体是对实习内容的详细表述，其内容一般包括：

1）实习目的、内容、过程；

2）实习中遇到的主要问题；

3）问题解决过程；

4）实习收获、体会。

2. 打印排版规范

（1）毕业（顶岗）实习报告的打印排版规范。页面设置的纸型为A4，上下页边距为2.54 cm、左边距为3.0 cm、右边距为2.6 cm，正文行距为固定值23磅。报告主体的非标题用字采用小四号宋体。凡空行以小四号宋体为准。凡签名和填写日期均须手写，不得打印。

（2）摘要。居左打印“摘要”二字（四号黑体）。“摘要”后面空两格打印摘要内容（小四号宋体）。

（3）正文。每章标题以三号黑体居中打印；章下空一行为节，以小四号黑体左起打印，节下为小节，以小四号黑体左起打印。换行后以小四号字打印正文。正文内的标题号按三级标题编写（即：1……、1.1……、1.1.1……）。

（4）图。图题采用中文，中文字体为五号宋体。引用图应在图题右上角标出文献来源。

（5）表格。按序编号，表内必须按规定的符号标注单位。

3. 装订格式

（1）页码：仅“主体部分”编排页码。

（2）封面：封面所有文字均须打印填写，不出现手写字样。

4. 表单模版（见表13-6）

表 13-6 实习报告格式

实习报告

题　　目＿＿＿＿＿＿＿＿＿＿＿＿＿＿

实习单位＿＿＿＿＿＿＿＿＿＿＿＿＿＿

专业/班级＿＿＿＿＿＿＿＿＿＿＿＿＿＿

姓　　名＿＿＿＿＿＿＿＿＿＿＿＿＿＿

学　　号＿＿＿＿＿＿＿＿＿＿＿＿＿＿

专业班主任/职称＿＿＿＿＿＿＿＿＿＿

单位指导师傅/职务＿＿＿＿＿＿＿＿＿

年　　月　　日

标题(二号黑体,居中)

摘要(四号黑体)(空两格)摘要内容(小四号宋体)报告摘要以浓缩的形式概括毕业实习的内容,中文摘要在200字左右。

(空一行)

1. 章标题1(三号黑体,居中)

(空一行)

1.1 节标题1(小四号黑体)

1.1.1 小节标题1(小四号黑体)

本小节内容(小四号宋体)

图序(空一格)图题(五号宋体)

图:图题采用中文,中文字体为五号宋体。引用图应在图题右上角标出文献来源。图号以章为单位顺序编号。

表格:按序编号,表内必须按规定的符号标注单位。

表序(空一格)表题(五号宋体)

1.1.2 小节标题2

本小节内容(小四号宋体)

表序(空一格)表题(五号宋体)

实习评语:

实习成绩:

专业班主任签字:

年　　月　　日

第三节 职校学生专业实习组织与管理

一、设置专业实习指导机构

（一）专业实习组织领导

为了使专业实习管理科学化，建立了权责明晰、高效运转的组织管理机构。学生在实习期间接受学校和实习酒店的双重领导。

1. 学校

学校成立了领导小组，将专业实习工作列为"一把手"工程，一位副校长具体分管。领导小组负责考察筛选实习安置企业，研究确定专业实习方案，指导实训处（负责学生专业实习管理处）或系办开展工作，为实习安置工作提供强有力的组织保证。学校的领导、老师在学生实习期间要经常深入实习酒店，了解、掌握学生的情况。学校和实习酒店在工作中应互相支持，通力合作，共同做好实习学生的管理工作、教学工作和思想工作。

2. 酒店

实习酒店受学校委托，对实习教学全面领导和统一安排。

（1）在学校分管副校长领导下，由实训处指定专人负责实习学生工作，包括实习学生的生活、实习安排、学生的思想政治工作及纪律考勤，并经常向学校通报学生的实习情况，对违反纪律和规章制度的学生及时向学校提出处理的建议。

（2）定期检查实习计划的执行情况，及时解决和处理存在问题，不断提高实践教学质量。

（3）按学校的实习计划和要求制定实习安排表。

（4）根据实习大纲要求，做好实习教学工作的指导。

3. 实训处

实训处在学校分管领导指导下工作，负责统筹协调、制定专业实习工作计划；落实实习单位，确定实习时间和期限；分解任务、责任到人；检查实习工作质量及进行质量评价，协调与企业的关系，争取社会、行业和企业的支持，建立和完善实习档案管理等。例如：根据实习计划要求，做好具体安排，指导实习工作，检查实习大纲的完成情况，解决存在的问题。实习结束时，根据有关规定，汇总实习学生的专业学习成绩。

(二) 专业实习酒店组织机构

实习学生在实习酒店,成立各实习酒店点管理机构,其主要任务是在酒店领导下做好学生实习期间的学习、生活、思想方面的工作,实习组设专业班主任、组长及小组长,其分工如下:

1. 专业班主任

专业班主任是学生实习的辅导员、职业生涯的引路人,也是学校、企业、学生和家长之间的联系人。

(1) 全面负责学生实习工作。掌握同学的思想和工作情况,了解同学对实习的要求和意见,并及时向实习酒店和学院有关部门汇报。

(2) 负责及时传达和布置学校和实习酒店对学生的要求和任务。

(3) 负责所在实习酒店同学的政治学习和思想工作。

2. 实习联络员

选拔品德好、素质高的学生担任学院实习联络员。

(1) 协助专业班主任做好实习点的学生的思想工作、实习情况的记录,及时反映突发事件等。

(2) 协助专业班主任工作,负责同学的生活管理。

3. 小组长

协助实习联络员安排小组内同学的学习、实习、生活等工作。

二、毕业生实习组织与管理

(一) 准备阶段

加强学生管理是保证学生专业实习取得成功的前提和基础(见图 13-2),同时要认真做好以下几项工作:

1. 实施岗前职业指导

(1) 实习动员

通过实习动员不仅帮助学生树立正确的实习动机,即理论结合实践,提高专业综合能力,并为将来的就业打下良好基础,而且在正确实习动机的前提下,对自身的专业学习有所提高。例如,在酒店岗位操作技能、对客服务意识、人际沟通等方面。同时,实习动员中向学生提出明确的实习实训目的、任务、纪律;对实习生进行职业道德教育,提倡吃苦耐劳、勤奋进取、诚信精神;强调到企业实习,面临着环境、角色的转换和心理的考验等问题;特别是提醒实习的学生更应注意生活、学习、工作中的安全问题。

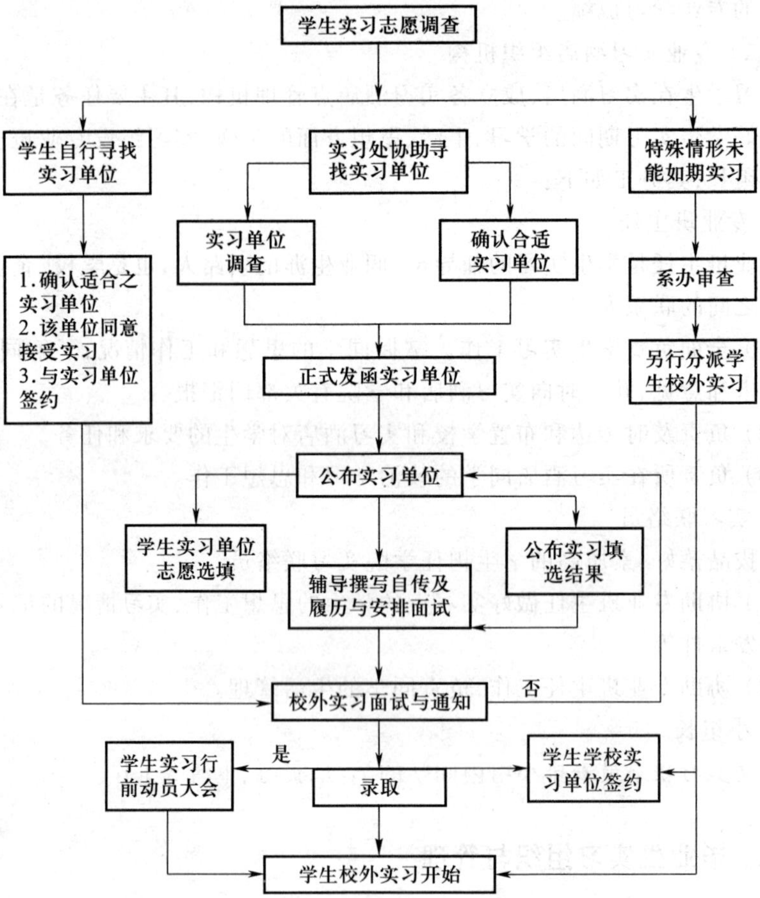

图 13-2 专业实习前期工作图

(2) 心理素质的培养

有计划、系统的学生实习指导,对帮助学生顺利度过“象牙塔”到“企业殿堂”的心理适应期,尽快实现“校园人”向“酒店人”的角色转变具有积极的作用。使学生明确从教室到酒店、从学生到员工身份的转换,适度提醒学生实习中可能遇到的各种情况,使学生在将来遇到困难和挫折时有一定的心理准备。例如:经常利用座谈以及请酒店人员或高管、优秀毕业生到校讲座,或到酒店参观等方式,向学生传达有关文件精神,引导学生正确认知自我、认知职业、认知社会。

2. 制定规范化、科学化的管理制度

建立完善的实习管理制度,实训处制定一套管理规章制度:如《实训处工作管理规定》、《实习期间学生管理条例》、《实习期间学生安全守则》、《实习期间学生管理计划》、《专业班主任岗位职责》等。实习的制度既保证就业工作富有成效,又起到实习生实习的督导作用;既发挥了职能部门的计划、统筹、协调、监控作用,又能把工作落实到实处。

3. 联系实习单位,签订协议

实训处深入实习酒店、社会,及时了解实习酒店情况。可在校企合作的实习基地实习,或学院安排的实习单位实习,或自己联系实习单位实习。本着互惠互利、平等友好的原则,通过与实习酒店协商,学院、实习酒店和学生以书面形式签订合同或协议,同时切实按照合同或协议明确各方的责任、权利和义务,确保学生实习工作的有序进行,尽可能避免实习生实习中途更换实习单位的现象,保证实习按质按量完成。

4. 确定专业班主任

由实训处和实习单位分别指派专业班主任,负责对学生实习过程及撰写实习总结报告的指导、审阅及成绩评定等工作。指导教师须于专业实习开始前与所分配指导的学生集中见面,布置任务及要求,明确上交资料时间和双方联系方式,实习期间,指导教师要做好专业实习指导记录。

(二) 专业实习阶段

这个阶段是学生进入实习酒店进行实习的重要阶段,学生既接受学校的管理,同时也要服从实习酒店的管理,该阶段的管理最为重要。实习过程中高校对在外实习的实习生加强指导,预防各种可能出现的问题,积极解决各种突发状况,需要学校与酒店协调管理,使学校、酒店、实习生达到“三赢”,力求实习效果达到最大化。

1. 正确的引导和有效的指导

定期安排队伍到各实习酒店检查学生实习情况以及酒店对学生进行培训的情况。实习过程中实习生容易出现心理波动,这就需要对其加强“过程指导”,学校应采取多种方式与学生进行沟通,给予实习学生及时的心理咨询与指导,解决学生在转型过程中的各种心理问题。例如:对于学生在实习期间不能正确地定位自己角色的问题,要及时加以引导,向学生解释实习生在酒店的双重身份以及完成实习任务的重要性。实习期间,不但对学生在实习过程中出现的问题给予正确的引导和有效的指导,还要积极帮助学生解决实习过程中遇到困难,譬如交通问题、心理压力、工作疲劳。

2. 专业能力的培养

加强对于学生的理论知识和操作技能方面的培养。扎实的理论知识是学生搞好实习的前提,通过实习既检验理论,又升华了理论,为今后的发展奠定基础。学生进入酒店并分配到具体岗位期间,加强专业技能的训练及服务意识,要具备良好的对客服务技巧。培养学生要具有良好的心态与高度的责任心，对自己提高标准，严格要求，脚踏实地地做好每一件事。

3. 实习相关事项的协商

专业班主任深入酒店与酒店管理人员沟通，增进实习生、酒店、高校之间的相互了解，做好学生与学校以及酒店的沟通，反映实习生的问题并加以解决。学生实习是教学的重要环节，学校应该积极与酒店就相关事项进行协商，采取不同的实习方法，提高实习效果，对于具体的事项，最好能够签订详细的协议，以保证实习生的权益。

4. 建立实习质量监控和信息反馈体系

实习质量监控和信息反馈体系的主要对象是实训处、专业班主任、学生、酒店。要建立实习过程的三个反馈机制：学生的反馈、专业班主任的反馈和企业的反馈。对实训处而言，需要及时反映专业班主任对学生的监控和指导的情况，了解其工作态度，同时要及时监控实习学生的实习实际情况，对专业班主任而言，要扮演指导者、咨询者、协调者等不同角色，加强与学生、家长、用人单位之间的交流，掌握学生一线的工作状况及思想动向。

为随时掌握校外实习学生的思想动态、工作表现、业务能力和生活状况，学校、专业班主任与企业之间要建立信息互通机制，利用电话、传真、电子邮件、面谈等方式，经常就学生实习涉及的问题交换意见和建议，及时解决实习中出现的新情况、新问题，共同完善学生实习管理。

（三）专业实习结束阶段

1. 实习总结工作

专业班主任要有亡羊补牢，防止重蹈覆辙的心态，积极向用人单位征询学校在教学和德育等方面有无需要改进的内容。同时实习带队老师总结实习指导、管理工作，写出工作体会或撰写论文。

2. 实习考核工作

在学生实习前就应该制定好完整的实习制度，并让学生充分了解相关信息。对学生在实习期间的表现进行评价，能有效地帮助学生提高实习的效果。根据实习计划以及规章制度的要求，对学生在实习期间思想表现、工作态度、待客态度和工作能力，以及开展专题研究和总结等方面的情况全面进行考核，评定实习成绩。

3. 实习档案管理

档案管理是教学管理的组成部分，也是学校教学评估的原始资料之一。因而实训处要指定人员，建立和完善学生实习档案的管理材料（见表 13-7）。

表 13-7　专业实习报告档案资料

文件名称	存档单位		备注
	学校	实训处	
（一）学校组织完成的文件	—	—	
1. 专业实习工作计划	√	√	1 个实习单位 1 份
2. 专业实习及实习报告成绩汇总表	√	√	1 个专业 1 份
（二）专业班主任完成的文件	—	—	
1. 实习指导工作总结	√	√	1 个实习单位 1 份
2. 实习带队反馈表	√	—	
（三）学生完成的文件	—	—	
1. 专业实习回执表	√		
2. 实习日记表	√		
3. 实习鉴定表	√		
4. 装订成册的专业实习报告	√		
5. 毕业（顶岗）实习报告的电子文档	√		

4. 实习成果的汇报

在学生实习结束后，学生的感想和体会一定很多，学校应结合学生在酒店的表现组织学生进行实习成果的汇报，借以检验学生酒店实习的效果同时对实习工作做出总结。

在整个实习过程中，学生、酒店和学校三方是紧密相连、缺一不可的，只有三方共同努力，相互协调、相互配合，才能实现三方的共赢，才能实现酒店实习的可持续发展。

本章小结

本章主要介绍酒店企业相关岗位职责、要求，重点对酒店企业工作中的职校生实习进行了介绍，能够对师范生带来启发。

思考与练习

1. 酒店企业岗位职责有哪些？
2. 职校生实习安全要求有哪些？

主要参考文献

1. 郑耀星.地理教学论与地理教学改革.长春:东北师范大学出版社,2000.

2. 袁书琪.地理教育学.北京:高等教育出版社,2001.

3. 卢敏玲.变易理论和优化课堂教学.合肥:安徽教育出版社,2011.

4. 马继刚.课堂教学方法与艺术.成都:四川大学出版社,2009.

5. 祝宇红.现代教育技术.杭州:浙江大学出版社,2011.

6. 金陵.翻转课堂与微课程教学法.北京:北京师范大学出版社,2015.

7. 朝辉.教学论.北京:清华大学出版社, 2010.

8. [美]Bruce Joyce,等.教学模式.荆建华,等,译.北京:中国轻工业出版社, 2002.

9. 胡淑珍,等.教学技能.长沙:湖南师范大学出版社, 1996.

10. 郭友,等.教师教学技能.北京:首都师范大学出版社, 1993.

11. 苏鸿.高效课堂:备课、上课、说课、听课、评课.上海:华东师范大学出版社,2013.

12. 董玉琦,侯恕.教育实习实地研究.长春:东北师范大学出版社,2008.

13. 周晓军.多媒体智能教学系统研究与设计.北京:北京语言大学出版社,2009.

14. 林万新.现代教学媒体研究与应用.北京:石油工业出版社,2005.

15. 张有录,刘洪艳.多媒体教学设计理论.兰州:甘肃民族出版社,2003.

16. 张应奎.计算机辅助教学论.昆明:云南大学出版社,2011.

17. 朱绍禹.教育实习全程解说.太原:山西教育出版社,2005.

18. 徐世贵.新教师是这样炼成的(师范生教育实习与就业指导).重庆:重庆大学出版社,2010.

19. 王志强.多媒体应用基础.北京:高等教育出版社,2012.

20. 陈怡.多媒体技术与应用实训教程.北京:清华大学出版社,2009.

21. 段新昱.多媒体基础与课件创作.北京:高等教育出版社, 2009.

22. 李希文.多媒体技术及应用.2版.北京:高等教育出版社,2007.

23. 宋一兵.多媒体技术应用教程(Authorware7.0中文版).北京:人民邮电出版社,2009.

24. 荣静娴.微格教学与微格教研.2版.上海:华东师范大学出版社,2012.

25. 付伟.团队建设能力培训全案.2版.北京:人民邮电出版社,2011.

26. 李铭.酒店实习生管理问题与对策研究[J].科技信息, 2009(31):54.

27. 毛峰.论酒店实习生的使用与管理[J].郑州航空工业管理学院学报(社会科学版), 2009(04):193.

28. 李剑锋.酒店实习生管理问题分析[J].运城学院学报, 2007(06): 90.

29. 陈瑶.酒店实习生管理应以预防为主[J].科教文汇(中旬刊), 2010(05):189.

30. 刘勇.浅谈高职酒店管理专业实习过程的管理[J].才智, 2009(20): 28.

31. 陈德超.餐饮企业的人力资源开发与管理[J].扬州大学烹饪学报, 2000(04): 87.

32. 胡畔.关于酒店实习生培训与管理的思考[J].科教新报(教育科研), 2010(30):65.

33. 张建宏.浅谈饭店如何用好旅游院校实习生[J].河北旅游职业学院学报,2009(2):7.

34. 任仕君.对顶岗实习目的的异化的分析——基于经济学视角[J].职业技术教育,2008(16).

35. 张岩.从中职学生顶岗实习看学校如何加强职业指导[J].职业,2009(11).

36. 许建军.对中职生顶岗实习不稳定的影响因素分析及其对策[J].中等职业教育,2009(14).

37. 庞华忠.职校实习生管理存在的问题及应对措施[J].中等职业教育, 2008(2).

38. 莫务海.中职顶岗实习生频繁离职透析[J].高教论坛,2009(10).

39. 骈啸风,戴林东.中职"顶岗实习"教学管理策略分析[J].职教论坛, 2008,12:49-52.

40. 殷翔文,马斌,马成荣.中等职业学校学生顶岗实习制度研究[J].中国职业技术教育,2008(27):27.

41. 李红梅.我国中等职业教育顶岗实习政策法规综述[J].广西教育B(中等教育),2015(14):22-24.

42. 郝刚,吴瑞红,李宜婷.高职院校顶岗实习项目管理综述[J].科学导报,2015.

43. 李正栓,张敬彩.教师教育新探索——对顶岗实习的理论思考与实践综述[J].河北师范大学学报:教育科学版,2008,10(1):102-106.

44. 高亮亮.高职院校学生顶岗实习管理模式研究综述[J].理论观察,2014(11):163-164.

45. 张艳.我国高职院校顶岗实习教学质量监控体系构建综述[J].教育教学论坛,2015(27):194-196.

后 记

为贯彻落实《国家中长期教育改革和发展规划纲要(2010—2020年)》和《“十三五”旅游人才发展规划纲要》《国家旅游局 教育部关于加快发展现代旅游职业教育的指导意见》,教育部、财政部在“职业院校教师素质提高计划”职教师资培养资源开发项目中设定《酒店管理》本科专业职教师资标准、培养标准、培养方案、核心课程和特色教材和数字化资源开发项目。研究内容包括制定酒店管理本科专业职教师资标准、职教师资培养标准、培养方案,确定核心课程《酒店管理概论》《前厅服务与管理实务》《客房服务与管理实务》《餐饮服务与管理实务》《酒店管理教学组织与设计》并编写特色系列教材和建立数字化教学资源库。

原福建师范大学旅游学院院长郑耀星教授担任课题组长,带领课题组成员从2013年开始,潜心研究中等职业教育酒店管理专业师资、高校本科酒店管理人才培养情况,经过反复调研论证,制定了《职教师资酒店管理本科专业教师标准》、《职教师资酒店管理本科专业教师培养标准》《职教师资酒店管理本科专业教学大纲》《职教师资酒店管理本科专业培养方案》,陆续出版系列教材。台湾观光管理学会理事长、台湾醒吾科技大学讲座教授李铭辉教授、美国巴顿学院谢文一教授、福建省酒店业协会会长邹子平先生、福州城市建设投资集团副总经理林军华经济师为课题的研究提出了许多宝贵的意见建议,在此表示感谢!

本书由郑耀星教授担任主编,并负责书稿的编写、统改、审订工作;青岛酒店管理学院旅游学院院长石媚山副教授担任本书主编并负责全书统稿工作。参加本书初稿撰写的作者及分工为:第一章 美国巴顿学院孔贝溶教授(台湾);第二、第六章 福建师范大学郑耀星教授;第三、第四、第五、第七、第八、第九、第十章 福建师范大学林绍华副教授;第十一章 青岛酒店管理学院旅游学院石媚山副教授、福建师范大学林绍华副教授;第十二章 福建师范大学肖新霓讲师;第十三章 福州旅游职业中专学校江丽容高级讲师。在本书撰写过程中福建师范大学旅游学院陈晖莉博士对本书提出了修改意见;硕士研究生张秦、凌坤育、程尧凡、郑心恬等,福建商学院郑晓真老师,厦门南洋学院朱赛洁老师、许欣欣老师为本书资料收集做了许多细致工作,在此表示深切谢意。

本书还直接或间接引用、参考了其他研究者相关研究文献,对这些文献的作者表示诚挚的感谢。

由于时间仓促,本书难免存在疏漏和不足,敬请读者批评指正。

作者

2018 年 2 月